高等学校城市轨道交通系列教材
城市轨道交通车辆工程卓越工程师
教育培养计划系列教材
（上海市本科教育高地建设资助项目）

城市轨道交通
车辆概论

主　编　方　宇
副主编　师　蔚　石　璇　文永蓬
主　审　王方程

中国铁道出版社有限公司

2021年·北　京

图书在版编目(CIP)数据

城市轨道交通车辆概论/方宇主编．—北京：中国铁道出版社，2012.1(2021.12 重印)
上海市本科教育高地建设资助项目．高等学校城市轨道交通系列教材 城市轨道交通车辆工程卓越工程师教育培养计划系列教材
ISBN 978-7-113-14045-8

Ⅰ.①城… Ⅱ.①方… Ⅲ.①城市铁路-铁路车辆-高等学校-教材 Ⅳ.①U239.5

中国版本图书馆 CIP 数据核字(2011)第 262950 号

书　　名：城市轨道交通车辆概论
作　　者：方　宇　师　蔚　石　璇　文永蓬

策划编辑：殷小燕　　　电话：(010)51873147
责任编辑：徐　清　殷小燕
封面设计：陈东山　崔丽芳
责任校对：王　杰　张玉华
责任印制：高春晓

出版发行：中国铁道出版社有限公司(100054，北京市西城区右安门西街 8 号)
网　　址：http://www.tdpress.com
印　　刷：三河市宏盛印务有限公司
版　　次：2012 年 1 月第 1 版　2021 年 12 月第 6 次印刷
开　　本：787 mm×960 mm　1/16　印张：11.75　字数：217 千
书　　号：ISBN 978-7-113-14045-8
定　　价：30.00 元

前　　言

目前我国城市轨道交通正处于快速发展时期，除北京、上海、广州、重庆等城市以外，近年又相继有20几个城市开始或准备建设城市轨道交通。作为城市轨道交通的载客主体，车辆是系统中最重要的机电一体化设备。为保障城市轨道交通的运营安全，城市轨道交通非车辆专业的技术人员必须要求具备一定的城市轨道交通车辆专业知识，尤其是与本专业相关的接口知识，如轮轨关系、触网关系、信号与车辆的接口知识等。为了满足上述需要，上海工程技术大学城市轨道交通学院车辆工程系在学院、学校有关领导支持下和上海申通地铁集团有限公司的帮助下，组织专业教师编写了《城市轨道交通车辆概论》一书。

本教材具备如下特点：

(1) 结合城市轨道交通车辆的特点，合理设置章节内容，有利于读者迅速理解与掌握。

(2) 内容丰富，注重实用，并着重突出城市轨道交通车辆与相关专业接口知识内容的介绍。

(3) 教材中插入了大量的现场照片或示意及构造图，图文并茂，通俗易懂，可读性强，便于读者自学。

本教材是在上海工程技术大学城市轨道交通学院多年自编讲义的基础上不断完善而成的，全书共分11章，较为全面地介绍了城市轨道交通车辆机械、电气、制动、控制等部分内容。

第1章概述了城市轨道交通车辆的发展简史及基本知识，包括车辆的类型、编组、基本组成、主要的技术参数和限界。

第2章至第5章分别介绍了城市轨道交通车辆的转向架、车钩、车体、车门等各个关键子系统。

第6章为电力牵引系统，介绍了城市轨道车辆电力牵引系统的发展概况、牵引系统的牵引特性、牵引系统的分类及主要组成。

第7章为制动系统，介绍了制动系统的基本常识、供风系统、制动控制系统、基础制动装置及防滑控制系统等内容。

第8章为辅助系统，介绍了车辆辅助供电系统、空调通风装置及车辆照明系统等内容。

第 9 章为列车控制系统，介绍了各类列车微机控制系统、列车控制系统的组成及功能配置及信息及诊断系统。

第 10 章为车辆振动与噪声，介绍了振动与噪声的来源、特点，并着重介绍了噪声的分析、评价及防护措施。

第 11 章为新型城市轨道交通车辆，介绍了四种形式的新型城市轨道交通车辆的原理、走行方式、特点以及发展情况。

本书适合城市轨道交通非车辆专业的工程技术人员、院校学生进行车辆专业知识的系统性学习，也同样可供从事城市轨道交通车辆的相关工程技术人员和大中专院校学生使用。

各章的主要编写人员为：第 1 章方宇，第 2 章至第 5 章以及第 7 章文永蓬、方宇，第 6 章、第 9 章师蔚，第 8 章、第 10 章石璇，第 11 章方宇。全书由方宇最后进行统稿，由上海申通地铁集团轨道交通维护保障中心车辆公司王方程总工程师担任主审。

感谢蔡彦哲、刘琦、张洋、马也飞、陈曦伦、张国富、吴正晨、许镠炜、张艳秋、田中玉、刘世兴、梁景开、潘震、吴悦钦、陈仕豪等同学在教材编写过程中付出的辛苦努力，尤其是蔡彦哲同学，在两年多的时间里毫无怨言、不计任何得失的努力工作令本书作者深受感动。感谢上海申通地铁集团轨道交通培训中心杜晓红副主任，维护保障中心车辆公司陈鞍龙经理，技术部余强经理、王建兵副经理等领导的大力支持。也同样感谢上海工程技术大学城市轨道交通学院各位同仁的支持与协助。

本教材的出版得到上海市第四期本科教育高地建设项目和上海工程技术大学 2011 年城市轨道交通车辆工程专业建设项目（卓越工程师教育培养计划）的资助。

由于时间和水平有限，书中错误和不当之处在所难免，恳请读者不吝指正。本书主编的电子邮箱为：fangyu_hit@126. com。

编　者

2011 年 10 月

目　录

第 1 章　绪　　论 …… 1

1.1　城市轨道交通车辆发展简史 …… 1
1.2　城市轨道交通车辆基础知识 …… 5
本章小结 …… 16
思 考 题 …… 17

第 2 章　转　向　架 …… 18

2.1　转向架作用和组成 …… 18
2.2　构　　架 …… 22
2.3　轮对轴箱装置 …… 23
2.4　弹簧悬挂装置 …… 29
2.5　中央牵引连接装置 …… 39
2.6　齿轮变速传动装置 …… 41
本章小结 …… 41
思 考 题 …… 42

第 3 章　车辆连接装置 …… 43

3.1　车钩缓冲装置概述 …… 43
3.2　几种典型车钩介绍 …… 46
3.3　贯通道 …… 54
本章小结 …… 57
思 考 题 …… 57

第 4 章　车　　体 …… 59

4.1　车体的结构 …… 59
4.2　车体的材料 …… 63
本章小结 …… 67

思 考 题 …… 67

第 5 章 车 门 …… 68

5.1 车门的结构与原理 …… 68
5.2 车门的种类 …… 70
5.3 车门故障分析 …… 74
本章小结 …… 76
思 考 题 …… 76

第 6 章 电力牵引系统 …… 77

6.1 电力牵引系统发展概况 …… 77
6.2 城市轨道交通车辆电力牵引系统特性 …… 80
6.3 牵引供电方式 …… 81
6.4 城市轨道交通车辆电力牵引系统组成 …… 82
6.5 城市轨道交通车辆直流电力牵引系统 …… 84
6.6 城市轨道交通车辆交流牵引系统 …… 88
6.7 城市轨道交通车辆用直线感应电机 …… 99
本章小结 …… 103
思 考 题 …… 103

第 7 章 制动系统 …… 104

7.1 制动系统概述 …… 104
7.2 供风系统 …… 108
7.3 制动控制系统 …… 112
7.4 基础制动装置 …… 119
7.5 防滑控制系统 …… 123
本章小结 …… 126
思 考 题 …… 127

第 8 章 辅助系统 …… 128

8.1 城市轨道交通车辆辅助供电系统 …… 128
8.2 空调通风装置 …… 132
8.3 车辆照明系统 …… 136
本章小结 …… 139

思　考　题……………………………………………………………………………… 139

第 9 章　列车控制系统……………………………………………………………… 140

9.1　列车控制系统发展概况 …………………………………………………… 140
9.2　各类列车微机控制系统简介 ……………………………………………… 141
9.3　列车控制系统的组成及功能配置 ………………………………………… 145
9.4　信息及诊断系统 …………………………………………………………… 150
本章小结………………………………………………………………………………… 151
思　考　题……………………………………………………………………………… 151

第 10 章　车辆振动与噪声 ………………………………………………………… 152

10.1　城市轨道交通车辆振动与噪声……………………………………………… 152
10.2　车辆噪声源分析……………………………………………………………… 155
10.3　城市轨道交通车辆噪声特征分析…………………………………………… 158
10.4　城市轨道交通噪声的评价与标准…………………………………………… 159
10.5　车辆辐射噪声防护措施……………………………………………………… 161
10.6　径向转向架…………………………………………………………………… 163
本章小结………………………………………………………………………………… 166
思　考　题……………………………………………………………………………… 166

第 11 章　新型城市轨道交通车辆 ………………………………………………… 167

11.1　直线电机地铁车辆…………………………………………………………… 167
11.2　独轨交通车辆………………………………………………………………… 170
11.3　磁悬浮车辆…………………………………………………………………… 173
11.4　新交通系统车辆……………………………………………………………… 177
本章小结………………………………………………………………………………… 180
思　考　题……………………………………………………………………………… 180
参考文献………………………………………………………………………………… 180

第 1 章　绪　　论

近年来，随着我国城市化进程的不断加快，作为城市公共交通重要组成部分的轨道交通系统正逐渐走进人们的生活。目前我国北京、上海、深圳、重庆、广州等城市已经拥有较为完备的城市轨道交通系统，而一些二线城市如杭州、武汉、沈阳、郑州、西安、成都等也都在大力发展城市轨道交通。截至 2015 年 12 月 31 日，我国拥有地铁的城市达到 27 个，通车里程总计 3 286 km。

在城市轨道交通系统中，车辆是各专业技术成果的综合载体，也是城市轨道交通系统中最关键的机电设备，其选型和技术参数不仅是界定线路技术标准的基础，也是确定系统运营管理模式和维修方式的基本条件，而且还是系统设备选型和确定设备规模的重要依据。本章将介绍城市轨道交通车辆的发展历程，从世界车辆的发展史谈起，讲述我国城市轨道交通车辆的现状，并阐述按照不同标准划分的车辆类型、编组、标识、组成、特点、主要技术参数以及车辆限界等相关概念。

1.1　城市轨道交通车辆发展简史

1.1.1　世界城市轨道交通车辆发展史

随着经济发展和城市现代化进程的加快，世界各国都面临同样的问题：城市人口迅猛增长、地域不断扩大，原有的城市地面交通无法满足市民日益增长的出行需求，而城市轨道交通在 100 多年来成为这一矛盾的有效解决手段。

自 1825 年英国开通第一条铁路，它立刻获得了世界列强的青睐，竞相修建。1840～1913 年是世界铁路发展的“黄金时代”，由于铁路机车制造已相当完善，轨道结构也不断改进定型，各国修建铁路的热情日益高涨，铁路发展速度明显加快。1840 年，铁路营业里程为 8 000 km，到 1913 年已达 110 万 km。图 1.1 为我国早期采用蒸汽机车牵引的铁路列车。

世界上第一条城市地下铁道诞生于 1863 年的伦敦，车辆使用蒸汽机车作为动力装置，但很快被内燃机车所取代，1890 年世界上出现了电力机车后，地铁才正式步入了它的黄金时代。最初地铁车辆的车厢是木制的，后来改为钢制的，以减少一旦发生火灾造成的危险。1954 年 3 月 20 日，开通加拿大多伦多的地下铁路，车厢开始再改良为铝制，有效地减少了维修成本和重量（质量）。

在国外,城市轨道车辆产业已有100多年的发展历史。目前国际上城市轨道交通装备整车供应商主要分布在欧洲、北美和日本。但是欧洲、北美和日本分别采用不同设计和制造标准。

图1.1 我国早期铁路车辆

目前欧洲和北美轨道交通装备整车供应商主要有三家:西门子公司(德国),阿尔斯通公司(法国)(图1.2),庞巴迪公司(加拿大),占据世界轨道交通装备整车市场份额的90%以上。近年日本的日立公司也开始陆续进入轨道交通装备整车供应商行列。

图1.2 阿尔斯通车辆

国际上轨道交通装备零部件供应商主要有法国的法维莱公司(生产屏蔽门、列车空调和制动系统),德国的克诺尔公司(生产制动系统),德国的康尼泰克公司(生产空气弹簧)。

在国际上,根据所采用电气牵引系统的不同,将城市轨道客车的发展划分为三个阶段:20世纪50年代以前,采用直流调速牵引系统的凸轮调阻车;50~70年代,采用直流调速牵引系统的斩波调压车；70年代至今，采用交流调速牵引系统的调频调压车。

1.1.2 我国城市轨道车辆发展史

中国的城市轨道车辆产业是伴随着我国城市轨道交通的建设而逐渐发展起来的，目前在其制造工艺上较国际水平尚有一定的差距。我们国家的城市轨道车辆目前大部分以地铁和轻轨车辆为主，从最早期的北京地铁开始发展至今，大致经历了这样几个阶段：北京DK型地铁车辆的时代、外资独资的时代、中外合资和自主开发的时代。

1. 北京地铁车辆的DK型时代

我国现代城市轨道交通是以20世纪60年代北京地下铁道建设为开端。1967年由铁道部长春客车厂试制完成了1列2辆编组的DK1型凸轮变阻调速北京地下铁道电动客车。1969年长春客车厂在DK1型的基础上进行了改进，批量生产了DK2型北京地下铁道电动客车，1969年10月1日北京站至苹果园站完成了试运营并通车。DK是长春客车厂生产的客车代号，从1967年为北京地铁生产的DK1出厂到2007年为北京环线地铁生产的DKZ16下线，经历了40年的风雨。

2. 外资独资的时代

因为我国城市轨道交通车辆制造业整体水平比较落后，所以上海等城市在地铁筹建初期整体引进了国外技术，比如上海地铁一号线DC01车辆，采用西门子公司技术，1989年5月，中德双方正式签署了4.6亿马克的地铁专款贷款协议书，1990年3月7日国务院正式同意，上海地下铁道工程（新龙华站至上海新客站，即今锦江乐园至上海火车站）开工兴建。经过地铁工程建设者不解的努力，1993年5月28日，上海地铁第一条线路——一号线南段（徐家汇—锦江乐园）建成通车。1995年4月10日，上海轨道交通一号线全线（上海火车站站—锦江乐园站）建成通车。

由于在这个时期核心技术都是从国外引进的，知识产权完全掌握在国外公司手中，这给我国车辆制造业的发展造成了极大障碍。同时受车型等客观因素限制，车辆在维修时能够选择的零件种类有限，导致维修费用也十分昂贵。

3. 目前中外合资和自主开发并存的时代

随着我国工程师对轨道交通车辆这一领域不断的探索，我们对其车辆的了解逐步加深。为了克服知识产权等一系列对我国车辆产业的障碍，我国正在努力自主开发并研制国产车辆。

我国城市轨道交通装备制造企业目前主要集中在铁道部下设的南车和北车两

大集团公司，车辆制造主要包括中外合资和自主开发两种形式：

(1)中外合资

城市轨道交通装备中外合作制造的主要方式为国外轨道交通装备企业提供若干核心技术(如牵引控制单元、制动单元、辅助控制单元、空气弹簧二系悬挂等关键核心部件)，国内企业进行相关车体、转向架等研发并进行系统集成。

目前和国外轨道交通装备企业进行合资生产轨道车辆的企业包括：

① 长春轨道客车股份有限公司，隶属于中车股份有限公司，与加拿大庞巴迪合作，提供了天津地铁 1 号线、西安地铁 2 号线、上海地铁 9 号线(图 1.3)等线路部分车辆。

图 1.3　上海地铁 9 号线 09A02 型电客列车

② 南京浦镇车辆有限公司，隶属于中车股份有限公司，与法国阿尔斯通合作，提供了上海地铁 3 号线(图 1.4)、上海地铁 10 号线及南京地铁 1 号线等线路部分车辆。

图 1.4　上海地铁 03A01 型电客列车

(2)自主开发

① 湖南株洲电力机车有限公司,中国中车股份有限公司旗下龙头企业,地处南方工业重镇和交通枢纽湖南省株洲市,公司前身为株洲电力机车厂,始建于1936年,是中国轨道电力牵引装备主要研制生产基地和城轨交通设备国产化定点企业,享有"中国电力机车之都"的美誉,也是国内唯一的电力机车整车出口企业。例如:近年来,在国内市场上,该公司负责了上海地铁1号线的直改交、上海地铁11号线等项目;在国际市场上,目前该公司也正在进行向土耳其地铁、马来西亚动车和印度地铁整车出口的生产项目。

② 青岛四方机车车辆股份有限公司,隶属中车股份有限公司,位于山东青岛,始建于1900年,前身是青岛四方机车车辆工厂。近年来,为北京地铁八通线(图1.5)、沈阳地铁、成都地铁以及广州地铁4、5、6号线提供了车辆。

图1.5 北京地铁八通线车辆

目前我国城市轨道交通车辆制造业整体水平比较落后,并且由于厂家较多且行业缺乏统一标准,因此会出现维修工艺复杂,成本高,各子系统之间的接口问题非常复杂等问题。我国现有地铁城市的轨道车辆基本上都由上述国内、外供应厂商提供,而上海地铁的车型最多(30余种)。几乎涵盖了上述提及的所有供应商。

国内建设地铁的城市为响应国家轨道交通装备国产化率达到70%以上的中长期发展目标及出于节约资金、售后服务方便等各种考虑,目前轨道交通装备采购基本上都倾向于中外合资及拥有自主开发能力的装备制造企业。

1.2 城市轨道交通车辆基础知识

1.2.1 城市轨道交通车辆类型

目前城市轨道交通车辆的供应商较多,导致各个拥有地铁的城市其车辆规格各异。同时,城市轨道车辆形式的划分也没有一个十分严格的标准,在本书中的划分方法主要依据《城市轨道交通工程项目建设标准》(建标104—2008)及

GB 7928—2003《地铁车辆通用技术条件》。

1. 根据城市轨道交通系统类型对车辆类型进行划分

根据城市轨道交通的形式，目前车辆大致可以划分为地铁车辆、轻轨车辆、独轨车辆等。这几种车辆的主要技术指标和特征如表 1.1 所示。

表 1.1 各种城市轨道交通车辆的主要技术特征和规格

运能类型	Ⅰ级	Ⅱ级	Ⅲ级	Ⅳ级	Ⅴ级
系统类型	高运量地铁	大运量地铁	中运量轻轨、独轨	次中运量 轻轨、独轨	低运量轻轨
适用车辆类型	A 型车	B 型车和 Lb 型车	C-Ⅰ、Ⅲ型车 和 Lb 型车	C-Ⅱ型车	现代有轨电车
最大客运量 (单向小时人次)	4.5 万～8.0 万	3.0 万～5.5 万	1.0 万～3.0 万	0.8 万～2.5 万	0.6 万～1.0 万
线路形态	隧道为主	隧道为主	地面或高架	地面为主	地面
路用情况	专用	专用	专用	隔离或少量混用	混用为主
站台高低	高	高	高	低(高)	低
车辆宽度(m)	3.0	2.8	2.6(C 型车) 2.8(Lb 型车)	2.6	2.6
车辆定员 (站 6 人/m^2)	310	240	217	220	104～202
最大轴重(t)	16	14	11(C 型车) 13(Lb 型车)	10	9
最大时速(km/h)	80～120	80～120	80(C 型车) 90(Lb 型车)	70	45～60
平均运行速度 (km/h)	34～40	32～40	30～40	25～35	15～25
轨距(mm)	1 435	1 435	1 435	1 435	1 435
额定电压(V)	DC 1 500	DC 1 500 DC 750	DC 1 500 DC 750	DC 750 DC 600	DC 750 DC 600
受电方式	架空线/第三轨	第三轨	架空线/第三轨	架空线	架空线

注：① 上海 11 号线 A 型车设计最高时速为 110 km/h，广州 3 号线 B 型车设计最高时速为120 km/h。
② 广州地铁 4、5、6 号线直线电机车辆采用 DC 1 500 V 第三轨供电方式。
③ A、B、C 型车为旋转电机车辆系列，Lb 型车为直线电机车辆系列。

近年来，世界上又出现了磁悬浮车辆、新交通系统车辆等多种形式的新型车辆，本书将在后面的章节中对新型车辆加以介绍。

2. 根据车体宽度进行划分

轨道交通列车的长度可以通过改变车辆编组数量来随时变化，不同车型车辆的高度也基本接近(一般依据人体的站立高度来设计)，因此这些都不是划分不同车型的参考标准。只有车辆的宽度最具有参考性，不同的宽度满足不同的运能需

图 1.6 地铁车辆

图 1.7 轻轨车辆

图 1.8 独轨车辆(跨坐式)

图 1.9 独轨车辆(悬挂式)

要,而且宽度一旦成型就无法再改变,因此车辆宽度才是区分不同车型的唯一标准,如表 1.1 所示。

3. 按车辆的牵引控制系统划分

分为直流,交流变压、变频车辆等。

4. 按车体材料划分

分为不锈钢车、铝合金车和耐候钢车辆等。

5. 按受电方式划分

分为受电弓车、第三轨受流器车及受电弓加受流器车辆等。

6. 按电压等级划分

分为直流 1 500 V 和直流 750 V 两种类型。

1.2.2 城市轨道交通车辆编组方法及标识

由于城市轨道交通车辆是运载乘客的工具,应满足乘客对乘车舒适、准时的要求,所以要在综合考虑各项因素后对车辆整体进行科学的编组。而标识是指对车辆及其设备进行标记或编号。为了车辆运用和检修等情况下管理和识别的方便,必须对车辆进行标识。但是,由于城轨车辆仅运行在各城市相对固定的线路上,目前我国没有统一的车辆标识规定,因而用户和制造商一般都参照国外成熟的做法,车辆的标识方法也比较类似。

1. 编组方法

按照预期的目的,将各独立的车辆连接起来,成为一个运行体,就称为车辆编组。

车辆编组一般应考虑:线路坡度、运营密度、站间距离、舒适度、安全可靠性、工程投资、客流大小等因素。例如:必须满足单向高峰小时断面客流量的需要;兼顾信号系统设备所能达到的行车密度(或行车间隔),即系统设计能力;既满足高峰时的客流要求,又能提高平时的车辆满载率,实现节能和降低运营成本;考虑编组对初、近、远期客流变化的适应能力;结合运行交路的设计,合理选择车辆编组,实现经济、合理、高效。

为了编组运营的需要,一般来讲城市轨道车辆划分有动车、拖车等多种形式。

动车:有电机和传动装置的车辆称为动车。而动车又分为无受电弓(M)、有受电弓(Mp)、有司机室(Mc)、有受电弓及司机室(Mcp)几种情况。

拖车:没有电机和传动装置的车辆称为拖车。而拖车又分为无司机室(T)和有司机室(Tc)两种情况。

目前我们国家各个城市的地铁编组方法都不尽相同,但是具体编组方法都采用动、拖车混编的方式。一般动、拖混编采用"四动加两拖"或"六动加两拖"的连接方式。

下面以中国几个城市的地铁部分线路车辆编组方法进行举例:

3 节编组:Mcp—M—Mcp;4 节编组:Tc—Mp—Mp—Tc;6 节编组:Tc—Mp—M—M—Mp—Tc;7 节编组:Tc—Mp—M—M—M—Mp—Tc;8 节编组:Tc—Mp—M—Mp—M—M—Mp—Tc 或 Tc—Mp—M—Mp—M—Mp—M—Tc。

早期的北京地铁按全动车设计,两车为一单元,使用时按 2、4、6 辆编挂组成列车组。目前,北京地铁的列车有带司机室的拖车(Tc1 车、Tc2 车)、不带司机室的拖车(T 车)和不带司机室的动车(M 车)三种车型,采用贯通式车厢,乘客可任意走动。一个动车和一个拖车为一个制动单元,使用时按 2、4、6 节进行编组。当采用 6 节编组时,排列为:Tc1—M1—M3—T3—M2—TC2。

而天津滨海轻轨车辆在开通初期为 4 节编组,采用"二动二拖"形式,编组为:Mcp—T—T—Mcp 而远期为 6 节编组,采用"三动三拖"形式,编组为:Mcp—T—T—M—T—Mcp。

每个城市会根据自己特有的客流量,车站位置,运行路线等方面的考虑做出相应的编组方法以达到整体运营的最优效果。

2. 编　　号

由于世界城市轨道交通车辆编号的方法各不相同,这里只介绍上海申通地铁集团有限公司制定的车辆编号方法,并不具有代表性和通用性。图 1.10 为举例说明上海地铁 11 号线 6 节编组列车的编号方法。图中所示列车编号方式为"线路号+序列号+车厢标识",即"11"代表上海轨道交通 11 号线,"003"是 序列号,"1"代表 Tc 车。另外在 1、2、3 号线的早期车辆上则采用“出厂年份＋序列号＋车厢标识”的编号方式。除此之外，转向架与轴也有相应的编号。

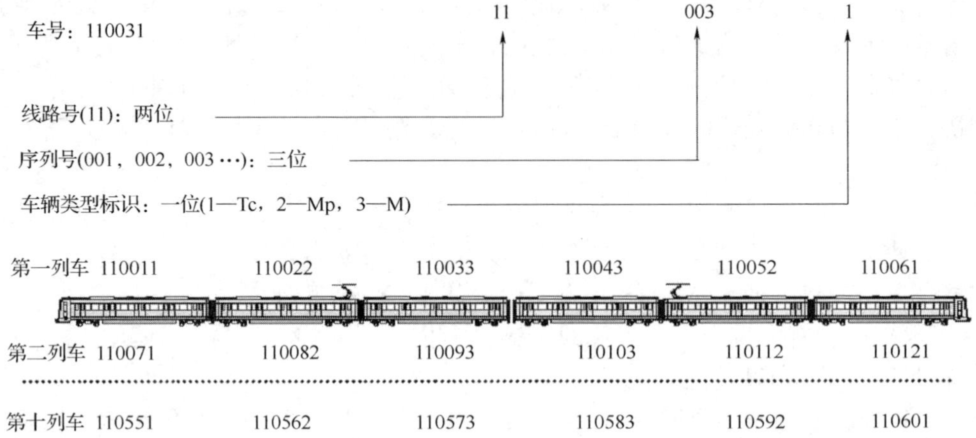

图 1.10　上海地铁 11 号线六节编组列车车辆编号方法

3. 标　　识

车辆标识定义采用 DIN25006—德国工业标准，下面以上海地铁某线路车辆为例。

(1)车辆车端的定义

车端：每节车厢都有 2 个车端，分别定义为 1 位端和 2 位端。每节车厢的 1 位端按如下定义：乘客站在任何一节车厢内，面朝本单元列车的司机室方向，则该乘客的前方车端为该车厢的 1 位端。另一端就是 2 位端。见图 1.11。

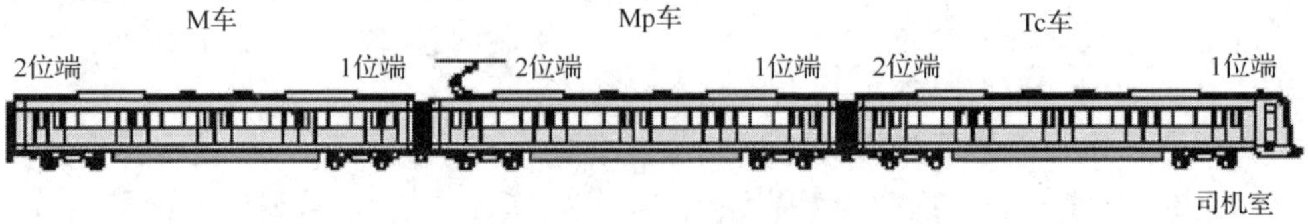

图 1.11　车辆的车端定义

(2)车辆、列车车侧的定义

车辆车侧：人立于车辆的 2 位端，面向 1 位端，则人的右侧就称为该车辆的右侧，人的左侧也称为该车辆的左侧，如图 1.12 所示。

列车车侧的定义与车辆车侧的定义是不同的。它是以司机为主体，司机坐于列车司机室座位上，司机的右侧即为列车的右侧，左侧为列车的左侧。换句话说，是按列车行驶的方向来定义的，这与公路上汽车按行驶方向定义左右侧是相同的，如图 1.12 所示。

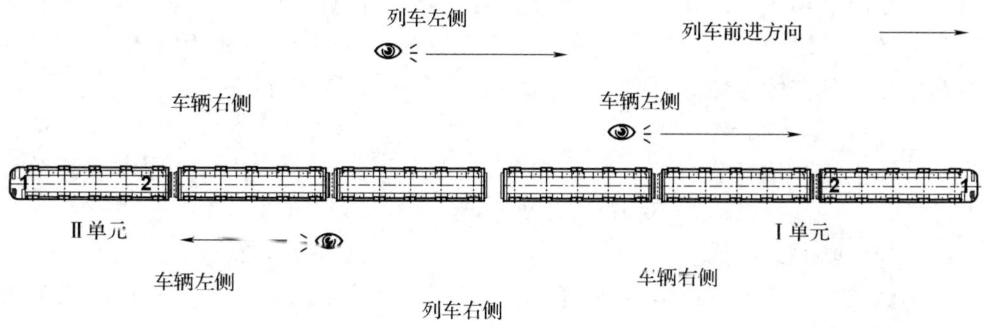

图 1.12 车辆及列车的车侧定义

(3)转向架和轴的编号

每辆车的转向架都分为转向架 1 和转向架 2。转向架 1 在车辆的 1 位端,转向架 2 在车辆的 2 位端。每辆车的 4 根轴从 1 位端开始至 2 位端,依次连续编号轴 1 至轴 4,如图 1.13 所示。

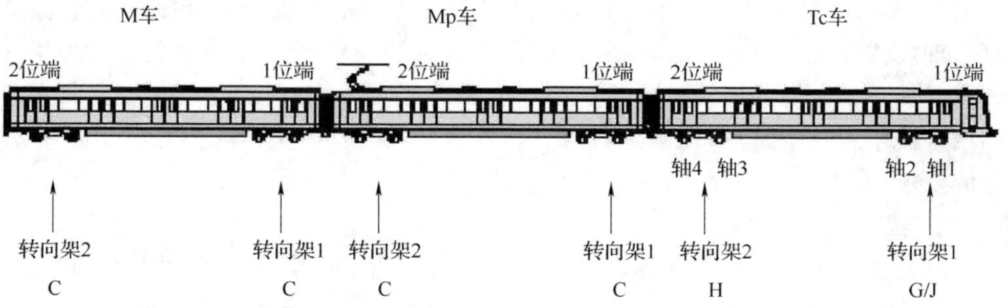

图 1.13 转向架和轴的编号

C—动车转向架;H—拖车转向架,不带 ATC 装置和轮缘润滑;

G—拖车转向架带 ATC(列车自动控制,Automatic Train Control)装置;

J—拖车转向架带 ATC 装置和轮缘润滑(为了解决轮缘非正常磨耗配置的润滑装置)

(4)车门和门页的编号

门页的编号:自 1 位端到 2 位端,沿着每辆车的左侧为由小到大的连续奇数,即 1、3、5、7、9、11…、17、19;右侧为由小到大的连续偶数,即 2、4、6、8、10、12…、18、20。车门的编号则由该车门页的号码合并成:自 1 位端到 2 位端,左侧车门的编号为 1/3、5/7、9/11、…、17/19,而右侧车门的编号 2/4、6/8、10/12、…、18/20。

(5)坐椅编号

由于车辆的生产厂家采用不同的技术以及设计方式,且此前没有明确的标准,导致城市轨道交通车辆的坐椅分布及编号都不尽相同，例如上海轨道交通 9 号线采用庞巴迪公司生产的车辆，每节车有 8×6 个坐椅纵向排列在车辆内部的两侧，每 6 个坐椅采用一个编号来进行车辆装配及维修。自 1 位端到 2 位端，这些坐椅的编号是按照左侧奇数、右侧偶数的形式从 1 号到 8 号进行排列的。

(6)空调单元编号

每辆车的车顶安装有两个空调单元。位于 1 位端的空调单元称作空调单元Ⅰ，位于 2 位端的空调单元称作空调单元Ⅱ。

(7)其他编号与标记

车窗、扶手、立柱、吊环、照明灯、指示灯、扬声器等设备也采用同样的编号方法。而车辆的重量(质量)、顶车位置、应急设备位置等必须用相关符号或文字在规定位置做出明确的标记。

1.2.3 城市轨道交通车辆特点及组成

1. 城市轨道车辆特点

城市轨道车辆是技术含量较高的机电设备，也是城市轨道交通工程中最关键的设备，其选型和技术参数不仅是界定线路技术标准的基础，同时也是确定系统运营管理模式和维修方式的基本条件，而且还是系统设备选型和确定设备规模的重要依据。各城市的城市轨道交通车辆结构和性能不尽相同，但是它们都是尽可能的结合城市各自的特点，以满足城市交通容量大、安全、快速、舒适、美观、节能和环保的要求，并具有先进性、可靠性和实用性。

2. 城市轨道车辆组成

城市轨道车辆基本由车体、车门、车辆连接装置、车辆走行装置、制动系统、牵引系统、辅助设备(包括辅助电源、通风和空调设备、照明设备)和列车控制系统等组成。

1.2.4 城市轨道交通车辆技术参数

车辆技术参数是概括地介绍车辆技术规格的某些指标，是从总体上表征车辆性能及结构的一些参数，一般可分为性能参数与主要尺寸两大类。

1. 车辆性能参数

(1)自重、载重

车辆自重是指车辆本身的全部质量；车辆载重是指车辆允许的正常最大装载质量。

(2)构造速度

构造速度是指车辆基于按照安全及结构强度的考虑，设计时所允许的车辆最高行驶速度。车辆的实际运行速度一般不允许超过构造速度。

(3)轴重

轴重是每根车轴允许负担的最大总质量,它包括轮对自身的质量。

(4)最小曲线半径

最小曲线半径是指车辆在站场或厂、段内调车时所能安全通过的最小曲线半径。当车辆在此曲线区段上行驶时不得出现脱轨、倾覆等危及行车安全的事故,也不允许转向架与车体底架或车下其他悬挂物相碰。车辆通过曲线最小半径的大小与车辆的运行速度有关。

(5)速度

速度参数包括:最大启动速度、平均启动加速度和最大制动减速度。

(6)冲击率

由于工况改变引起的列车中各车辆所受到的纵向冲击。在城轨车辆中,主要用于说明车辆本身电气及制动控制系统所应达到的冲动限制。用加速度变化率来衡量,单位为 m/s^3。

(7)列车平稳性指标

车辆平稳性是评定旅客舒适程度的主要依据,反映了车辆振动对人体感受的影响,因此评定列车平稳性的方法主要以人的感觉疲劳程度为依据,通常以平稳性指标表示。

(8)坐椅数及每平方米地板面积站立人数

此参数与列车大小尺寸相关,也与设计的服务水平相关。

(9)每延米轨道载重

车辆设计中与桥梁、线路强度密切相关的一个指标,同时又是能否充分利用站线长度,提高运输能力的一个指标,其数值是车辆总质量与车辆全长之比。城市轨道车辆该参数按设计任务书规定。

2. 车辆的主要尺寸

(1)车体的长、宽和高

车体的长、宽和高又有车体外部和内部的区别。车体内部的长、宽和高必须满足乘客舒适乘坐的要求,而车体外部的长、宽和高应符合车辆限界的要求。车体外部(内部)长度是指车体两端墙板外(内)表面间的水平距离;车体外部(内部)宽度是指车体两侧墙板外(内)表面的水平距离;车体外部(内部)高度是指由地板下(上)平面至车顶中央部位外(内)表面间的垂直距离。

(2)车辆的长、宽和高

车辆的长度是指车辆处于自由状态,车钩呈锁闭状态时,两端车钩连接面之间的距离;车辆的宽度是指车辆两侧的最外突出部之间的水平距离;车辆的高度是指空车时，车体上外表面至轨面的垂直距离。

(3)车辆最大宽度

指车体横断面上最宽部分的尺寸。

(4)车辆最大高度

最大高度指车辆顶部最高点与钢轨顶面之间的距离。通常需说明与最高点相关的结构，如有无空调，受电弓的状态等。

(5)车辆定距(又称转向架中心距)

同一车辆的两转向架回转中心之间的距离。

(6)固定轴距

同一转向架的两车轴中心线之间的距离。

图 1.14 为车辆几个主要尺寸的关系示意图。

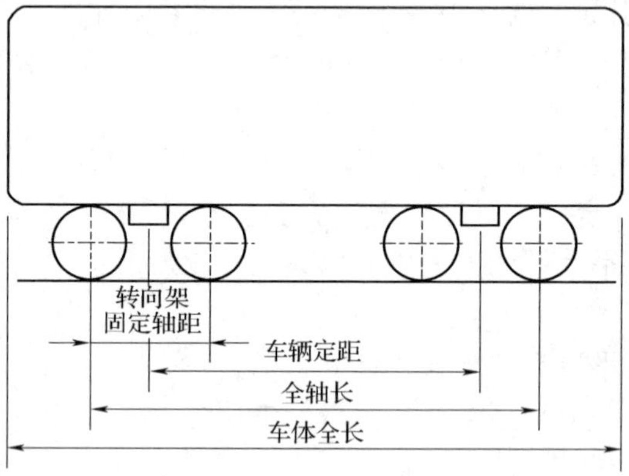

图 1.14 车辆主要尺寸关系示意图

(7)车钩高

车钩高是指车钩连接面中点至轨面的高度。取新造或修竣后空车的数值。列车中各车辆的车钩高基本一致，是保证车辆正确连挂、列车运行中正常传递牵引力及不会发生脱钩事故所必备因素。不同车型车钩高有所差异。

(8)地板面高度

车辆地板面与钢轨顶面之间的距离。地板面高度与车钩高一样，指新造或修竣后空车的数值。它将受到两方面的制约，一是车辆本身某些结构高度的限制，如车钩高及转向架下心盘面的高度；另一方面又与站台高度的标准有关，规定车辆地板面应与站台高度相协调。不同车型地板面高度有所差异。

1.2.5 城市轨道交通车辆限界

车辆界限是指一个限制车辆横断面最大允许尺寸的轮廓图形，无论空车还是重车停在水平直线时，该车所有一切突出部分和悬挂部分，都应容纳在限界轮廓之内；而规定该限界的目的在于防止车辆在直线和曲线运行时与各种建筑物及设备发生接触。在本书中重点介绍地铁限界和轻轨限界。

基准坐标系是与轨道线路的纵向中心线相垂直的平面内的二维直角坐标，该坐标的第一坐标轴与两钢轨在名义位置且无磨耗时的顶面相切，第二坐标轴垂直于前者，并与左右两钢轨的名义位置等距离。

1. 地铁限界

图 1.15 是地铁限界的示意图，从基准坐标系的原点开始，地铁限界由内而外主要包括车辆限界、设备限界、建筑限界以及间隙 1 和间隙 2 个部分。每种限界和间隙均在城市轨道交通系统中起着重要的作用。

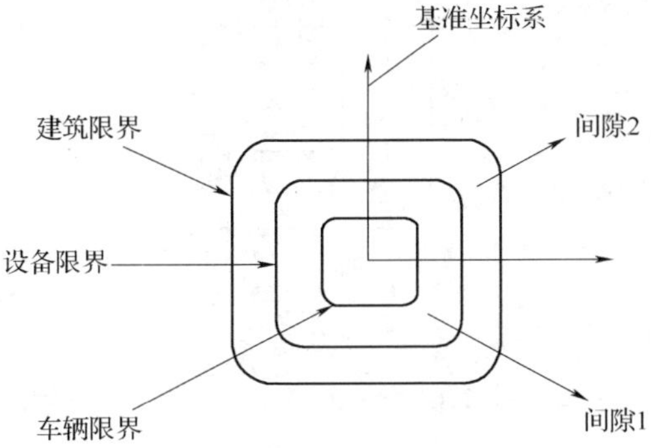

图 1.15　地铁限界示意图

(1)地铁车辆限界

地铁车辆限界是基准坐标系中的一个轮廓线，是车辆在正常运行状态下形成的最大动态包络线。车辆及轨道线路各尺寸在具有最不利公差及摩擦时(包括两次维修期间所发生的尺寸偏差)车辆在运动中处于最不利位置，涉及了由各要素引起的车辆各部位的统计最大偏移后均应容纳在轮廓内。

(2)地铁设备限界

地铁设备限界是基准坐标系中位于车辆限界外的一个轮廓线，是用以限制设备安装的控制线。除另有规定外，建筑物及地面固定设备的任一部分，即使涉及了它们的刚性和柔性运动在内，均不得向内侵入此限界，接触轨限界属于设备限界的辅助限界。

(3)地铁建筑限界

地铁建筑限界是基准坐标系中最外侧的一个轮廓线，是在设备限界基础上，考虑了设备和管线安装尺寸之后的最小有效断面。它规定了地下铁道隧道的形状、尺寸、位置，地下车站及站台位置及地面建筑物(包括接触网支柱、声屏障和站台屏障门等)的位置,涉及施工误差、测量误差及结构永久变形在内,任何永久性建筑物均不得向内侵入此限界。

间隙1主要作为未计及因素的安全留量,按照界限制定时的某些规定偏移量也计入此间隙。间隙2应能安排各种固定设备如电缆线、消防水管等。

2. 轻轨限界

轻轨限界的划分要比地铁限界简单,同样从基准坐标系原点开始,由内向外依次为车辆轮廓限界,车辆接近限界和设备接近限界,如图1.16所示。

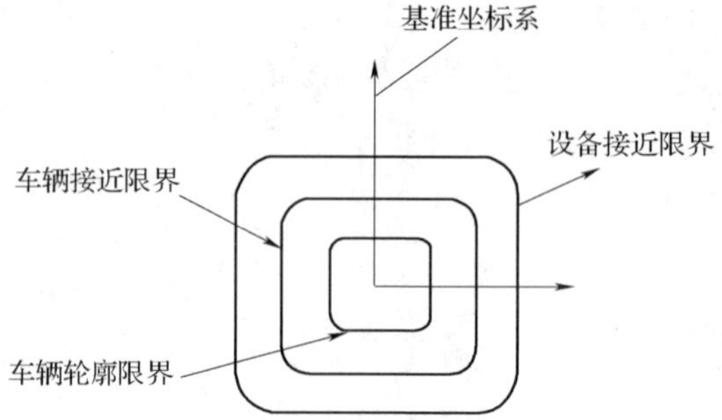

图1.16 轻轨限界示意图

(1)车辆轮廓限界

车辆轮廓限界应根据车体横断面和车辆下部设备外轮廓各点所规定的纵横坐标值。

(2)车辆接近限界

车辆接近限界是以车辆样车的构造和有关的参数为依据,例如:考虑到车辆弹簧挠度和各项间隙、误差、磨耗等技术参数的影响,对车辆在运行中可能出现的各种工况所产生的横向偏移量和垂直偏移量进行分析计算,所得出的各点X、Y坐标值。车辆在具有最不利的公差和磨耗情况下,并计及车辆在运行中最不利位置所引起的最大偏差,均应容纳在该轮廓之内。

(3)设备接近界限

计及轨道的轨距等出现最大允许误差时引起车辆的附加偏移量,以及在设计、施工、运营中尚未预计到的因素在内的安全留量。建筑物及地面固定设备的任一部分,均不得向内侵入此限界。

本 章 小 结

1825年世界第一条铁路的诞生以及1863年第一条城市地下铁道的开通,不仅标志着一个新时代的开始,更使得城市的发展加快了步伐。而在庞大的城市轨道交通系统中，车辆是最重要的核心组成部分，其他子系统无不为车辆系统的正常运行而服务。本章对城市轨道交通车辆类型、编组方法、标识、特点、组成、技术参数及车辆限界这些概念进行了介绍，并用上海、北京、天津等城市的实例阐述了城市轨道交通车辆的编组方法及标识。

纵观世界，欧美与日本的城市轨道车辆技术通过100多年的努力走在了世界前列，而在上世纪五六十年代，由铁道部长春客车厂生产的DK1型北京地下铁道电动客车拉开了我国城市轨道车辆制造产业的序幕，上世纪九十年代初期，在地铁建设过程中由于过多引进国外技术，导致我国城市轨道交通车辆的发展对外国公司有较强的依赖性，近年来随着国家对城市轨道车辆国产化率的要求不断提高，我国的城市轨道交通车辆制造业已经从完全引进外国技术的阶段过渡到以中外合资和自主开发并举的阶段。

思 考 题

1. 世界轨道交通装备整车供应商都有哪些厂家？
2. 我国城市轨道交通车辆的设计和制造标准主要是从哪里引进的？
3. 城市轨道交通车辆有哪几种划分方法？
4. 城市轨道车辆的性能参数和主要尺寸有哪些？
5. 简要叙述地铁限界的基本组成和主要作用。

第 2 章　转　向　架

转向架是支承车体并担负车辆沿着轨道行驶的走行装置，它是城市轨道交通车辆最重要的组成部件之一，也是保证车辆运行品质、动力性能和行车安全的关键部件。转向架安装在车体与轨道之间，用来牵引和引导车辆沿着轨道行驶，承受与传递来自车体及线路之间的各种载荷并具有缓和各种冲击力的作用。

2.1　转向架作用和组成

2.1.1　转向架的作用和特点

把两个或多个轮对用专门的构架（或侧架）连接，组成一个形似小车的走行装置，称为转向架，车体就坐落在前后两个转向架上。由于这种走行部的结构具有许多明显的优点，现代大多数轨道车辆的走行装置都采用转向架的结构形式。

转向架的作用有以下几点：

1. 车辆采用转向架可以增加车辆的载重、长度和容积。

2. 通过轴承装置使车轮沿着钢轨的滚动转化为车体沿线路方向的平动，并保证在正常运行条件下，车体都能可靠地坐落在转向架上。

3. 支承车体，承受并传递来自车体与轨道之间的各种载荷及作用力，并使轴重均匀分配。

4. 实现弹簧悬挂装置的安装，使车辆具有良好的减振特性，以缓和车辆和线路之间的相互作用，减小振动和冲击，提高车辆运行的平稳性和安全性。

5. 实现制动装置、牵引电机和减速装置等车辆关键部件的安装。

转向架的特点又有以下几个方面：

1. 转向架相对车体可自由回转，能灵活地沿直线线路运行及顺利通过曲线，减少运行阻力与噪声，提高运行速度。

2. 适应轮轨接触状态的变化，充分利用轮轨之间的黏着作用，传递牵引力和制动力。

3. 转向架的结构便于安装各类车辆关键走行部件。

4. 转向架是车辆的一个独立部件，与车体之间连接件较少，并且结构简单，装拆方便，便于独立制造和维修。

转向架主要技术参数如下(以上海地铁 11 号线为例)如表 2.1 所示。

表 2.1 A 型车转向架主要技术参数

轮对内侧距	轴距	轴重	车轮滚动圆直径(新轮)	车轮滚动圆直径(全磨耗)	齿轮传动比
1 353 mm	2 500 mm	≤16 t	840 mm	770 mm	6.32

2.1.2 转向架的组成

根据城市轨道交通车辆有动车、拖车 2 种形式,转向架一般分为动力转向架和非动力转向架,分别配置在动车和拖车上。动力转向架和非动力转向架区别主要在于是否安装有牵引电机和齿轮变速装置。一般地,在 Tc—Mp—M—M—Mp—Tc 六节编组的列车上,转向架的配置方式如图 2.1 所示。

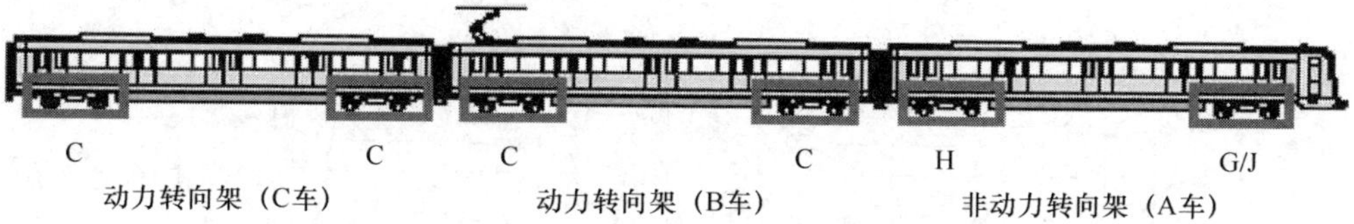

图 2.1 一个单元编组列车上的转向架配置方式

C—动力转向架;H—拖车转向架(不带 ATC 和轮缘润滑装置);

G—拖车转向架(带 ATC 装置);J—拖车转向架(带 ATC 和轮缘润滑装置)

由于城市轨道交通车辆的用途、运用条件与要求的不同,不同厂家生产的转向架会也有一定的差别,但它们的基本组成部分和主要功能是相同的,如图 2.2 所示。

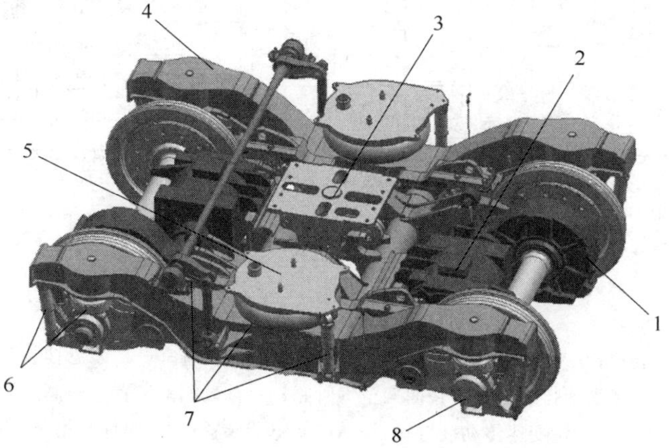

(a)动力转向架总成图

1—齿轮变速传动装置;2—牵引电机;3—中央牵引连接装置;4—构架;5—空气弹簧;

6—一系弹簧悬挂装置;7—二系弹簧悬挂装置;8—轮对轴箱装置

图 2.2 动力转向架和非动力转向架

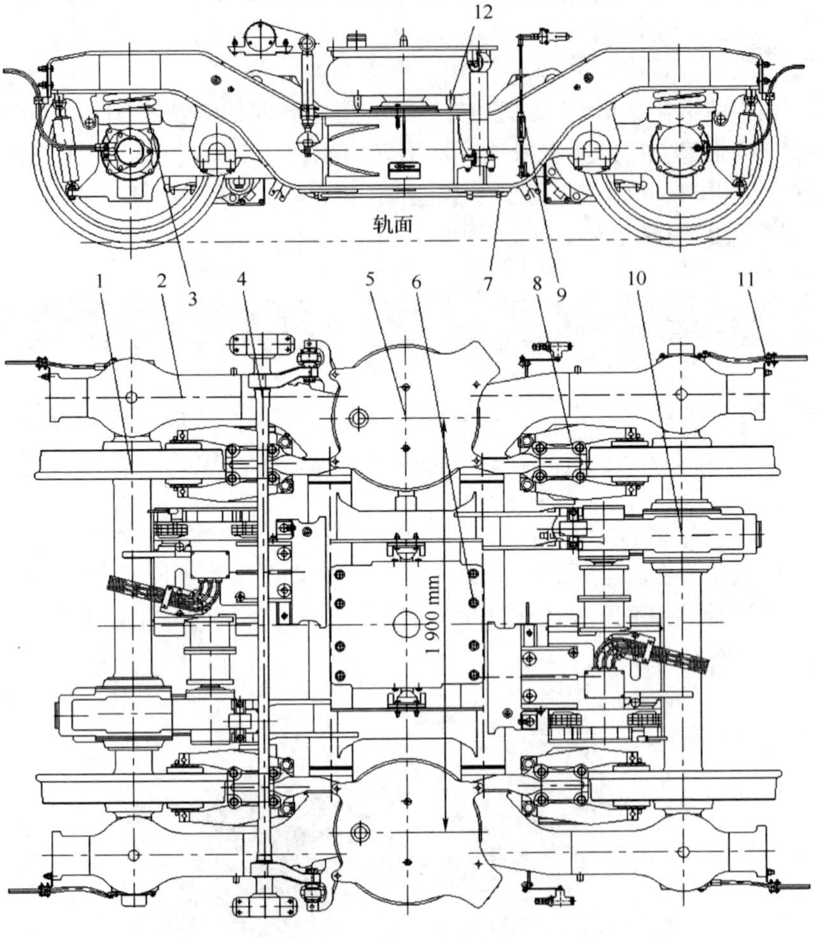

(b)动力转向架二维结构图

1—轮对轴箱装置;2—构架;3—一系悬挂装置;4—抗侧滚扭杆;5—二系悬挂装置(空气弹簧);6—中央牵引连接装置;7—转向架空气管路;8—基础制动装置;9—高度调节阀;10—齿轮变速传动装置;11—转向架电器装置;12—整体起吊装置

图 2.2 动力转向架和非动力转向架

(c)非动力转向架总成图

图 2.2 动力转向架和非动力转向架

1. 构　　架

构架是转向架的基础,它把转向架的各个零部件组成一个整体。它不仅承受、传递各种载荷及作用力,而且它的结构、形状和尺寸都应满足各零部件组装的要求(如基础制动装置、弹簧悬挂装置、牵引电机等)。

2. 轮对轴箱装置

轴箱装置是联系构架和轮对的活动关节。它使轮对的滚动转化为车体沿着轨道的平动。轮对在滚动时,除传递车辆的重量(质量)外,还传递轮轨之间的各种作用力。

3. 弹簧悬挂装置

为减少线路不平顺、轮对运动对车体的各种动态影响(如垂直振动、横向冲击等),转向架在轮对与构架、构架与车体之间设有弹簧悬挂装置。前者称为轴箱弹簧悬挂装置(又称为一系弹簧悬挂装置),后者称中央弹簧悬挂装置(又称为二系弹簧悬挂装置)。弹簧悬挂装置包括弹簧、减振器及定位装置等。

4. 中央牵引连接装置

城市轨道车辆普遍采用了无摇枕结构的转向架。由于没有摇枕,车体直接坐落于空气弹簧上,必须靠转向架牵引装置来实现摇枕所具有的传递纵向力和转向功能。

5. 牵引电机与齿轮变速传动装置

动力转向架和非动力转向架的区别在于动力转向架上设有牵引电机与齿轮变

速传动装置。动力转向架通过齿轮变速传动装置使牵引电机的扭矩转化为车轮上的转矩，利用轮轨之间的黏着作用，驱动车辆沿着轨道运行。

6. 基础制动装置

为了使运行着的车辆能迅速地减速或停车、为了防止车辆在下坡道上运行时由于重力作用导致车速增加、同时为避免停放的车辆因重力作用或风力吹动而溜走，都需要在转向架上安装基础制动装置。城市轨道车辆的基础制动装置目前主要有闸瓦制动和盘形制动两种类型，这部分内容将在“制动系统”一章予以详细介绍。

2.2　构　　架

构架是转向架各组成部分的安装基础，通过构架把转向架的组成部件组合成一个整体，构架也是转向架承载的主要部件，如图 2.3 所示，其结构有如下特征：

(1)构架是由两根侧梁和一根横梁焊接成的“H”形结构。

(2)侧梁为箱形结构，在中部将高度降低以安装空气弹簧，侧梁上焊有一、二系弹簧座、减振器座、抗侧滚座和转臂定位座。横梁主要承载结构由两根无缝钢管组成，横梁上焊有电机、齿轮箱、基础制动装置等安装座。

(3)构架焊接设计和制造符合标准焊接体系。

(4)构架上各主要部件安装面采用整体加工，保证转向架零部件组装时具有很高的定位精度。

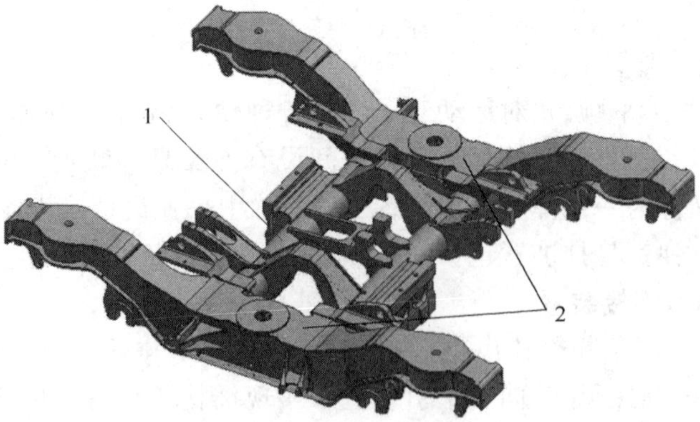

(a)构架三维模型

1—主横梁；2—侧梁

图 2.3　构架

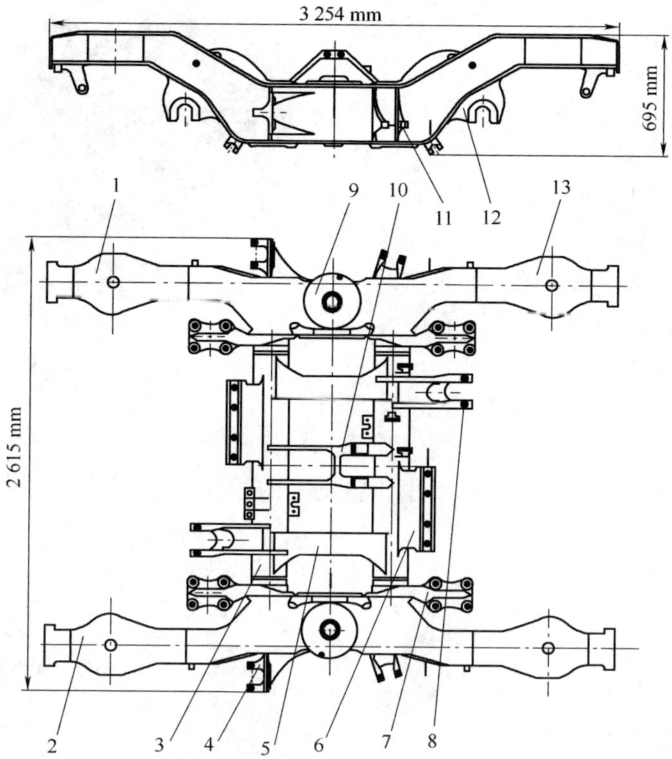

(b)构架二维图

1—左侧梁;2—右侧梁;3—横梁;4—右抗侧滚扭杆座;5—横向止挡座;6—电机悬挂座;
7—基础制动装置吊座;8—齿轮箱吊座;9—空气弹簧座;10—牵引座;
11—二系垂向减振器座;12—转臂定位座;13——系弹簧座

图 2.3 构架

2.3 轮对轴箱装置

轮对轴箱装置由轮对和轴箱装置两部分构成,如图 2.4 所示。轮对承担车辆全部载荷,同时还承受着从车体、钢轨传来的各种力的作用;轴箱装置使轮对沿钢轨的滚动转化为车体沿线路的平动,并把车辆的重量(质量)以及各种载荷传递给轮对。两者相互配合引导车辆沿着钢轨运行。

2.3.1 轮　　对

轮对是由一根车轴和两个相同的车轮采用过盈配合使之牢固地结合在一起,

是组成转向架的重要部件之一。轮对一般分为动车轮对和拖车轮对，区别在于动车的车轴比拖车的车轴多了齿轮传动装置的安装座，如图 2.5 所示。

图 2.4　轮对轴箱装置

轮对承担车辆全部重量（质量），且在轨道上转动，同时还承受从车体、钢轨两方面传递来的其他各种静、动作用力，受力很复杂。因此，对车辆轮对的要求是：

(1)应有足够的强度，以保证在容许的最高速度和最大载荷下安全运行；

(2)应能满足列车在正常及故障运行时制动热负荷的要求；应在保证足够强度和一定使用寿命的前提下，使其重量（质量）最小，并具有一定的弹性，以减小轮轨之间的相互作用力；

(a) 动车轮对　　(b) 拖车轮对

图 2.5　轮对

(3)应具备阻力小和耐磨性好的特点，这样减少对牵引动力的要求并能提高车轮使用寿命；

(4)应能适应车辆直线运行，同时又能顺利通过曲线，还应具备必要的抗脱轨、抗倾覆等安全性的要求。

轮对在正常状态的线路上运行时，轮对的内侧距是影响运行安全的一个重要因素。轮对内侧距有严格的规定。我国地铁车辆轮对内测距为 1 353±2 mm，如图 2.6 所示。轮对内侧距应保证在任何线路上运行时轮缘与钢轨之间有一定的间隙，以减少轮缘与钢轨的磨耗；应保证在最不利情况下，车轮踏面在钢轨上仍有足够的安全搭接量，不致造成脱轨；应保证安全通过道岔。

1. 车　　轴

轨道交通车辆使用的车轴，目前绝大多数为圆截面实心轴结构，采用优质碳素钢加热锻压成型,再经热处理(正火或正火后再回火)和机械加工制成。

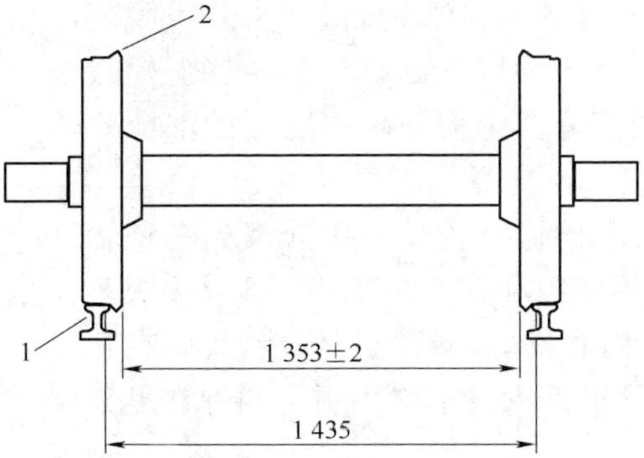

图 2.6 轮对与钢轨(单位:mm)
1—钢轨;2—轮缘

2. 车 轮

车轮的结构、形状、尺寸、材质是多种多样的。轨道交通车辆常用车轮的分类如图 2.7 所示。车轮其结构分为整体车轮和带箍车轮两种。整体车轮按其材质可分为辗钢轮和铸钢轮等。带箍车轮又可分铸钢辐板轮心、辗钢辐板轮心以及铸钢辐条轮心的车轮。为降低噪声,减小簧下质量,近年来又出现了橡胶弹性车轮、消声轮等新型轮对结构。

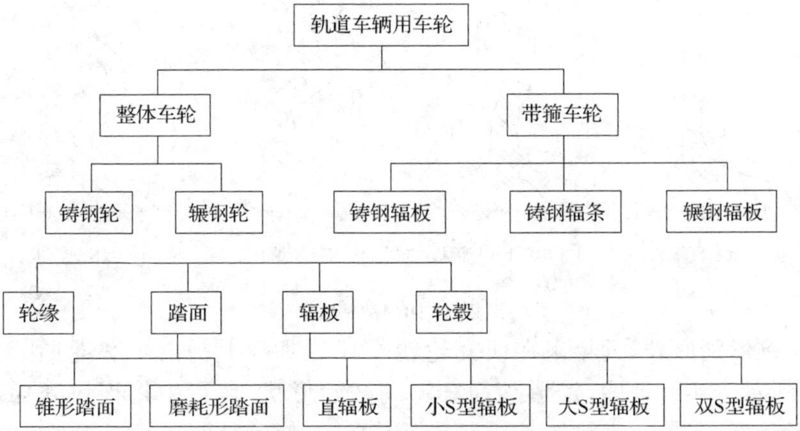

图 2.7 轨道交通车辆轮对分类

目前我们国家城市轨道车辆的车轮主要采用的是整体辗钢轮形式。整体辗钢轮由踏面、轮缘、辐板和轮毂组成，如图 2.8 所示。车轮与钢轨的接触面称为踏面，一侧沿着圆周突起的圆弧部分称为轮缘，是保持车辆沿钢轨运行，防止脱轨的重要部分。踏面沿径向的厚度部分称为轮辋。轮毂是轮与轴互相配合的部分。轮辋与轮毂联接的部分称为辐板。

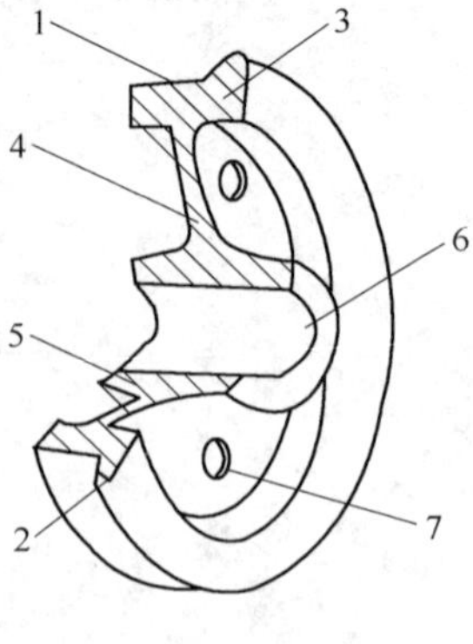

图 2.8 整体辗钢轮
1—踏面；2—轮缘；3—轮辋；4—辐板；5—轮毂；6—轮毂孔；7—辐板孔

国内已服役的八个地铁车轮品种中涉及到三种辐板形式，即直辐板、S 形辐板和双 S 形辐板。S 形辐板车轮具有更大的承载能力和良好的抗热裂性能，我国在上世纪 90 年代就以 S 形辐板取代了斜辐板。四种常见辐板如图 2.9 所示。

车轮踏面一般做成一定的斜度，称为锥形踏面，如图 2.10(a)所示。踏面锥形的作用为：在直线运行时使轮对能自动调中；在曲线运行时，由于离心力的作用使轮对偏向外轨，由于踏面是锥形，使外轨上滚动的车轮以较大的滚动圆滚动，在内轨上以较小的滚动圆滚动，从而减少车轮在钢轨上滑动或空转，使轮对顺利通过曲线；车轮踏面有斜度，运行时车轮与钢轨接触的滚动直径在不断地变化，致使轮轨的接触点也在不停地变换位置，从而使踏面磨耗更为均匀。

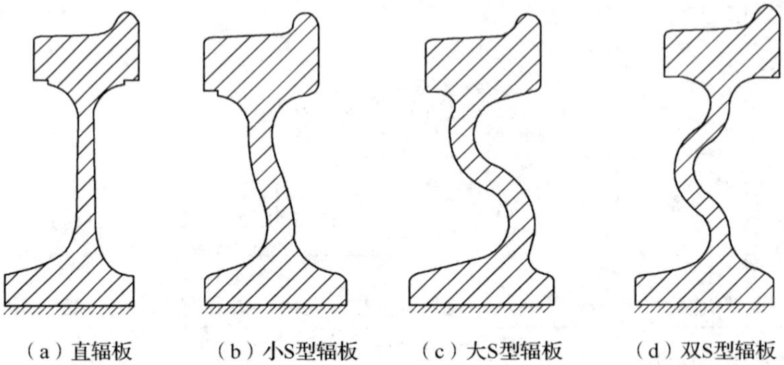

图 2.9 四种常见辐板

除了锥形踏面外，近年来在研究轮轨磨耗的基础上提出了磨耗形踏面，如图 2.10(b)所示。实践证明，锥形踏面车轮的初始形状，运行中将很快磨耗，当磨耗成一定形状后，车轮与钢轨的磨耗都变得缓慢，磨耗后踏面形状将相对稳定。如果把车轮踏面一开始就做成类似磨耗后的稳定形状，即磨耗形踏面，可明显地减少轮轨的磨耗，延长使用寿命，减少换轮、旋轮的检修工作量，其经济效益是十分明显的。磨耗形踏面可减小轮轨接触应力，提高车辆运行的横向稳定性和抗脱轨安全性。

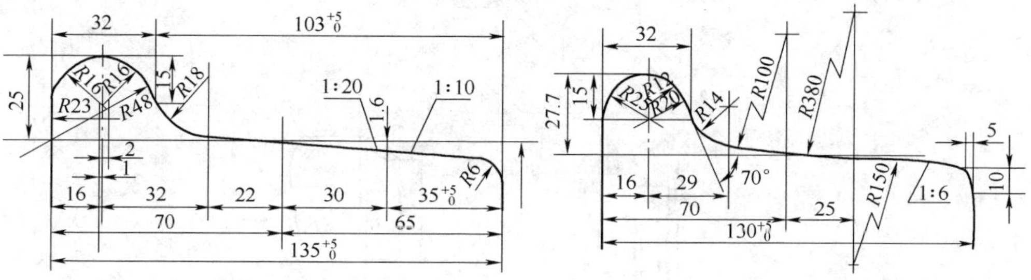

(a)锥形踏面

(b)磨耗形踏面

图 2.10 车轮踏面(单位：mm)

2.3.2 轴箱装置

轴箱装置一般包括轴箱体、轴承、轴圈等。轴箱体一般为整体铸钢结构。

轴箱装置的作用是：

(1)将轮对和构架联系在一起，是一系悬挂装置的定位基础；

(2)使轮对沿钢轨的滚动转化为车体沿路线的平动；

(3)把车辆的重量(质量)以及各种载荷传递给轮对；

(4)保证良好的润滑性能，减少磨耗，降低运行阻力；

对轮对轴箱的要求是：

(1)具有良好的密封性，防止尘土、雨水等物侵入及甩油，从而避免破坏油脂的润滑；

(2)轴箱可容纳接地装置，提供列车所有电气设备的接地保护和负极接地；

(3)是速度信号的采集部位。在转向架上的轴箱装置中，安装有 EBCU(Electrical Braking Control Unit，电子制动控制单元)、ATC 速度信号传感器装置。

轴箱装置按其采用的轴承形式可分为：滚动轴承轴箱和滑动轴承轴箱。

目前，轨道交通车辆采用滚动轴承结构的轴箱装置。滚动轴承的滚动体形状分类主要有圆柱滚动轴承、圆锥滚动轴承、球面滚动轴承等几种。由于轴承在车辆运行中承受着巨大的静、动载荷的作用，因此，要求轴承具有承载能力大、强度高、耐振、耐冲击、寿命长等特点。目前，城市轨道车辆均采用圆柱滚动轴承或圆锥滚动轴承的轴箱结构，如图 2.11 所示。

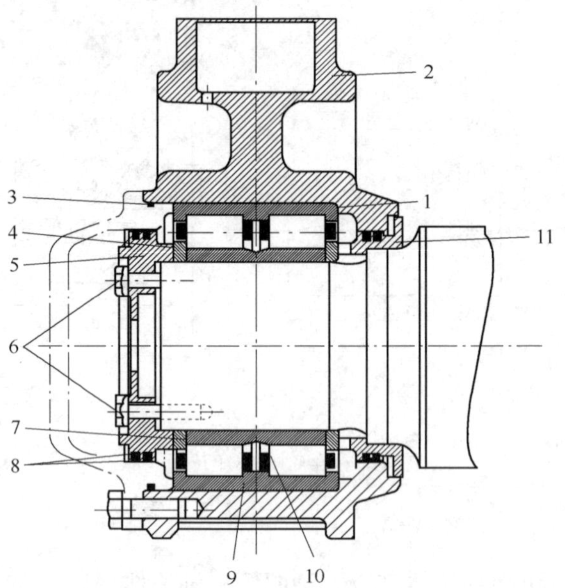

(a)圆柱滚动轴承轴箱结构图

1—双排单列圆柱滚动轴承；2—轴箱体；3—密封圈；4—法兰垫圈；5—端盖板；6—端盖板定位螺钉；7—轴承内圈；8—层流环；9—轴承外圈；10—润滑脂；11—曲折密封圈

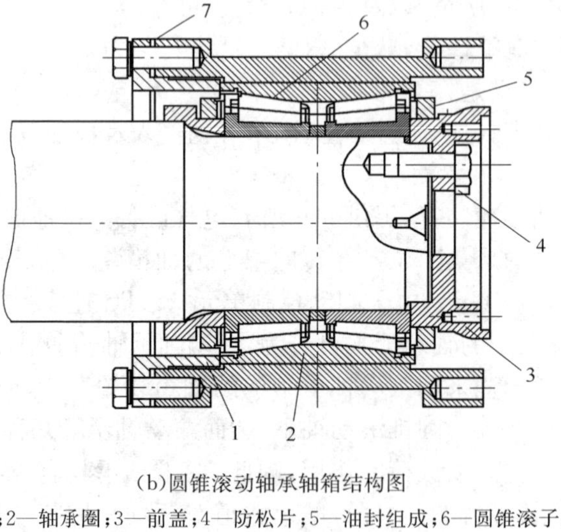

(b)圆锥滚动轴承轴箱结构图

1—轴箱后盖；2—轴承圈；3—前盖；4—防松片；5—油封组成；6—圆锥滚子；7—密封圈

图 2.11 轴箱结构图

2.4 弹簧悬挂装置

车辆在轨道上运行时，由于线路的不平顺、轨隙、道岔、轨面的缺陷和磨耗以及车轮踏面的斜度、擦伤和轮轴的偏心等原因，必将伴随产生复杂的振动和冲击。为了提高车辆运行的平稳性，保证旅客乘坐的舒适度，目前城市轨道交通车辆上均设有弹簧悬挂装置。

弹簧悬挂装置主要由一系列弹簧减振装置组合而成，按照其作用的不同，弹簧减振装置大体可分为三种类型：

第一类为主要起缓和冲击作用的缓冲装置，如空气弹簧和轴箱弹簧；

第二类是主要起衰减振动（消耗振动能量）作用的减振装置，如垂向、横向液压减振器；

第三类是主要起弹性约束作用的定位装置，如轴箱定位装置，心盘与构架之间的纵、横向缓冲止挡及抗侧滚扭杆。

车辆上安装的弹簧悬挂装置按其安装位置的不同，可分为两类：

第一类为一系弹簧悬挂装置（简称一系悬挂），主要位于轮对和构架之间，主要包括轴箱弹簧（一系弹簧）、一系垂向液压减振器等；

第二类为二系弹簧悬挂装置（简称二系悬挂），主要位于构架和车体之间，主要包括空气弹簧（二系弹簧）、二系垂向液压减振器、二系横向液压减振器、抗侧滚扭杆、横向止挡等。

车辆在弹簧悬挂形式的选择上，有一次减振悬挂和两次减振悬挂两种，一次减振悬挂形式为只选择一系悬挂装置或二系悬挂装置作为弹簧悬挂形式；而两次减振悬挂为一系悬挂装置和二系悬挂装置的串联形式。

采用两次减振悬挂可以减小整个车辆悬挂装置的总刚度，增大静挠度、改善车辆垂向运动平稳性，减小车辆与线路之间的动作用力，城市轨道车辆目前都采用两次减振悬挂形式。

2.4.1 一系弹簧悬挂装置

一系弹簧悬挂装置主要功能是将轮对定位在构架上，从而连接轮对与构架、传递牵引力和制动力、缓冲牵引力及制动力的冲击、支承构架及车体重量（质量）。

1. 轴箱弹簧（一系弹簧）

一系弹簧悬挂装置的定位和承载功能主要通过轴箱弹簧（一系弹簧）来实现，通过轴箱弹簧的作用可以约束轮对与轴箱之间的相对运动，实现轴纵、横向不同定位刚度的要求，达到较为理想的定位性能，从而可避免车辆在运行速度范围内蛇行运动失稳，保证在曲线运动时车辆具有良好的导向性能，减轻轮缘与钢轨间的磨耗和噪声，确保运行安全和平稳性。

目前轴箱弹簧的选择一般有钢质弹簧和橡胶弹簧两种。钢质弹簧在垂向定位上能较好满足轴箱定位要求，但在横、纵方向上需要一定的装置辅助才能满足定位要求，这种装置通常称之为轴箱定位装置。橡胶弹簧由于可以自己确定其在三维方向的形状，所以在垂、纵和横向上，都能较好满足轴箱的定位要求，不需要额外的轴箱定位装置。城市轨道交通车辆常见的轴箱弹簧形式有：

(1)采用转臂式轴箱定位方式的钢制螺旋圆弹簧

转臂式定位通常又被称为弹性铰定位，其固定的轴箱弹簧通常为钢制螺旋圆弹簧形式。定位转臂一端与圆筒形的轴箱体固接，另一端以橡胶弹性节点与焊接在构架上的安装座相连接，如图 2.12 所示。

图 2.12 转臂式轴箱定位

(2)采用拉杆式轴箱定位方式的钢制螺旋圆弹簧

拉杆两端分别与构架和轴箱连接，拉杆可以容许轴箱与构架在垂向有较大的相对位移。拉杆中的橡胶关节分别限制轴箱与构架之间的横向与纵向的相对位移，该定位方式适用于轴箱弹簧为两组钢制螺旋圆弹簧的结构形式，如图 2.13 所示。

(3)圆锥形橡胶弹簧

随着橡胶元件的发展，逐步出现了采用圆锥形橡胶弹簧取代钢制螺旋圆弹簧一系轴箱悬挂装置。该圆锥形橡胶弹簧起能起到垂向承载的作用，又能较好地提供适合的横向和纵向定位刚度，如图 2.14 所示。

(4)V 形橡胶弹簧

在构架与轴箱之间装设压剪型层叠式橡胶弹簧，其设计的垂向刚度一般较小，

图 2.13　拉杆式轴箱定位

图 2.14　圆锥形橡胶弹簧定位

使轴箱相对构架有较大的上下方向位移，从而保证车辆的垂向运行舒适性。而它的纵、横方向具有适宜的刚度以实现良好的弹性定位，如图 2.15 所示。

2. 一系液压减振器

城市轨道车辆上的减振器目前均采用液力传动的方法，称为液压减振器。液压减振器主要是利用液体黏滞阻力所做的负功来吸收振动能量。它的优点在于它的阻力是振动速度的函数，其特点是振幅的衰减与幅值大小有关，振幅大时衰减量也大，反之亦然。这种“自动调节”减振的性能，非常符合客车车辆对振动性能高要求的特点。

城市轨道交通车辆的弹簧悬挂装置还采用液压减振器与一系弹簧或二系弹簧相互配合的形式，分别称之为一系液压减振器和二系液压减振器，在弹簧悬挂装置中，弹簧主要起缓冲作用，缓和来自轨道的冲击和振动的激扰力，而液压减振器的作用是减小振动，它的作用力总是与振动的方向相反，起着阻止振动、消耗振动能量的作用。

图 2.15　V 形橡胶弹簧定位

液压减振器按照其布置方向的不同一般又分为横向和垂向两种形式，主要用于减小垂直和水平方向上的摆动和振动。以上海地铁 11 号线为例，每个动车转向架和拖车转向架均装有 4 个一系垂向液压减振器、2 个二系垂向液压减振器和 1 个二系横向液压减振器，并且拖车转向架和动车转向架的液压减振器布置形式完全相同，如图 2.16 所示。

图 2.16　减振器在转向架上的一般布置形式

一系垂向液压减振器与一系悬挂系统的螺旋弹簧并行布置，用于减小各轮对的垂向运动，从而保证轮对的平行。此外，一系垂向液压减振器还可用作上升止挡，实现脱轨和复轨时车体的小量提升。

2.4.2　二系弹簧悬挂装置

二系弹簧悬挂装置如图2.17所示，包括空气弹簧系统、二系垂向液压减振器、二系横向液压减振器、抗侧滚扭杆、横向止挡等。二系弹簧悬挂装置主要功能包括支承车体重量(质量)；减小振动、避免共振，提高车辆的运行平稳性；通过高度阀调节确保车辆地板面高度始终处于一个合理的高度范围等。

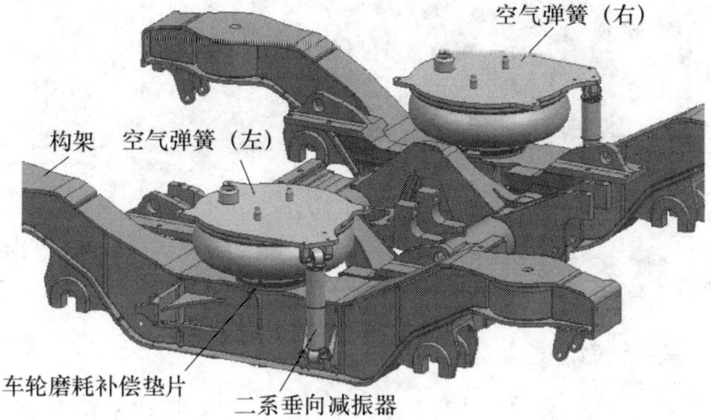

(a)三维整体视图

(b)三维局部视图

图2.17　二系弹簧悬挂装置

1. 空气弹簧系统

空气弹簧系统是城市轨道车辆控制振动的关键部件之一，每台转向架设置两个空气弹簧，分别安装在构架的左、右两个侧梁上面，车体重量(质量)通过这两个空气弹簧进行支撑。每一空气弹簧包含一个橡胶气囊和一个应急弹簧，当空气弹簧气囊泄气时，应急弹簧可作为保护装置保证车辆能够继续前行至线路终点，但乘坐舒适度会有所降低；当车体负载变化时，空气弹簧通过高度阀调节进行充放气，确保车体地板高度限制在允许的范围内，从而保证车辆运行的平稳性和舒适度。目前空气弹簧已广泛应用于铁路客车、地铁、轻轨和动车组上，如图 2.18 所示。

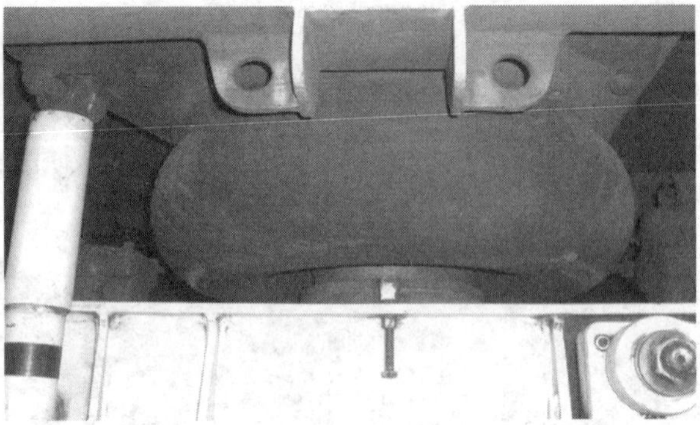

图 2.18 空气弹簧

(1)空气弹簧系统的组成及工作原理

如图 2.19 所示，空气弹簧系统主要由空气弹簧本体、附加空气室、高度控制阀、差压阀等组成。

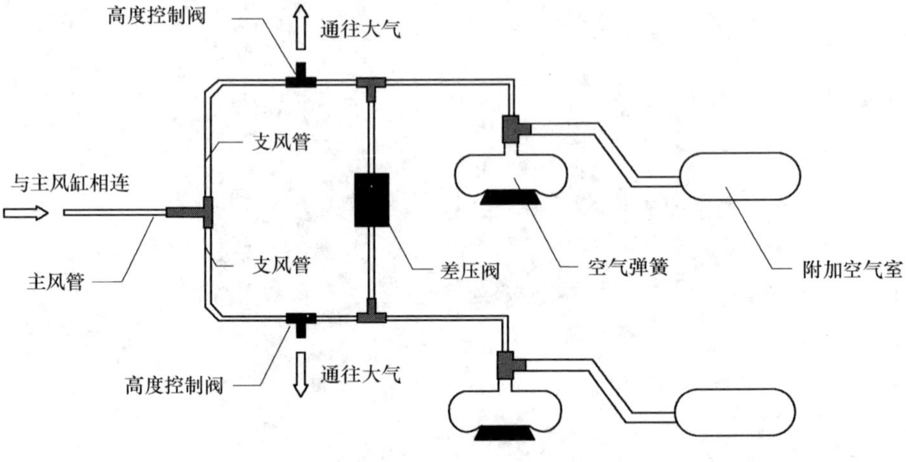

图 2.19 空气弹簧系统组成

① 高度控制阀

在空气弹簧悬挂系统中，高度控制阀起着重要的作用。高度控制阀一般有机械式和电磁式两种；按组成的不同又可分为有延时机构和无延时机构；按引起高度控制阀产生进、排气作用的传动方式还可分为直顶式和杠杆式。

高度控制阀的工作原理如图 2.20 所示：正常载荷时，车体与转向架距离等于 H，高度控制阀关闭各通路 L，V，E，气囊保压，维持车体高度不变；载荷加大到一定程度时，车体与转向架距离小于 H，高度控制阀导通主风管道与空气弹簧气囊通路，即 V、L 之间导通，气囊充气，直至车体升高到标准位置；在载重减少到一定程度时，车体与转向架距离大于 H，高度控制阀导通空气弹簧气囊与大气通路，即 L、E 之间导通，气囊排气，直至车体降低到标准位置。

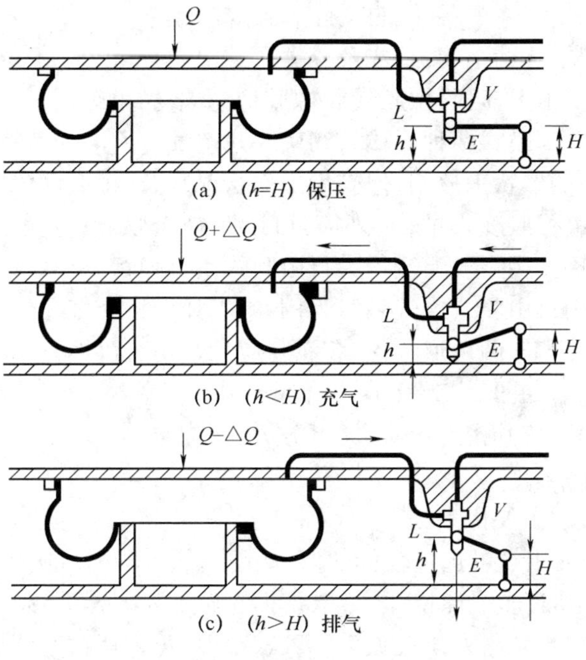

图 2.20 高度控制阀工作原理

h—地板实际高度；H—地板标定高度

② 附加空气室

附加空气室的作用在于增加空气弹簧胶囊容积，从而显著降低空气弹簧的垂向刚度，提高车辆乘坐舒适性。转向架有利用构架侧梁或横梁内腔作为附加空气室的形式，有在车体上单独设置附加空气室的形式，也有将附加空气室安置于车底的形式。

③ 差压阀

在空气弹簧悬挂系统中，差压阀(如图 2.21)保证一个转向架两侧空气弹簧的内压之差，不能超过为保证行车安全规定的某一定值，若超出时，则差压阀自动连通左右两侧的空气弹簧，使压差维持在空气弹簧内压标准值以下。差压阀在空气弹簧悬挂系统装置中起安全保证作用。

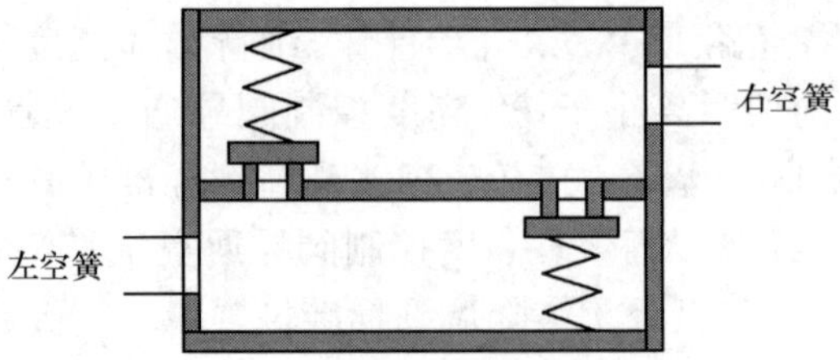

图 2.21 差压阀的结构示意图

(2)空气弹簧本体的结构、组成及分类

空气弹簧主要由上盖板、橡胶囊和橡胶应急簧等组成。空气弹簧目前主要可分为约束膜式和自由膜式两种形式。约束膜式空气弹簧的弹性特性曲线容易通过约束裙(内、外筒)的形状来控制,但胶囊工作状况复杂,耐久性较差;自由膜式空气弹簧由于没有约束橡胶变形的内、外筒,可以减轻橡胶囊的磨耗,提高使用寿命。目前城市轨道车辆上用空气弹簧均为自由膜式空气弹簧。

以上海地铁用自由膜式空气弹簧为例,空气弹簧按充气孔位置,可分为中心孔充气和偏心充气孔充气两种形式;按胶囊与应急簧是否可拆分,又可分为可拆分与不可拆分两种形式,如图 2.22 所示。

另外,空气弹簧按其密封形式,又可分为:压力自封式(自由膜式)和螺钉紧封式(约束膜式)。

(3)空气弹簧的主要优点

① 空气弹簧的刚度可选择较低的值,从而降低车辆的自振频率。

② 空气弹簧具有非线性特性,可以根据车辆振动性能的需要,设计成比较理想的弹性特性曲线。在平衡位置振动辐度较小时(正常运行时的振辐),刚度较低,若位移过大,刚度显著增加,以限制车体的振辐。

③ 空气弹簧的刚度随载荷而改变,从而保持空、重车时车体的自振频率几乎相等,使空、重车不同状态的运行平稳性几乎相同。

④ 空气弹簧用高度控制阀控制时,可使车体在不同静载荷下,保持车辆地板面距轨面的高度不变。这一性能应用在地铁和轻轨上则可保持车辆的地板面与站台面的高差始终不变。

⑤ 同一空气弹簧可以同时承受三维方向的载荷。利用空气弹簧的横向弹性特性,可以代替传统的转向架摇动台装置,从而简化城市轨道车辆转向架的结构,减轻自重。

⑥ 空气弹簧具有良好的吸收高频振动和隔音性能。

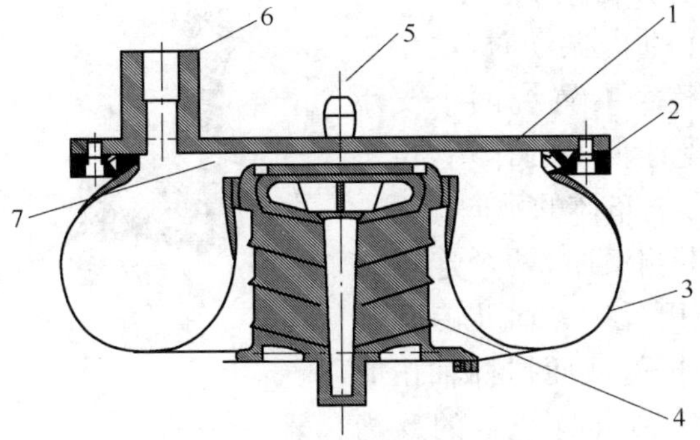

(a)可拆分，偏心充气空气弹簧

1—上盖板；2—扣板；3—胶囊；4—应急簧；5—定位销；6—充气孔；7—气隙

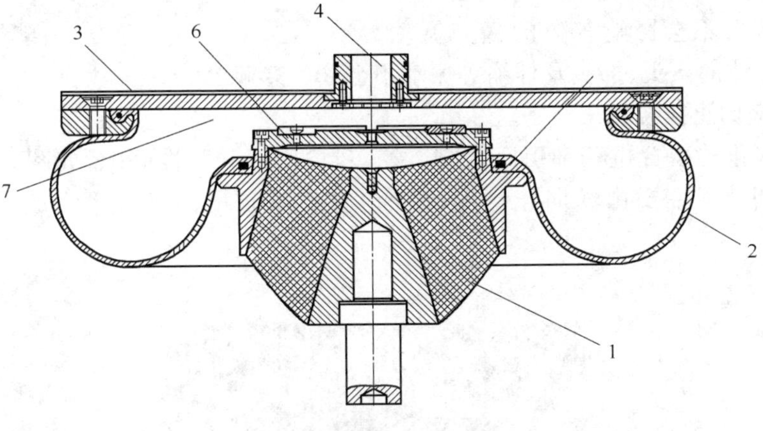

(b)不可拆分，中心充气空气弹簧

1—橡胶堆；2—胶囊；3—上盖组成；4—充气孔；5—支撑座；6—摩擦块；7—气隙

图 2.22 上海地铁两种常用空气弹簧

(4)空气弹簧的主要缺点

由于空气弹簧的附件(如高度控制阀、差压阀)较多，所以成本较高，同时增加了维护与检修的工作量。另外空气弹簧垂直静挠度的增加降低了车辆系统的抗侧滚刚度，需加设抗侧滚扭杆机构。

2. 抗侧滚扭杆

当车辆通过曲线或道岔时，侧滚运动尤为显著，严重时导致车体的外形轮廓超出限界，影响车辆运行安全，因此，城市轨道车辆的转向架上普遍采用抗侧滚扭杆，抗侧滚装置主要功能是限制车体相对于转向架的侧滚运动，并且加强车体抗倾覆稳定性，提高列车的乘坐舒适度，其结构示意图，如图 2.23 所示。

抗侧滚扭杆的作用原理如下：

(1)当车体发生垂向振动时，两个连杆受力方向相同，整个装置绕两个支承座转动，扭杆轴不受任何力的作用，也不产生扭矩，因而不影响车体的垂向振动。

(2)当车体发生侧滚时，两个连杆受力大小相等，方向相反，一个扭转臂向上，另一个扭转臂向下，从而扭杆轴扭曲弹性变形，同时扭杆轴自身产生的反力抵抗车体的侧滚，达到力矩平衡。

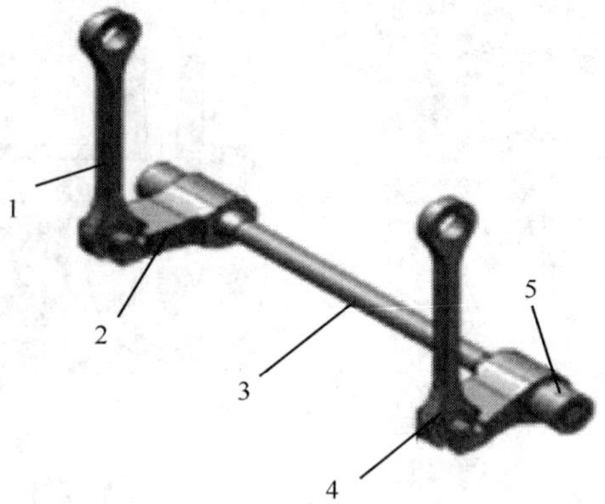

图 2.23　抗侧滚扭杆
1—连杆；2—扭转臂；3—扭转杆；
4—关节轴承；5—支承座

(3)当车体发生横摆时，由于连杆两端都装有关节轴承，允许连杆横向运动，所以该装置不会影响车体的横向振动。同样对车体的点头、摇头及伸缩等振动不会产生影响。

3. 横向止挡装置

横向止挡装置位于牵引座两侧，设有自由间隙和弹性间隙，如图 2.24 所示，横向止挡装置主要由横向止挡座、横向止挡、横向止挡垫片等组成，如图 2.25 所示。

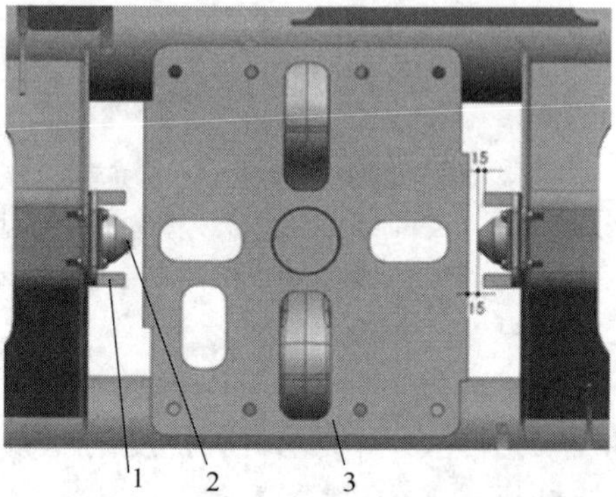

图 2.24　横向止挡在转向架上的布置
1—横向止挡座；2—横向止挡；3—牵引座

横向止挡装置限制了二系悬挂装置横向变形，避免其超出正常自由范围，其弹性阻尼元件用来减小横向冲击。

4. 二系减振器

二系垂向液压减振器与二系悬挂系统的空气弹簧并行布置，用来提高运行质量。二系横向液压减振器用于减少车体的横向运动，二系液压减振器在转向架上的具体位置如图 2.16、2.17 所示。

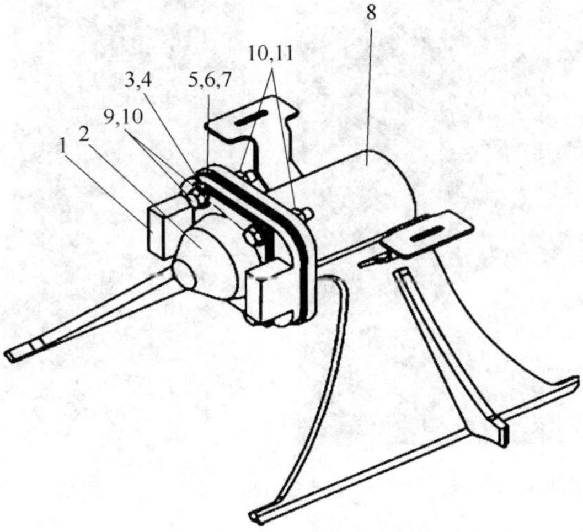

图 2.25 横向止挡

1—横向止挡座；2—横向止挡；3—横向缓冲器垫；4—横向缓冲器垫片；5、6、7—横向止挡垫片；8—构架；9—六角螺栓；10—高压安全垫；11—六角螺母

2.5 中央牵引连接装置

与传统的铁路车辆不同，城市轨道车辆普遍采用了无摇枕结构的转向架。由于没有摇枕，车体直接坐落于空气弹簧上，必须靠转向架中央牵引装置来实现摇枕所具有的传递纵向力和转向功能，所以要求牵引连接装置具备以下功能：

1. 能够传递纵向的驱动力和制动力，同时允许二系弹簧在垂向和横向上柔软地动作；

2. 纵向具有适当的弹性，以缓和由于转向架点头、车轮重量（质量）不平衡等引起的纵向振动；

3. 结构上应便于车体与转向架的分离和连接；

4. 使转向架能够相对于车体旋转，使列车自由通过曲线。

如图 2.26 所示的是一种典型的城轨车辆的中央牵引连接装置，其结构是中心销（图 2.27）上端用螺栓固定在车体枕梁上，下部插在能够传递纵向力的牵引梁孔中，能够自如地垂向运动和回转。牵引梁与构架横梁之间设有牵引叠层橡胶，它的特性是纵向较硬、横向柔软，所以既能有效地传递纵向力，又能随空气弹簧做横向运动。

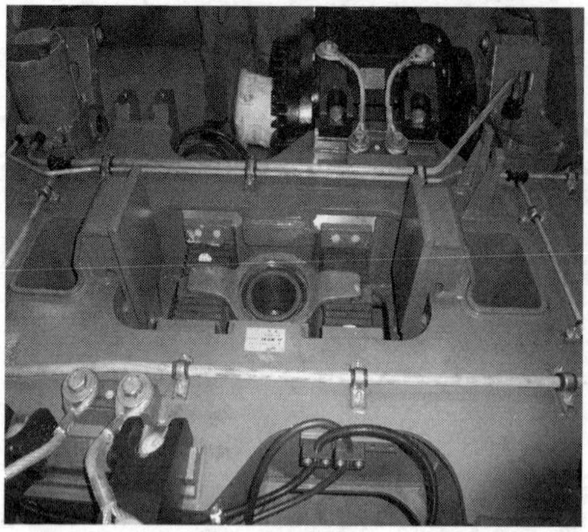

图 2.26 某型号转向架的中央牵引连接装置

图 2.27 中心销

如图 2.28 所示的是另一种中央牵引连接装置结构，它在转向架上的布置情况如图 2.29 所示，它由牵引杆组件、牵引座等组成。牵引杆组件是一个推拉杆，一端安装在构架横梁上的牵引杆安装座上，另一端安装在牵引座上，牵引座则安装在车体上。牵引杆的作用相当于一个推拉杆，它借助于牵引橡胶关节将车体和转向架构架连接起来。由于牵引橡胶关节是橡胶件，所以它能够缓冲车体和转向架构架之间的相对运动。

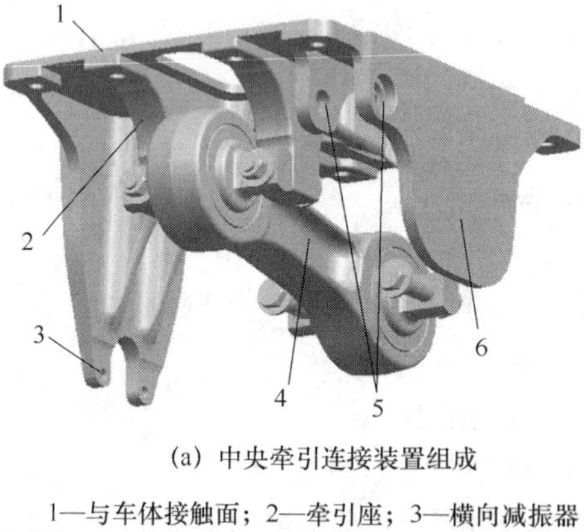

(a) 中央牵引连接装置组成

1—与车体接触面；2—牵引座；3—横向减振器安装座；4—牵引杆；5—起吊销孔；6—横向止挡接触面

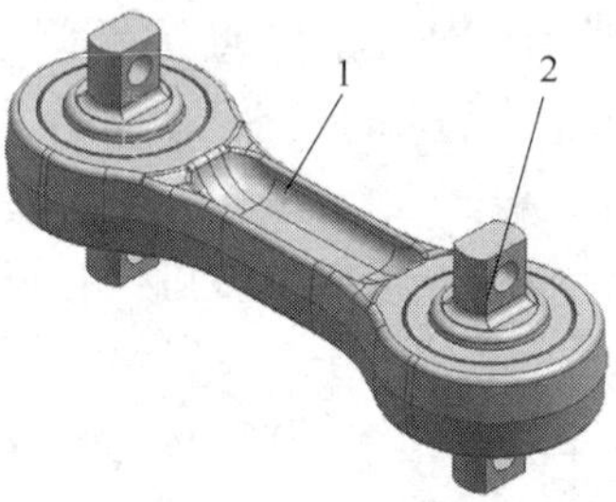

(b) 牵引杆组成

1—牵引杆；2—牵引橡胶关节

图 2.28 中央牵引连接装置

图 2.29 中央牵引连接装置及齿轮变速传动装置在转向架上的布置
1—中央牵引连接装置；2—牵引电机；3—联轴器；4—齿轮变速箱

2.6 齿轮变速传动装置

齿轮变速传动装置（又称齿轮变速箱）装配于城市轨道交通车辆的动力转向架上，主要由牵引电机（交流电机或直流电机）、联轴器、齿轮变速箱三大部分组成，如图 2.29 所示。工作过程中，牵引电机将电机轴高速、低扭矩的旋转运动通过联轴器传递至齿轮变速箱，再经过齿轮变速箱减速后转换为轮对低速、高扭矩的旋转运动，然后利用轮轨接触面之间的黏着作用使轮对沿钢轨滚动，从而带动车辆行驶。

齿轮变速传动装置的设计、制造和装配应满足如下要求：

(1)传动装置应保证能使牵引电机性能得到有效发挥；

(2)牵引电机安装时应采取良好的减振措施；

(3)牵引电机轴应尽量与车轴位于同一高度，从而尽可能地减少轨道不平顺导致的车轴振动对齿轮变速箱内齿轮的损害；

(4)传动装置中各部件应尽量简单、可靠，且尽可能地减少磨耗件的使用；

(5)当牵引电机发生损坏时，应易于拆卸。

本 章 小 结

城市轨道交通车辆的转向架主要由构架、轮对轴箱装置、弹性悬挂装置、基础制动装置、牵引电机与齿轮变速传动装置和中央牵引连接装置等六大部分组成。本章分别对以上六大组成部分中的相关结构、部件的位置、功能和工作原理进行了介绍。其中,又以弹性悬挂装置为重点,详细介绍了一系弹簧悬挂装置中的轴箱弹簧、一系垂向液压减振器和二系弹簧悬挂装置中的空气弹簧、二系垂向液压减振器、二系横向液压减振器、抗侧滚扭杆、横向止挡等具体减振设备的具体功用,强调了弹性悬挂装置对保证城市轨道交通车辆运行安全性和舒适性所起到的重要作用。

思 考 题

1. 为什么城市轨道车辆要采用转向架?动力转向架和非动力转向架的区别是什么?

2. 转向架由哪几部分组成?各自的作用是什么?

3. 简述转向架弹簧悬挂装置的种类和各自作用。

4. 城市轨道车辆的地板面高度能够随载荷的变化而自动调节的基本原理是什么?

5. 城市轨道车辆的车轮为什么要采用磨耗形踏面?

第 3 章　车辆连接装置

车辆连接装置主要包括：车钩缓冲装置和贯通道装置，通过它们使列车中的各车辆相互连接，从而实现相邻车辆之间的纵向力传递和通道的连接。

3.1　车钩缓冲装置概述

在各种城市轨道车辆上，都有车钩缓冲装置（以下简称车钩），它用来连接列车各车辆，实现车辆之间机械、电气和气路的连接。车钩缓冲装置是车辆最基本的，也是最重要的部件之一。

3.1.1　车钩的作用

车钩是用来连接列车中各车辆，使之彼此保持一定的距离，并且传递和缓和列车在运行中或在调车时所产生的纵向力或冲击力的装置。其作用具体包括：

1. 连接作用：使车辆和车辆之间能够连挂和解编，并保持有一定距离。

2. 牵引作用：把动车的牵引力传递给其他车辆。

3. 缓冲作用：缓和与衰减运行中由于牵引力的变化和制动力前后不一致而引起的冲击和振动。

3.1.2　车钩的基本组成

车钩一般由钩头、缓冲器、电气连接装置和钩尾座等部分构成，如图 3.1 所示。钩头主要作用在于机械连接并完成牵引力和冲击力的传递，通过钩头内的机械连接装置完成待挂、连接、解钩的三态动作；缓冲器用来缓和列车运行过程中车辆之间的冲击，并吸收冲撞能量；电气连接装置是实现车辆之间电路连接的装置；钩尾座是车钩与车体相连的部件。

3.1.3　车钩缓冲器

1. 车钩缓冲器的基本工作原理和作用

车钩缓冲器是车钩缓冲装置的重要组成部分，位于钩头与车体之间。缓冲器的基本工作原理是借助于弹性元件来缓和冲击作用，同时在变形过程中借助摩擦和阻尼吸收冲击能量。其作用是缓和列车在运行中牵引力变化或制动及调车作业

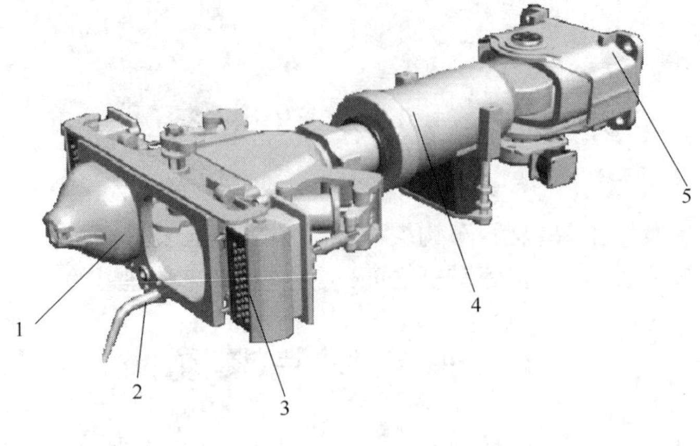

图 3.1　车钩基本组成

1—钩头；2—空气连接管；3—电气连接装置；4—缓冲器；5—钩尾座

时，车辆之间相互碰撞而引起的冲击和振动，吸收能量以缓和车辆之间的冲击力，减少车辆之间的纵向动力作用，从而提高列车运行的平稳性和乘坐的舒适性。

2. 车钩缓冲器的分类

根据车钩缓冲器的结构和工作原理，一般可将其分为以下几种类型：弹簧式缓冲器、摩擦式缓冲器、橡胶缓冲器、摩擦橡胶式缓冲器、液压缓冲器等。

城市轨道车辆中常用的液压车钩缓冲器结构如图 3.2 所示。

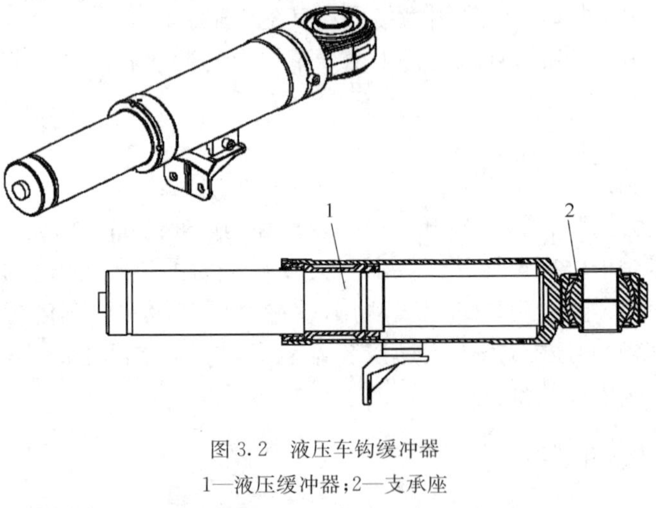

图 3.2　液压车钩缓冲器

1—液压缓冲器；2—支承座

3. 车钩缓冲器的主要性能参数

缓冲器的性能直接制约着列车的运行速度、牵引质量等，决定缓冲器特性的主要参数是缓冲器行程、最大作用力、容量、能量吸收率等。

(1)行程：是缓冲器受力后结构所允许的最大变形量。最大变形时弹性元件处于压死状态，若作用力继续增大，变形量也不再增加。

(2)最大作用力：缓冲器产生最大行程时所对应的作用力。

(3)容量：缓冲器在全压缩过程中，作用力在其行程上所做功的总和称为容量，它是衡量缓冲器能量大小的主要指标，如果容量太小，则冲击力过大时将会产生刚性冲击。

(4)能量吸收率：缓冲器在压缩过程中，有一部分能量被阻尼所消耗，其所消耗部分的能量与容量之比称为能量吸收率。吸收率越大，则表明缓冲器吸收冲击能量的能力越强，反冲作用越小，否则，缓冲器必须往复多次才能将冲击能量消耗掉，恶化了结构部件的工作条件，并加剧列车纵向冲击。

液压车钩缓冲器的主要性能参数，如表 3.1 所示。

表 3.1　液压车钩缓冲器主要性能参数

最大作用力	最大行程	缓冲器容量
1 100 kN	150 mm	约 145 kJ

3.1.4　车钩的分类及配置形式

目前，城市轨道交通车辆使用的车钩基本上分为全自动车钩、半自动车钩和半永久车钩三种类型，以上海地铁六节编组列车为例，它们在列车上的一般配置形式如图 3.3 所示。

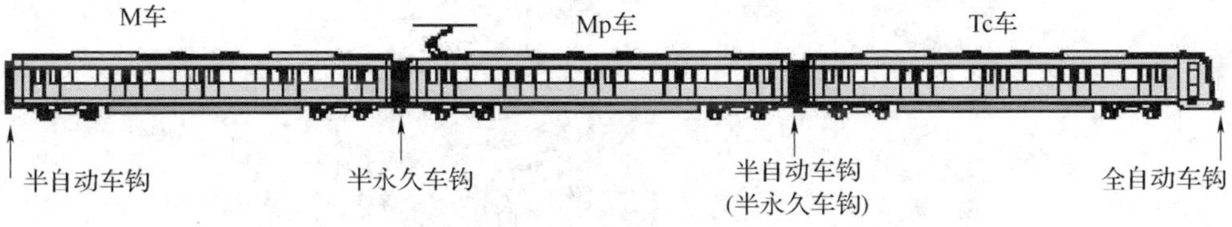

图 3.3　一个单元编组列车上的车钩一般配置形式

全自动车钩位于 Tc 车的前端，一般用于列车与列车间的相互连挂，主要是为了方便故障列车的救援及库内调车。

半自动车钩一般用于一列车的两个或三个单元之间的连接，一般位于 M 车的 2 位端。

半永久车钩主要为了实现 Mp、M 车能组成一个固定的单元。Mp 车的半永久车钩位于 2 位端，而 M 车的半永久车钩位于 1 位端。在有的列车编组中，Tc 车与 Mp 车之间也使用半自动车钩代替半永久车钩。

3.2 几种典型车钩介绍

不同厂家设计生产的车钩,会在钩头的结构设计上、缓冲器种类的选择上有所不同;同一厂家设计生产的车钩也会在缓冲器与钩头和车辆连接座的配置上有所不同。我国城轨车辆使用的车钩主要有两种形式:一种是夏芬博格(Schafenberg)式车钩,另一种是柴田式密接式车钩。它们基本机构的比较,如表 3.2 所示:

表 3.2 两种典型车钩基本机构比较

车钩品牌	车钩形式	钩头形式	缓冲装置
Schafenberg 式	铸钢钩头与铸钢钩体模块	棱锥式	金属环弹簧缓冲器/橡胶元件缓冲器
日本柴田密接式	整体铸钢	圆锥式	橡胶元件缓冲器

3.2.1 夏芬博格(Schafenberg)式车钩

1. 夏芬博格式车钩基本结构

夏芬博格式全自动车钩,如图 3.4 所示,主要由钩头、电气连接装置、气路管道、缓冲装置组成,能够实施钩头、连接列车线的电气连接装置和气路管道的自动

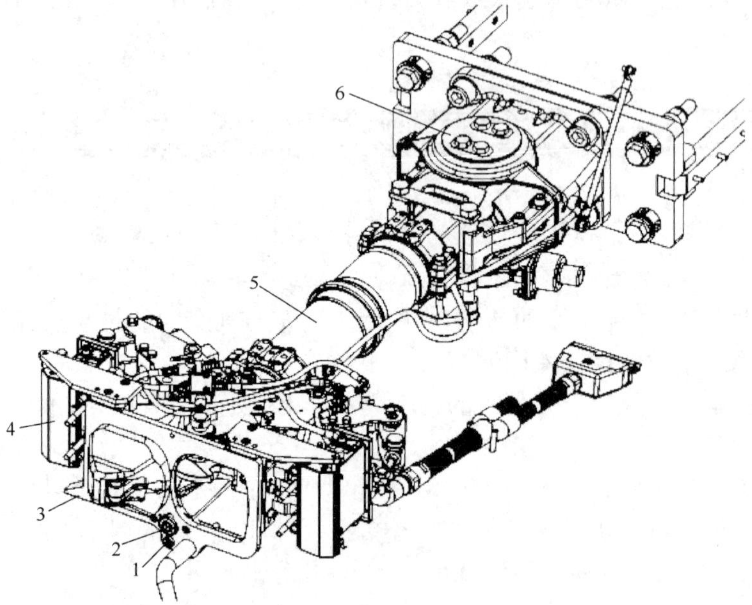

图 3.4 全自动车钩

1—空调 UC 管;2—空气连接管;3—钩头;4—电气连接盒;5—压溃管;6—缓冲装置

连接与分解。全自动车钩的电气连接装置位于钩头的两侧或是上侧，采用电气连接盒形式。位于钩头两侧的电气连接盒，一侧连接低压电缆，另一侧连接信号和通信电缆。

夏芬博格式半自动车钩，如图3.5所示，主要由钩头、电气连接装置、气路管道和缓冲装置组成，能够实施钩头和气路管道的自动连接与分解，但连接列车线的电气连接装置需手动连接与分解。半自动车钩电气连接装置采用电气连接盒或跨接电缆两种型式。跨接电缆分别从各自所在车的一端连接到邻近车一端的热流道插头上，或者连接到位于车钩结合面处两侧的连接盒后侧的接线端子，连接盒前端设有热流道插座。由于跨接电缆具有成本低、连接可靠的特点，目前大部分项日均采用跨接电缆的形式。

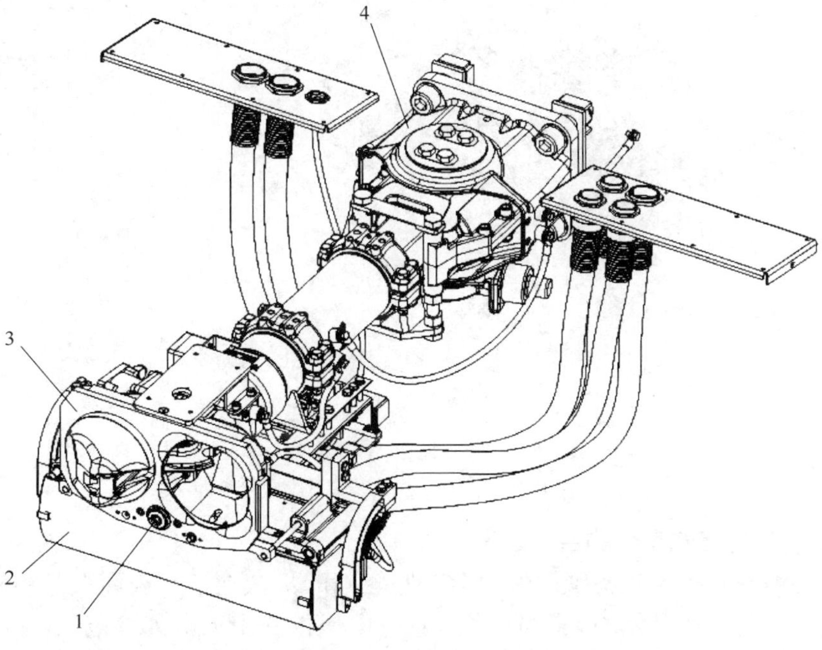

图3.5　半自动车钩

1—空气连接管；2—跨接电缆连接盒；3—钩头；4—缓冲装置

夏芬博格式半永久车钩，如图3.6所示，由牵引杆、电气连接装置、气路管道和缓冲装置组成，牵引杆、连接列车线的电气连接装置、气路管道均为手动连接与分解。这项作业一般在车辆段进行。半永久车钩的电气连接装置一般均采用跨接电缆的形式。

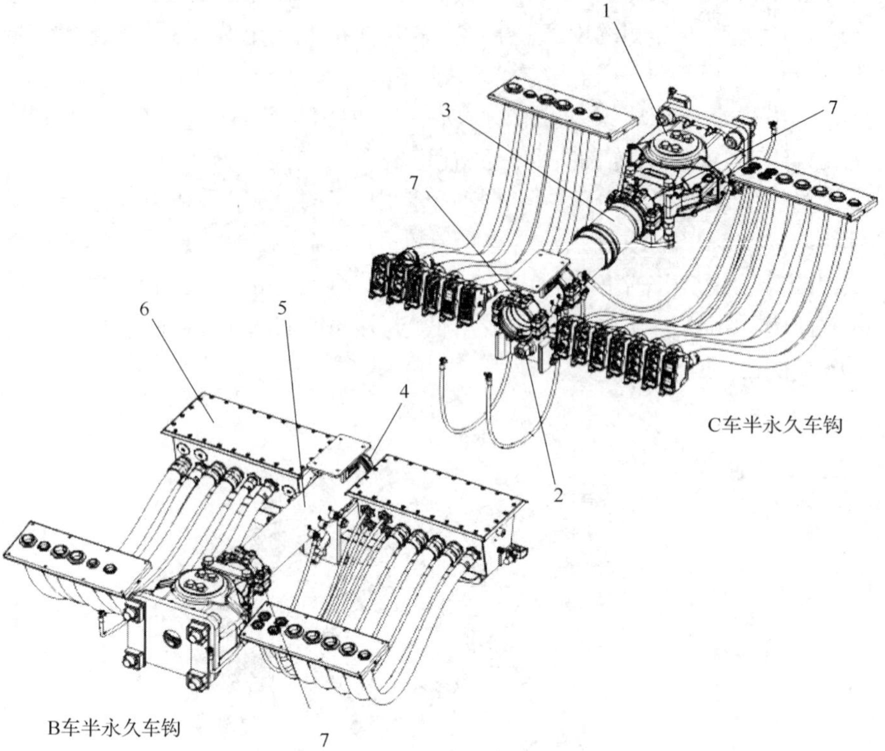

图 3.6 半永久车钩

1—缓冲装置;2—气路连接管;3—变形单元;4—导锥孔;
5—牵引管;6—跨接电缆连接盒;7—套筒接头

2. 夏芬博格式车钩钩头

夏芬博格式车钩钩头锁确保两节车厢之间的机械连接。表面有凸锥和凹锥，保证车钩自动对齐和同心，在水平和垂直方向提供一个大的连挂范围。在车钩表面一侧，采用导向喇叭和延长线来扩展连挂范围。全自动车钩钩头结构如图 3.7 所示。

车钩头面配有一宽而扁的边缘以吸收缓冲力。牵引力通过车钩锁(钩板、钩舌、中心轴和钩锁弹簧)传递。牵引和缓冲负载从车钩传送到车厢底架内部。

自动车钩和半自动车钩有待挂、连接和解钩三种状态，称为车钩三态。

待挂状态为车钩连接前的准备状态。此时钩舌定位杆被固定在待挂位置，钩锁弹簧处于最大拉力位置状态，钩锁连接杆退至凸锥体内，钩舌上的钩嘴对着钩头正前方。如图 3.8 所示。

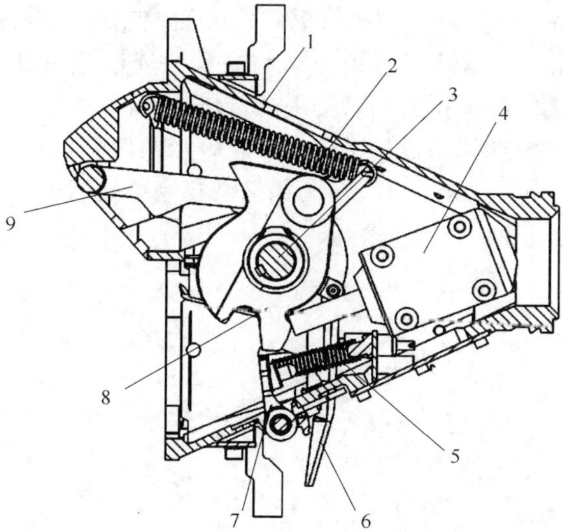

图3.7 全自动车钩钩头

1—车钩外壳;2—钩锁弹簧(拉簧);3—中心轴;
4—解钩风缸;5—定位杆顶块弹簧(压簧);
6—钩舌定位杆;7—钩舌定位顶块;8—钩舌;9—钩锁连接杆

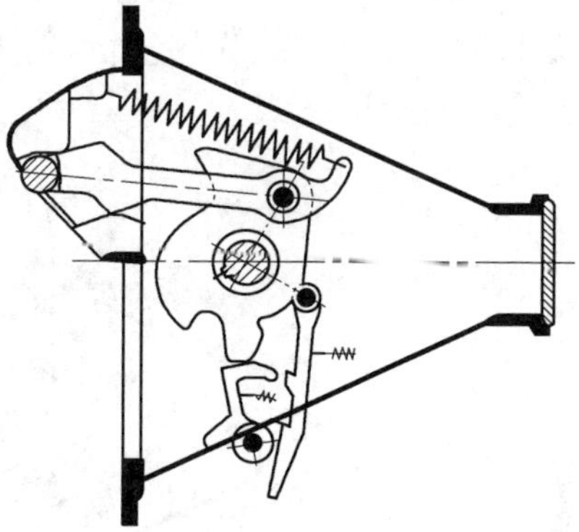

图3.8 待挂状态

连接状态为车钩实现机械连接的过程。相邻车钩的凸锥体进入本钩的凹锥孔并推动定位杆顶块,定位杆顶块推动钩舌定位杆离开待挂位置。由于钩锁弹簧的回复力使钩舌做逆时针转动,带动钩锁连接杆伸进相邻车钩钩舌的钩咀,完成两钩的连接锁闭。这时连挂两钩的钩锁连接杆和钩舌形成平行四边形,车钩受牵拉时,拉力由两钩锁连接杆均匀分担,使钩舌始终处于锁紧位置。当车钩受冲击时,压力通过两车钩壳体连接法兰传递。如图3.9所示。

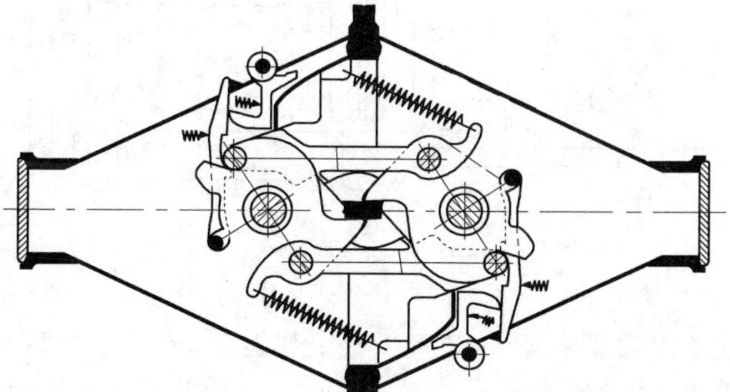

图3.9 连接状态

解钩状态为车钩从连接变为待挂的过程。司机操纵解钩按钮控制电磁阀，使解钩风缸充风，风缸活塞推动钩舌顺时针转动，使相邻车钩的钩锁连接杆脱开钩舌，同时使自身的钩锁连接杆克服钩锁弹簧拉力缩入钩头凸锥体内，脱离相邻车钩的钩舌，这时定位杆顶块控制钩舌定位杆使钩舌处于解钩状态。当两钩分离后，定位杆顶块由于弹簧作用复位，钩舌定位杆回至待挂位，车钩又恢复到待挂状态。如图 3.10 所示。

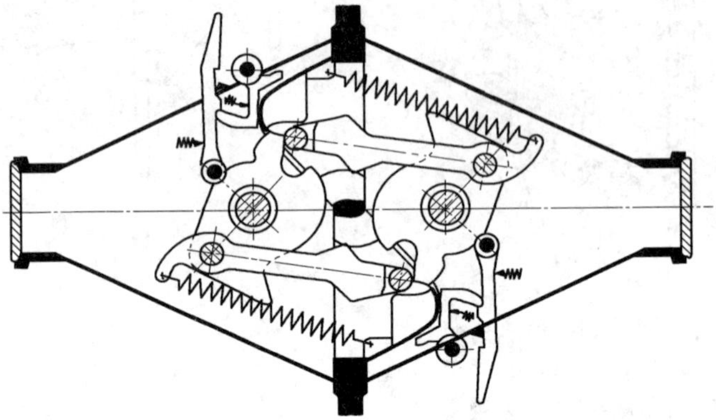

图 3.10　解钩状态

3. 夏芬博格式车钩缓冲器

(1)可变形压溃管

可变形压溃管，如图 3.11 所示，作为车钩缓冲装置的重要部件，用来吸收车辆冲击能量，同时通过变形压溃管的能量吸收还可以保护车体钢结构免受破坏。当两车相撞时，将会产生可恢复的和不可恢复的变形。

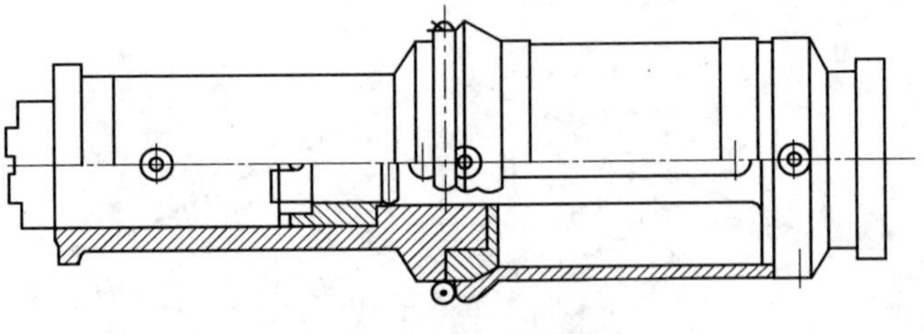

图 3.11　可变形压溃管

能量吸收可分为三级：

第一级，车钩内的缓冲、吸收装置吸收全部能量，产生的变形可以恢复；第二级，可压溃变形管产生的变形不可恢复；第三级，车钩的过载保护系统产生不可恢复的变形，车辆前端参与能量吸收以保护乘客。

一旦冲击速度过大，导致可变形压溃管变形时，压溃管必须更换。

(2)橡胶环形缓冲器

橡胶缓冲装置是最常见的一种缓冲器,它采用免维护结构,安装在车钩安装座上,结构如图3.12所示,在全自动车钩、半自动车钩上均可采用相同的安装方法来固定。

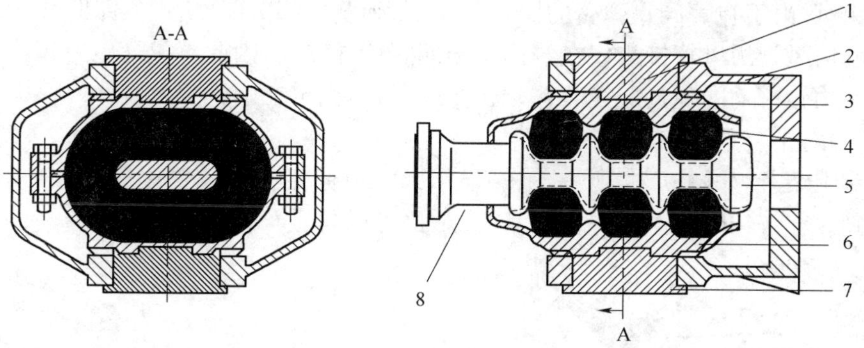

图3.12　橡胶环形缓冲器

1—轴颈;2—轴承框;3—上壳体;4—橡胶缓冲体;5—芯棒;6—下壳体;7—轴颈;8—牵引杆

该缓冲装置结构之间不存在间隙,在承受拉伸和压缩载荷的同时,可以承受较大的剪切力。同时该缓冲装置允许车钩做垂向摆动和扭转运动。缓冲装置的轴承框被4个螺栓固定在车底架上。

4. 车钩附属装置

(1)风管连接器

主风缸管和解钩风管的风管接头安装在车钩端面,坐落在汽缸筒内,它主要由接口管、总储气管、胶管、弹簧压阀杆及止动弹簧等组成,如图3.13所示。

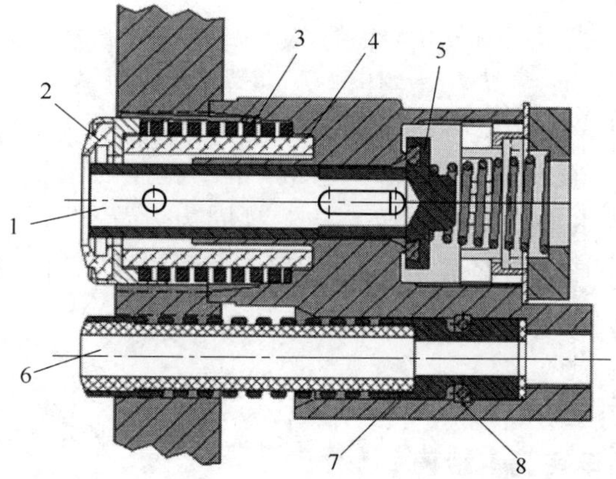

图3.13　风管连接器

1—总储气管;2—接口管;3—止动弹簧;4—胶管;

5—弹簧压阀;6—解钩管;7—弹簧压笼;8—支叉

接口管一般略高出车钩端面,在整个风管连接过程中起到密封作用。止动弹簧的作用是防止接口管从汽缸筒内滑出。

当两车钩连接时,接口管间相互作用,推动弹簧压阀打开,实现气路联通;当车钩解钩时,由于弹簧阀上弹簧的回复力作用,弹簧压阀关闭,实现气路断开。

解钩风管的风管接头仅在解钩操作期间传导空气,因此不包含压力阀,另设有可沿解钩管滑动的弹簧压笼装置,通过支叉将其固定在解钩管上。

(2)对中装置

对中装置,如图 3.14 所示,被三根锁紧螺钉固定在橡胶钩尾座底侧。对中装置可确保在解钩时将车钩保留在其中点,也可以防止车钩横摆。

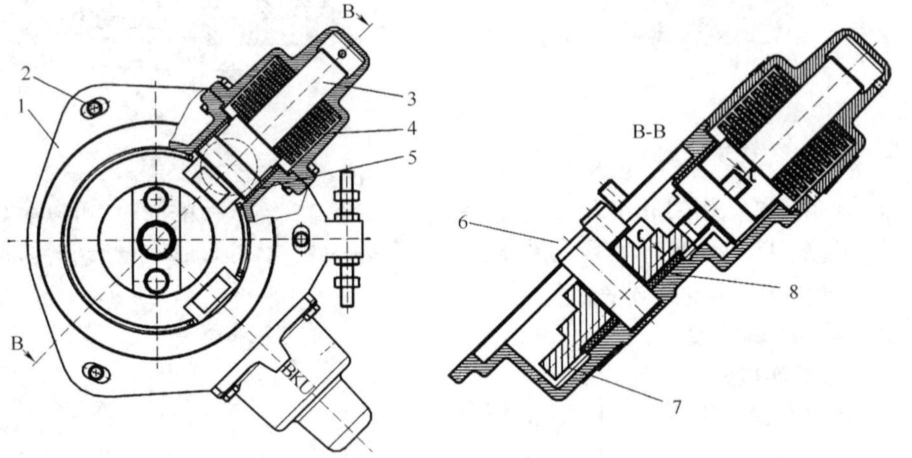

图 3.14 对中装置

1—外壳;2—锁紧螺钉;3—心轴;4—盘型弹簧;

5—垫圈;6—对中销;7—滑动盘;8—凸轮盘

对中装置主要由外壳、心轴、盘形弹簧、对中销、凸轮盘等组成。

旋转凸轮盘安装在对中装置的外壳内。该凸轮盘与橡胶垫牵引装置的下方轴颈刚性连接,在车钩水平摆动时旋转。凸轮盘周边设置了两条凹槽,两根带滚轴的弹簧式轴柄被压入凹槽中,保证了车钩固定在中间位置。解钩并将车辆分离后,车钩可自动以±15°的摆角重新对中。

3.2.2 柴田式密接车钩

1. 柴田式密接车钩基本结构

我国早期在北京地铁和天津地铁采用柴田式密接式车钩,结构如图 3.15 所示,这种车钩现广泛应用于国产铁路动车组。它主要有车钩钩头、橡胶金属片式缓冲器、风管连接器、电气连接器和风动解钩系统等几部分组成,缓冲器位于钩头的后部。

车辆联挂时依靠两车钩相邻钩头上的凸锥和凹锥孔的相互插入,实现两车钩的紧密连接;同时自动将两车之间的电路和空气通路接通。在两车分离时,亦可自动解钩,并自动切断两车之间的电路和空气通路。

橡胶金属片式缓冲器通过缓冲器体内的金属片,缓解车辆受到压缩或牵引载荷时所产生的冲击。

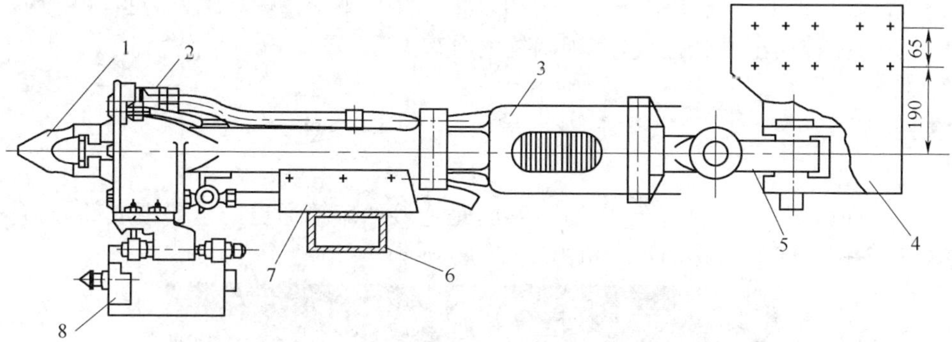

图 3.15　国产密接式车钩(单位:mm)

1—密接式车钩钩头;2—风管连接器;3—橡胶缓冲器;4—冲击座;5—十字头;6—托梁;7—磨耗板;8—电气连接器

2. 柴田式密接车钩钩头

柴田式密接车钩的工作原理如图 3.16 所示。密接式车钩前端为钩头,它有一个凸锥和凹锥孔,内部还有钩舌(半圆盘)。

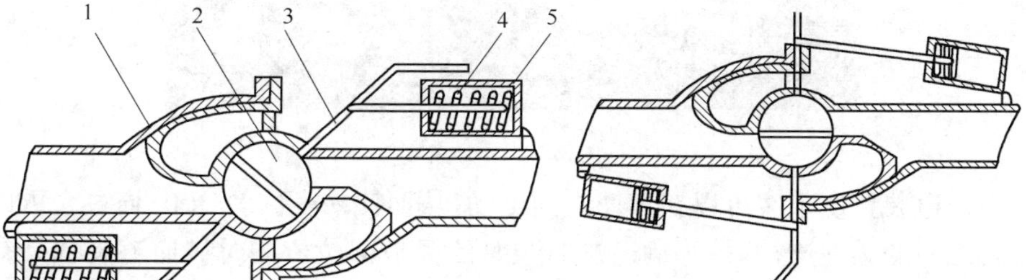

(a)连接　　(b)解钩

图 3.16　柴田式密接车钩工作原理

1—钩头;2—钩舌;3—解钩杆;4—弹簧;5—解钩风缸

两钩连挂时,凸锥插进对方相应的凹锥孔中,这时凸锥的内侧面在前进中压迫对方的钩舌转动,使解钩气缸的弹簧受压,钩舌沿逆时针方向旋转 40°。当两钩连接面相接触后，凸锥的内侧面不再压迫对方的钩舌，此时，由于弹簧的作用，使钩舌恢复到原来的状态，即处于闭锁位置。

两钩分解时，需由司机操纵解钩阀，压缩空气由总风管进入前车（或后车）的解钩风缸，同时经解钩风管连接器送入连挂的后车（或前车）解钩风缸，活塞杆向前移并带动解钩杆，使钩舌转动至开锁位置，此时两钩即可解开。两钩分解后，解钩风缸的压缩空气迅速排出，解钩弹簧得以复原，带动钩舌顺时针方向转动40°而恢复到原始状态，为下次连挂做好准备。如果采用手动解钩，只要用人力扳动解钩杆，也能使钩舌转动至开锁位置，实现两钩的分离。

3.3 贯 通 道

贯通道装置位于两节车厢的连接处，是连接两车辆通道的重要组成部分，它是车辆与车辆之间的连接通道，如图3.17所示。

图3.17 贯通道

贯通道装置使乘客可以在车厢之间走动，从而使乘客均匀分布；通过它可以实现车辆之间的柔性连接，是车辆通过曲线时的关节部位。同时贯通道装置具有良好的防雨、防风、防尘、隔音、隔热等功能，所以也称风挡装置。贯通道风挡包含两个单体风挡，是车辆上灵活可动的部分，可以让相邻的两节车厢相对运动，并提供乘客安全舒适的通道，由于贯通道为基于风挡的结构，它拥有较长的使用寿命。

贯通道分为整体式和分体式。上海、广州、深圳等城市的地铁车辆均为宽体封闭式贯通道，采用分体式结构，如图3.18所示，即风挡装置的一半装在每辆车的端部，包括两个配对的可分解的波纹形折棚、两个渡板（车辆侧面）和车辆连挂的滑动支撑等。

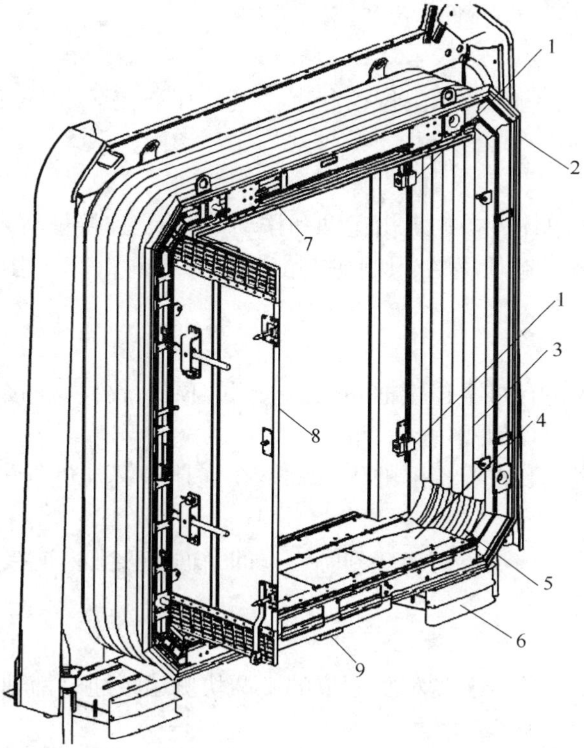

图 3.18 贯通道结构图

1—紧锁装置；2—连接框；3—双层波浪折棚（顶部侧部）；4—渡板；
5—双侧波浪折棚（底部）；6—防爬装置及能量吸收装置；
7—连接顶板；8—移动侧墙；9—滑动支撑

1. 波浪折棚组成

波浪折棚是由灵活的棚布波浪组成，底部的双层波浪以及顶部和侧面的双层波浪折棚缝在一起并与铝框连接。波浪折棚通过底部棚布和连接框及螺钉框连接起来，棚布采用双层夹心结构，大大提高了风挡的隔音、隔热性能。

2. 连接框

连接框与螺钉框相同，都是由焊接的铝合金型材制成。在连接框顶部装有两个支架，用以连接连接框侧顶板铰接组件。

连接框包含一个集成的锁紧装置和对中系统。

连接框侧渡板栓在连接框上并放置在安装到车厢连挂处滑动支撑的支撑架上。

(1)锁紧装置

每个单体风挡都包含一个锁紧装置。锁紧活动通过锁杆完成。锁紧装置安装在垂直于连接框的部分,锁柄放置在连接框内。

(2)对中系统

每套单体风挡都包含两个定位销和定位座。在连挂阶段,定位销和定位座相嵌合。

(3)限制装置

限制装置禁止单体风挡的自由运动和摆动,尤其是连接框在未连挂的状态下。限制装置包含四个限制绳,每个限制绳上都装有安全钩。每一根限制绳通过吊环螺母安装到连接框上。

3. 连接顶板

连接顶板总成包含每个连接框和螺钉框侧的顶板部件。连接框侧的单层顶板嵌在螺钉框侧双层顶板的槽中。

将连接顶板直接装在连接框的优点就是在连挂和解挂过程中,这些组件不会分开。

车厢侧连接顶板通过铰链连接到螺钉框的平面支架上。连接顶板部件可以消除两车厢之间的高度差。

4. 移动侧墙

移动侧墙板是由铝合金型材板制成的。两块侧墙板通过销轴装置进行相互运动,以便能适应车厢的相对运动。

侧墙板通过固定在其端口的支架栓到车厢一侧铰接面进行连接。在另一侧,车厢铰接面的连接通过装在车厢铰接面的上下锁紧装置的销来完成。

5. 滑动支撑

坐落在车钩的贯通道支座上,实现支撑贯通道的功能,它的上部与支撑金属板相连。

6. 渡板,车厢和连接框侧

车厢侧渡板,如图 3.19 所示,包含三个支架,两块不锈钢渡板和一个铰链。可移动渡板通过铰接与固定渡板连接。车厢侧渡板支架连接在螺钉框上,并且车厢侧渡板的地板连接在车厢地板上。

连接框侧渡板总成包含一个支撑架,一块地板,五个铰链,一个固定支架和四个翻板,每个翻板上安装有一个滑动支架。地板通过铰链与支撑支架相连。四块翻板通过铰链与地板相连。滑动支架安装在翻板的底端。

由于渡板间能相对移动,所以能够抵消高度位移和侧滚运动,能够保障乘客平稳的通过通道。

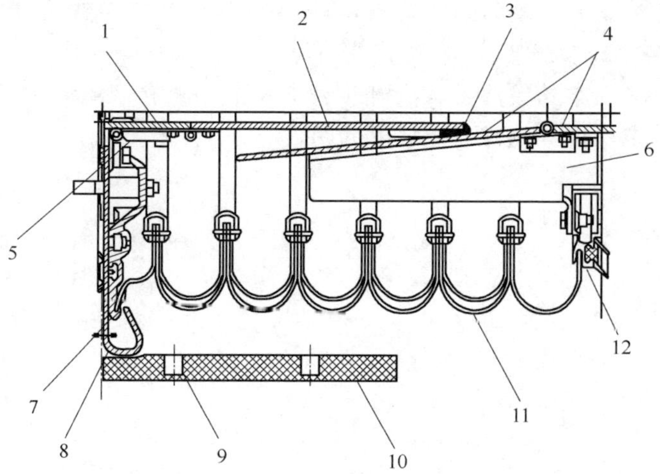

图 3.19　渡板装置组成示意图

1—渡板,连接框侧地板;2—渡板,连接框一侧铰链板,四翻板;
3—滑动支架;4—渡板,车厢一侧;5—固定支架;6—支架;
7—连接框;8—支撑架;9—连接到车厢连接处固定板;
10—滑动支撑;11—底部双层波浪折棚;12—螺钉框

本章小结

本章主要介绍了车辆连接装置:车钩缓冲装置和贯通道装置。

车钩缓冲装置是车辆实现编组连挂以及缓和纵向冲击力的重要装置。城市轨道车辆上使用的车钩缓冲装置基本分为全自动车钩、半自动车钩和半永久车钩。三种类型的车钩在编组列车上具有相对固定的配置形式,从而实现不同的车辆连接作用。

车钩缓冲器是钩缓装置的主要组成部分之一。它用以连接车钩与车体,吸收能量以缓和列车的纵向冲击,提高列车运行的平稳性和乘坐的舒适性。

贯通道装置位于两节车厢的连接处,具有良好的防雨、防风、防尘、隔音、隔热等功能,能够使旅客安全地穿行于车厢之间。贯通道分为整体式和分体式,上海、广州、深圳等城市的地铁车辆多采用宽体分体式贯通道。

思考题

1. 简述城市轨道车辆车钩缓冲装置的用途及特点。

2. 以上海地铁六节编组列车为例，简述城市轨道车辆车钩的典型配置。
3. 简述车钩三态原理。
4. 夏芬博格式车钩缓冲器具有哪几种类型？各具有什么特点？
5. 简述城市轨道车辆贯通道装置的用途。

第4章　车　　体

车体是容纳乘客和司机(对于有司机室的车辆)的部分,又是安装和连接其他设备及组件的基础,它是城市轨道交通车辆最重要的部件之一。车体底架下部及车顶上部安装有大量的机电设备,构成车辆的主体。车体设计要求其具有较好的隔音、减振、隔热、防火等性能,在事故状态下尽可能保证旅客安全,同时车体自身的质量要求也较为严格。

4.1　车体的结构

城市轨道交通车辆的车体采用模块化设计,由底架、侧墙、端墙、车顶四大部分组成的封闭筒形薄壳整体承载结构,如图 4.1 所示,其部件间的连接方式主要是手弧焊接、接触点焊、螺栓、铆钉连接等。车体的主要承载件,如地板梁、侧梁、侧墙板、车顶板等均由断面较复杂且承载能力较强的大型中空挤压型材制成。

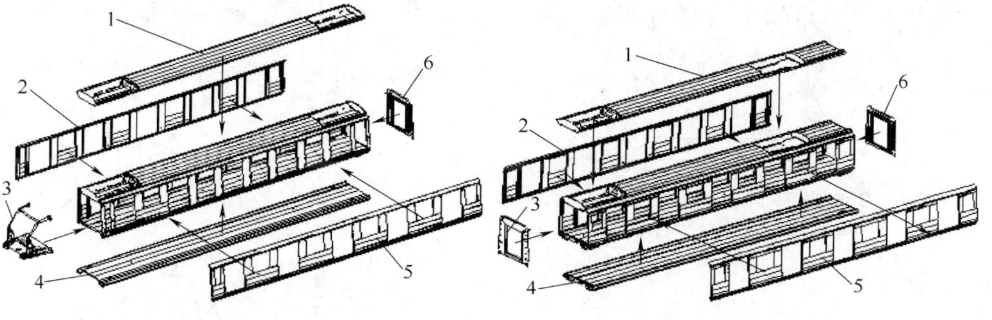

(a) 拖车车体结构图
1—车顶;2—右侧墙;3—驾驶室结构;
4—底架;5—左侧墙;6—端板、端墙

(b)动车车体结构图
1—车顶;2—右侧墙;3—前端板、端墙;
4—底架;5—左侧墙;6—后端板、端墙

图 4.1　车体结构图

4.1.1　车　　顶

车顶结构主要由车顶边梁、车顶板、端板组成。

车顶为满足运行需求,设有受电弓安装座和 HVAC 井(Heating,Ventilation and Air Conditioning,供热通风与空气调节)。

以上海地铁运用车辆为例,Tc、Mp 或 M 型车的车顶是不同的。Tc 车车顶,如图 4.2 所示，形式与 M 车相同，但它的长度与 M 车不同，因为 Tc 车带有驾驶室。

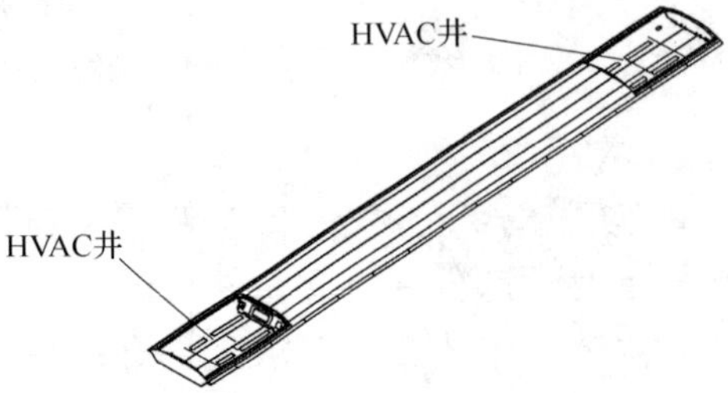

图 4.2 Tc 车车顶

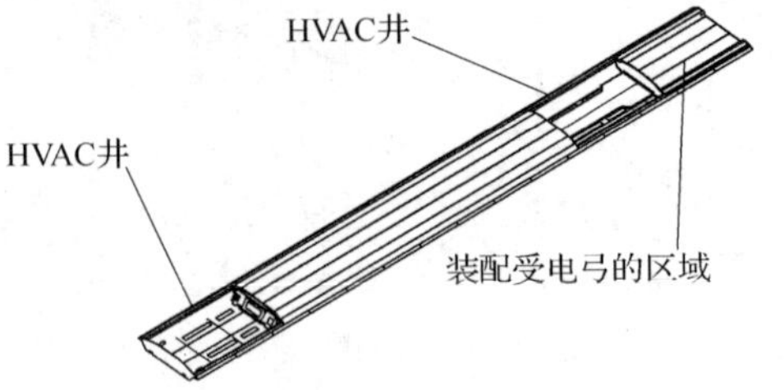

图 4.3 Mp 车车顶

Mp 车的车顶与 Tc 车的车顶形式不同，因为 Mp 车带有受电弓，受电弓需要附加的容器来容纳它，如图 4.3 所示。

4.1.2 底　　架

底架设有地板梁、枕梁、端梁、侧梁、牵引梁、线槽、支架等，从而实现车钩缓冲装置、各种机电设备、制动设备的安装要求。

(1)地板梁、侧梁和支架

其中最重要的承力部件是沿底架两端梁间全车纵向布置的 2 根侧梁，如图 4.4 所示，主要有两个作用：

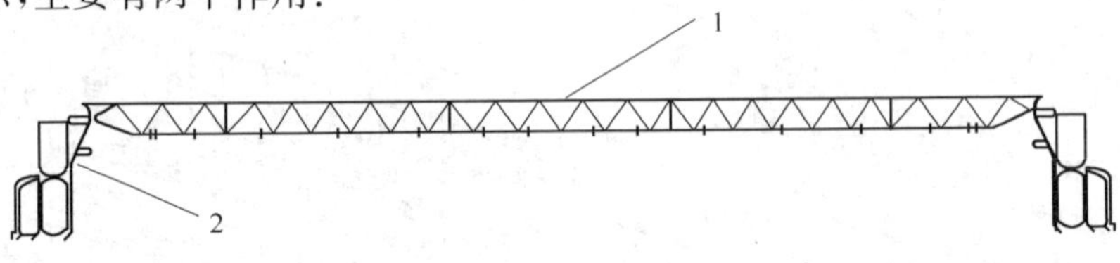

图 4.4 底架横断面

1—地板梁；2—侧梁

一是作为底架结构中的主要承力部件和连接构件，底架的枕梁及全部横梁的端部都与侧梁焊接，地板梁也与侧梁的上翼缘表面搭接；

二是作为侧墙结构中的主要承力部件和安装基础，侧墙的立柱、侧墙板分别焊在侧梁的上翼缘表面和腹板外表面。

设备和车身底架箱的支架固定于车底侧梁上，车底设备通过两边支架的支承挂于地板梁下，如图 4.5 所示。

(2)枕梁、端梁和牵引梁

枕梁，如图 4.6 所示，用来连接支撑转向架上的中央牵引连接装置及空气弹簧。端梁，如图 4.7 所示，用来支撑各个车体的车钩装置以及能量吸收装置。

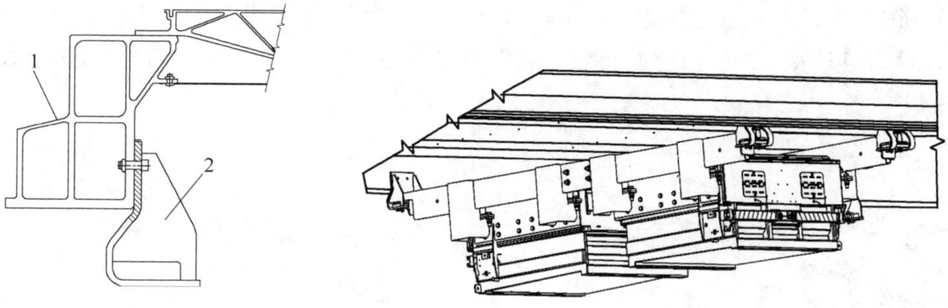

(a)　　(b)

1—侧梁；2—支架

图 4.5　设备和车身底架箱的支架

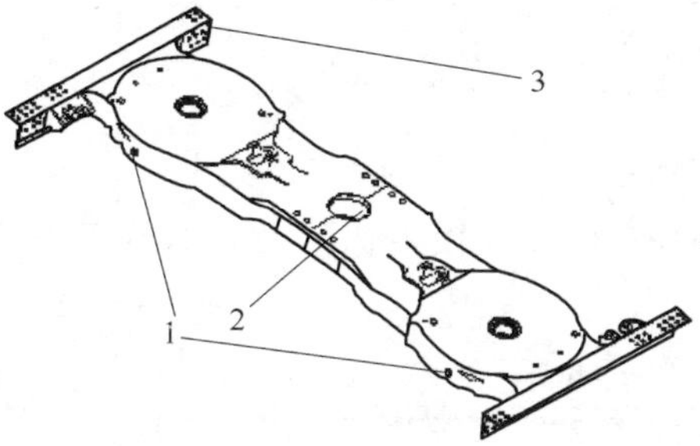

图 4.6　枕梁

1—空气弹簧的支架；

2—中央牵引连接；3—侧梁连接

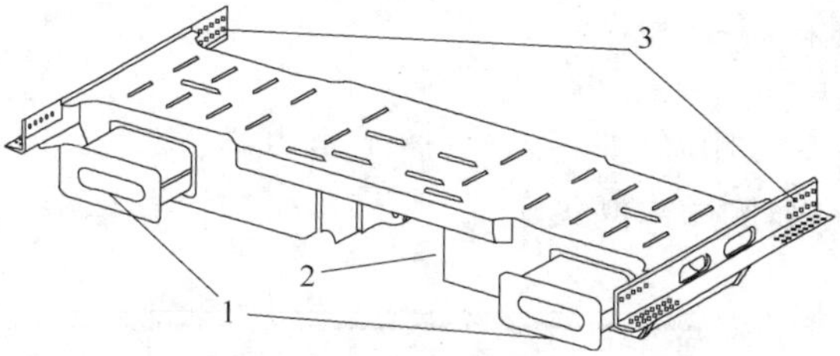

图 4.7　端梁

1—能量吸收装置预先布置；

2—车钩预先布置；3—侧梁连接

在底架两端部中央、枕梁与车地板间还设有两段牵引梁，如图 4.8 所示，用于安装车钩装置并传递纵向力。

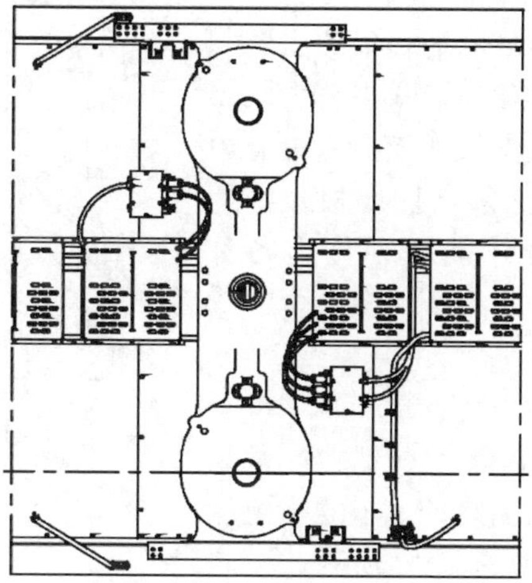

图 4.8　牵引梁

Mp 车和 M 车的底架形式相同，但与 Tc 车的底架形式不同。Mp、M 车底设有前后一对枕梁和一对端梁，而 Tc 车设有一对枕梁和一个端梁，如图 4.9 所示。

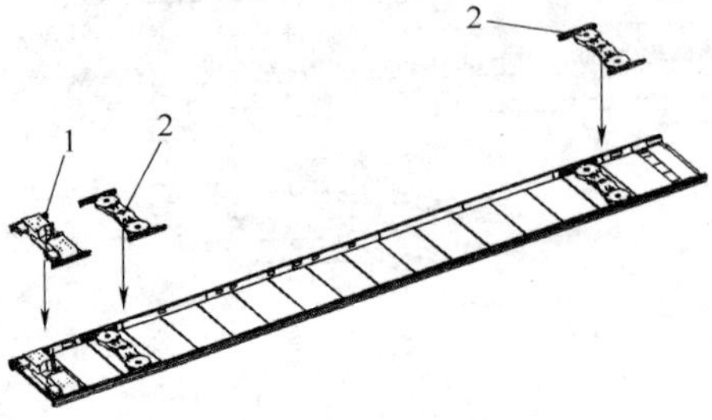

(a)Tc 车底架
1—端梁；2—枕梁

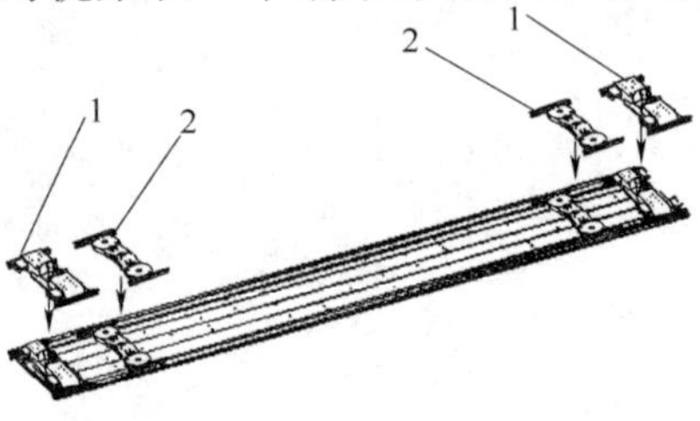

(b)Mp 车和 M 车底架
1—端梁；2—枕梁

图 4.9 车底架形式

4.1.3 侧 墙

侧墙，如图 4.10 所示由边梁、水平纵向梁，立柱以及覆盖在其上的平板焊接而成；侧墙为满足车辆运行要求，需设有车窗、车门。

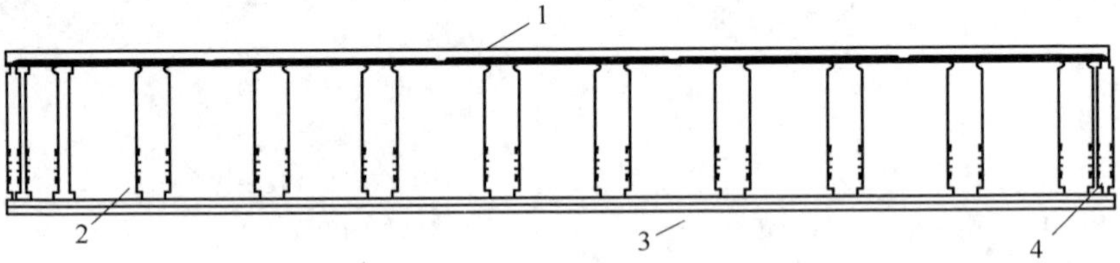

图 4.10 侧墙结构图
1—上边梁；2—大立柱；3—下边梁；4—小立柱

侧墙中的下边梁同时也是底架的主要承载件，起着承上启下的作用，如图 4.11 所示。

必须强调一点：立柱与所有纵梁、上边梁、下边梁组成的框架必须与侧墙板很好地焊接成一个整体，这样才能顺利传递各种载荷。

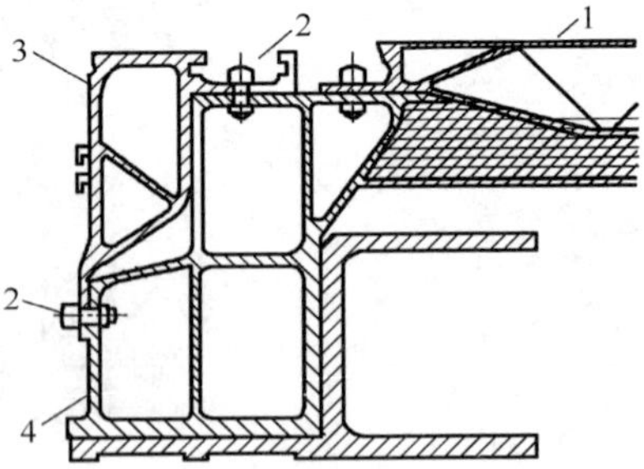

图 4.11 侧墙与底架连接处
1—底架；2—紧固铆钉；
3—下边梁；4—底架侧梁

4.1.4 端 墙

Mp 车、M 车两端及 Tc 车的 2 位端都采用端板为金属板封闭的端墙；Tc 车的 1 位端采用驾驶室封闭形式，如图 4.12 所示。

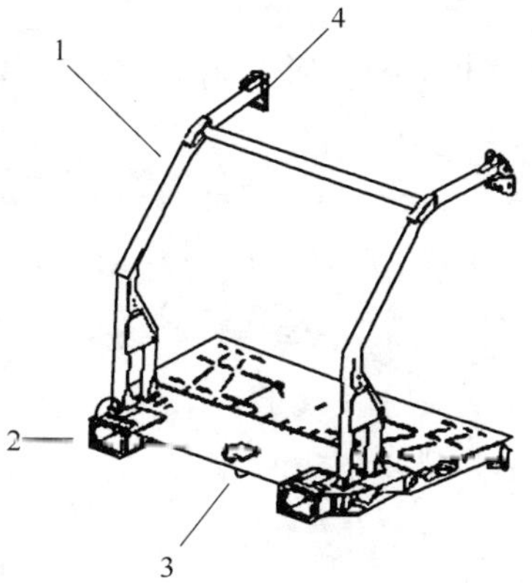

(a)驾驶室端面
1—驾驶室面罩；2—能量吸收箱；
3—端梁；4—上边梁连接

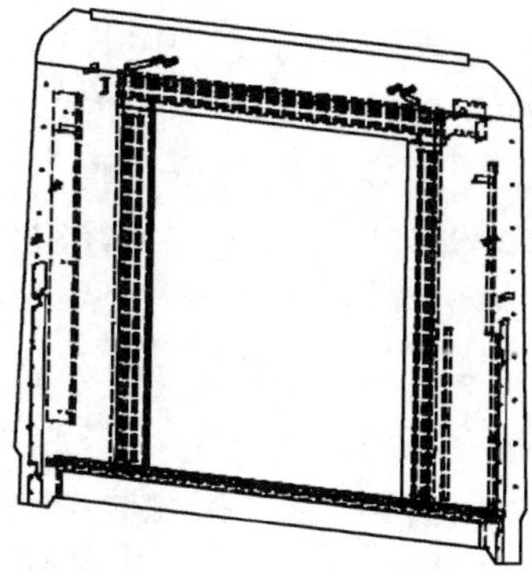

(b)端墙

图 4.12 车体端面

4.2 车体的材料

车体按照所使用的材料不同可分为碳素钢车体、铝合金车体和不锈钢车体三种类型，早期的城市轨道车辆车体材料基本上是以碳素钢(包括普通低碳钢和耐候钢)为主，目前主要使用铝合金和不锈钢材料。

4.2.1 不锈钢车体

不锈钢车体结构起初是用于置换钢制车体，后来发展到采用板梁组合整体承载全焊接结构。为了降低制造成本，大量采用将薄板(一般为0.8 mm)轧压或补强型材与外板点焊连接形成空腔结构，借以提高外板的刚度、强度。采用全不锈钢车体，免除了车体内壁涂覆防腐蚀涂料和表面油漆，在保证强度、刚度的前提下，板厚可减小，同时也提高了使用寿命。一般不锈钢车体自重比普通碳素钢可减轻 1～2 t(约 10%～20%)。

4.2.2 铝合金车体

为了进一步实现车体轻量化，德、日、英等国在近代的高速列车、地铁车辆和轻轨车辆上开始大规模采用铝合金车体。

铝合金车体是一种轻型整体承载结构，与钢制车体在结构形式上有很大的差异。其主体材料是铝合金型材采用模块化结构或全焊接组装而成。铝合金材料密度小、比强大,构造的车体在满足车体强度和刚度的同时,因大幅度减轻车体的质量而备受轨道车辆制造商和运营商青睐。

在铝制车体结构设计中,车体主要承载构件,如底板、侧墙、车顶等均采用大型中空截面的挤压铝型材拼焊而成,以提高构件的刚度,充分发挥材料的承载能力,并达到最大限度地减轻车体自重的目的。与钢制车体相比,铝合金车体的焊接工作量减少约 40%,制造工艺大为简化,质量可减轻 3～5 t,并可保证车体承载结构在使用期内(25～30 年)不维修或少维修。此外,铝合金在和空气接触时会自然形成一层氧化膜,这不仅提高了其耐腐蚀能力,而且使铝表面美观,由此可以省去涂漆工序,从而减轻自重。

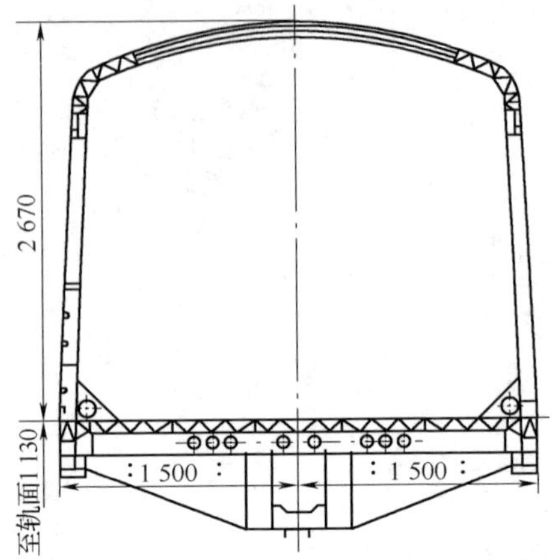

图 4.13 铝合金车体横截面(单位:mm)

如图 4.13 所示为整体焊接铝合金车体的横截面,其形状类似鼓形,这种外形可以使车辆在圆形隧道内获得最大截面积(或称之为充塞比),增大车内空间,另一方面有利于提高车辆在圆形隧道内的活塞效应,加强隧道的自然通风能力。它是由底板、侧墙、车顶、端墙等组成整体承载的薄壳型结构。

1. 车　　顶

车外顶板两侧小圆弧部分采用形状复杂的中空截面挤压铝型材,中部大圆弧部分为带有纵向加强杆件的挤压成型的车顶板,其长度与车顶等长,车顶组装时仅留下几条与车顶等长的纵向长焊缝。

2. 侧墙、端墙

以上海地铁 11 号线 11A01 型电客列车为例,车体的侧墙左右各有 5 扇车门和 4 个车窗,侧墙被分隔成 6 块带窗框、窗下间壁及左右窗间壁或门间壁的分部件,全车共 12 块,在组装时分别各自与底板、车顶拼接,各块分部件亦为整体的挤压铝型材。

客室内的侧墙、端墙都采用阻燃的密胺树脂胶合板,内侧均涂抹阻尼层并贴有保温材料,所以侧墙、端墙都具有隔热保暖的功能。

3. 地　　板

直流传动车辆与交流传动车辆的客室地板的结构是不同的。直流传动车的地板是先在底板上纵向布置 4 mm 厚的橡胶条,再铺设 16 mm 厚的多层夹板,用螺钉将多层夹板固定在底架上，然后在多层夹板上黏接 2.5 mm 厚的灰色 PVC 材料地板。PVC 是一种理想的具有耐磨、阻燃和防滑功能的地板面材料。由于黏结塑料地板的黏接剂在潮湿的环境中很容易丧失胶性，因此当多层夹板一旦受潮，塑料地板就很容易起泡，甚至脱落。制造商在生产交流传动车时做了改进，将多层夹板改换成表面很平坦的铝合金轻型型材，然后在铝型材表面直接粘贴 PVC 塑料地板，这就避免了塑料地板起泡和脱落的弊病。

铝合金材料的优点在于：

(1) 质轻且柔软

铝的密度为 2.71 g/cm^3，约为钢密度(7.87 g/cm^3)的三分之一，杨氏模量也约为钢的三分之一，这就是说，利用铝材良好的塑性，制作空心型材，不仅刚度可以与钢制车相似，质量可以大为减轻。

(2) 强度好

纯铝的抗拉强度约为 80 MN/m^2，是低碳钢的 1/5。但经过热处理强化及合金化强化，其强度会大幅增加。如铝合金车体常用的材质 6005A－T6，它的最低抗拉强度为 360 MN/m^2，能达到低碳钢相应的强度值。

(3) 耐腐蚀性能好

铝合金在接触空气时表面会形成一层致密的氧化膜，这层膜能防止腐蚀，相当于车体总在实施“氧化铝膜处理法”，因此，铝合金材料车体的耐蚀性能较好。

(4) 加工性能好

铝材既可以轧成板材，又可以挤压成断面形状复杂的型材。切断、加工、弯曲也很容易。连接方式既可铆接、栓接，也可焊接。与钢制车体相比，焊接工作量减少约 40%，制造工艺大为简化。车体的轻量化无论对于节省能源、提高轨道寿命，还是提高运输舒适性及安全性都有显著效果。

(5) 易于再生

铝的熔点低(660 ℃)，再生简单。在废弃处理时也无公害，有利于环保，符合可持续发展战略。

4.2.3 不同材料车体的优越性及发展趋势

(1)质量

从各国铁道行业的统计数据来看，耐候结构钢的车体质量最大，铝合金车体最轻，但是都没有一个准确的、同一种城市轨道车辆、同一种车辆长度及相当断面的不同材料的车体质量比较数据。此外，车体重量(质量)也不是制造厂及用户追求的唯一目标。例如，全双壳化的铝合金车体出现后，为了实现模块化内装饰，车体各部件采用螺栓/铆钉联结，这又使得车体重量(质量)增加不少。而且无论何种材质的车体，都在不断实现轻量化，即使高耐候结构钢也是如此。根据各种材料综合分析，以一种 B 型车（长 19 m、宽 2.8 m、高 3.515 m）车体，耐候钢车体自重约 9.5～10 t，轻量不锈钢约 7～8 t，铝合金车体 6～7 t。

(2)密封与隔热隔音

车体焊接时，耐候钢、铝合金型材采用连续焊，不锈钢采用点焊，但不锈钢焊接应用了化工材料的密封技术，焊接后车体的密封性与其他材料焊接而成的车体相同。

由于不锈钢焊接采用化工材料新技术，三种材质的隔热隔音可达到相同的效果。

(3)事故处理

无论车辆在正线上还是在基地或车辆段内，总有可能发生一些碰撞损坏事故。按可修复程度来说，碳钢车最容易修复，铝合金车则较为困难。特别是两面封闭的双壳结构的铝合金车体，表面变形很难处理。但是也由于铝合金车体本身塑性好，发生碰撞事故能够吸收较大能量，变形区域相对较小。

(4)腐蚀

从防腐的角度看，高耐候结构钢车体表面必须进行油漆防腐，而不锈钢车体及铝合金车体外皮无需油漆。铝合金车体虽然比较耐腐蚀，但耐腐蚀性能不如不锈钢车体。不涂漆的铝合金车，经过一段时间后，由于大气中的腐蚀条件（如水、洗涤剂的作用及使用环境中与金属粉尘接触），表面会出现面蚀、点蚀、变色，影响美观，故其大部分车仍需涂漆。在早期，国外不锈钢车体不进行油漆防腐，因此不锈钢表面颜色单调，铝合金表面氧化膜也不亮丽，为了给旅客增加美感，现不少国产车用户要求对不锈钢与铝合金两种车体进行油漆防腐。

(5)制造成本

根据欧洲、日本等车辆制造业发达国家的资料统计，三种类型的车体其制造成本大致相当。在我国，受材料和劳动力成本等方面因素的影响，目前三种材质车体制造成本比例大致如下：耐候钢∶不锈钢∶铝合金型材＝1∶4.5∶4.65。但是随着我国城市轨道车辆生产规模的不断增加、机械化加工程度的不断提高，可以预见，三种材质车体的制造成本将逐步趋于接近。

(6)寿命周期成本

从制造成本上看，三种材质车体的制造成本大体相当。电客列车在 30 年的使用寿命期间，碳素钢车体各个门口、门柱下部及墙板，均可能挖补截换，再加上调平、重新油漆以及由于自重的增加而增加的电能损耗，总体需增加相当费用。所以按照寿命周期成本核算，碳素钢车体最高。但是如果按照国产三种车体的制造成本计算，再加上高耐候钢车体防腐技术的提高，以及电能损耗并不单纯取决于列车总重，还与空气阻力密切相关，另外随着车辆技术更新速度的不断加快，车辆使用寿命周期将会缩短，则三种车体的使用寿命周期成本又当别论。

本章小结

城市轨道车辆是用作城市或近郊客运的专门客运交通工具，为了最大限度地满足车辆运行的安全性、舒适性及轻量化等要求，其车体的设计也具有一些较为显著的特征。

城市轨道交通车辆的车体采用模块化设计，由底架、侧墙、端墙、车顶四大部分组成的封闭筒形薄壳整体承载结构，其部件间的连接方式主要是手弧焊接、接触点焊、螺栓、铆钉连接等。早期的城市轨道车辆车体材料的选择基本上是以碳素钢（包括普通低碳钢和耐候钢）为主，目前主要使用铝合金和不锈钢材料。

从科学技术、工艺水平和劳动力成本等因素的角度来看，不同车体材料的优越性及发展趋势主要体现在质量、密封性、隔热性、隔音性、耐腐蚀性、事故处理、制造成本、寿命周期成本等方面。

思考题

1. 车体的基本结构由哪几个部分构成？
2. 车顶结构主要包括哪几个部件？
3. 简述车体底架两端梁间的两根侧梁的作用。
4. 铝合金车体都有哪些优点？

第 5 章　车　　门

5.1　车门的结构与原理

根据城市轨道交通的特点，城市轨道车辆的车门应方便乘客或司机，并尽量缩短乘客上、下车时间，满足列车运行密度的要求。以 A 型车客室门为例，车门应满足如下要求：

(1)要有足够的有效宽度(一般为 1 300～1 400 mm)。

(2)车门要均匀分布，以方便乘客上下车。

(3)要有足够数量的车门(一般 4～5 对/辆)。

(4)车门附近要有足够的空间和面积，方便上下车乘客的周转。

(5)要确保乘客的安全。

图 5.1 为城市轨道车辆一种典型的客室车门系统结构图。

一般情况下，城市轨道车辆的客室车门系统具有以下几个关键部件：

1. 门　　页

每个客室车门由左右两个门页所组成，其中每个门页又包括：

(1)一个门板；

(2)一个门窗；

(3)一套密封条；

(4)一个下导轨。

2. 上部执行器

上部执行器主要功能是确保门页作对称运行和协调运行，即确保车门的正常工作状态，该执行器又包括以下部件：

(1)车门吊挂系统。

(2)车门驱动系统，主要包括一个电机(一般为直流无刷电机)或传动风缸组件，一个驱动组件(一般为滚珠丝杠机构)，一个紧急解锁机构和一套校验设备(如：两个闭锁限位开关和一个关门限位开关)。

(3)车门锁紧和解锁装置。

城市轨道车辆的车门一般具有自动锁紧、自动解锁和紧急解锁的功能。

(4)电子门控单元。

电子门控单元(EDCU，Electrical Door Control Unit)是车门的核心控制单元，

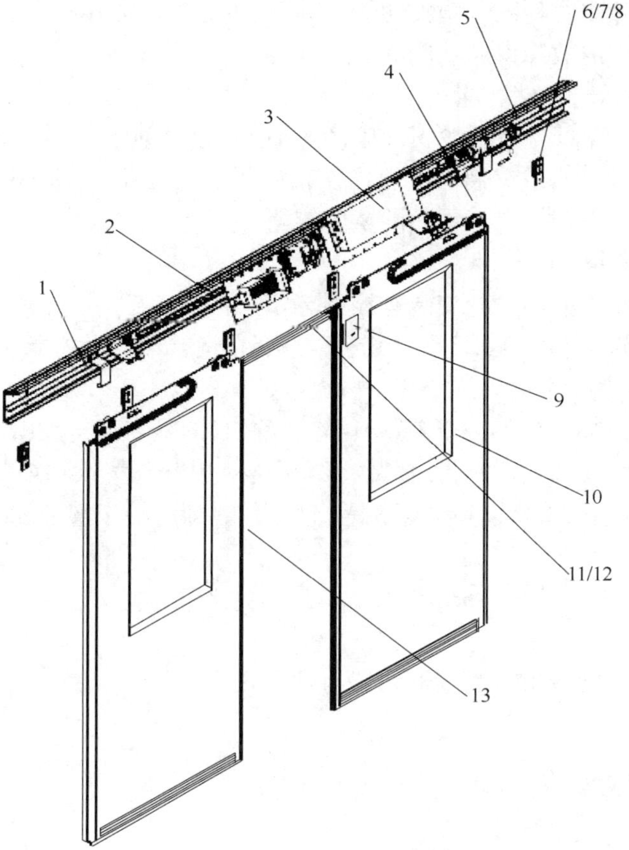

图 5.1 车门系统结构图

1—承载驱动机构；2—驱动部件；3—EDCU 部件；4—内操作装置；5—电机；6—安装螺母板；7—安装板；8—垫片；9—隔离锁；10—右门扇；11—上密封毛刷；12—压板；13—左门扇

自身配备有微处理器，电子门控单元具备以下功能：

① 驱动系统控制功能

② 内、外部通信功能

接受来自司机室并通过列车控制总线传递的车门控制指令，每节车车门的电子门控单元都与列车控制总线相连，在列车运行过程中，电子门控单元与列车控制系统完成大量的信息交换工作，如车门开启和闭合信息、紧急装置被操作信息、门位置传感器故障诊断信息等。

另外 EDCU 与车门系统内部组件也进行相应的通信工作，从而完成相应的车门动作。

③ 车门工作状态监控与诊断功能

主要包括障碍物检测和防夹功能;车门是否能够正常开启和关闭监控功能;车门系统相关部件的故障诊断功能等。

④ 故障显示与存储功能

每个 EDCU 都具有故障显示和储存功能(记录并显示故障代码及故障发生实际时间等纪录),可通过车辆供应商提供相应的软件对每个 EDCU 的故障进行读取,从而作为车门日常维修、维护的重要依据。

3. 车门控制板

在司机室每侧的门柱上安装有控制客室车门的按钮,可根据选定侧打开同侧车门。在城市轨道车辆正常运行状态下,只有在运行司机室才能够控制车门。

4. 车门切除系统

每一扇车门都安装了一个锁紧/切除装置,目的是当某车门出现故障时可以将该车门从服务状态切除,并机械锁紧。不能再使用紧急解锁功能打开该门。可以在车内和车外,通过旋转双位方形钥匙(锁紧位、切除位)来实现。

5.2 车门的种类

目前世界各国城市轨道车辆的车门种类较多,可按其驱动方式和开启方式进行分类。

5.2.1 按驱动方式分类

1. 电气风动门

电气风动门由压缩空气驱动传动气缸,再通过机械传动系统和电气控制系统完成车门的开关动作。机械传动系统的作用是将传动气缸活塞杆的运动传递至车门,使车门动作。电气控制系统具有开、关门控制、车门动作监视和列车控制电路联锁等功能。

2. 电控驱动门

电控驱动门,如图 5.2 所示,由一套电机组件、一套驱动组件(如:螺杆、传力螺母、臂叉和球面轴承等)、一个紧急解锁机构、一套校验设备(如:闭锁限位装置和关门限位开关)和一个控制器组成。通过电机驱动螺杆,并配合连接于门页与螺杆间的组件(如:传力螺母及驱动臂的臂叉),将滑行运动传送给门页。

电控驱动门由于采用电机进行调速,因此在车门开关速度方面较电气风动门更容易控制;另一方面电控驱动门也避免了电气风动门在布置时需额外铺设风路管道,及其在运行过程中可能会出现漏风等问题,所以在城市轨道车辆车门实际选择使用时电控驱动门更受青睐。

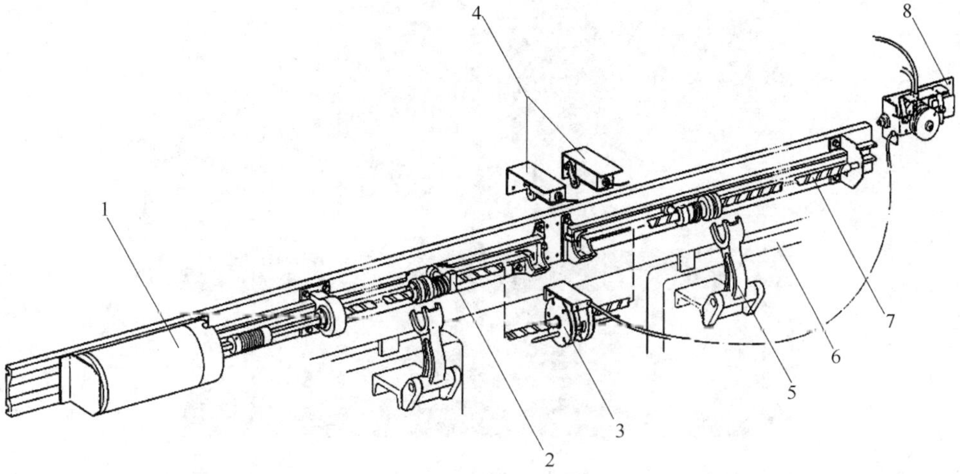

图 5.2 电控驱动门

1—电机；2—传力螺母；3—关门限位装置；4—闭锁限位开关；

5—臂叉；6—门页；7—螺杆；8—紧急解锁机构

5.2.2 按开启方式分类

1. 内藏门

开关车门时门翼在车辆侧墙的外挡与内护板之间的夹层内移动，传动装置设于车厢内侧车门的顶部，装有导轮的门翼可在导轨上移动并与传动装置的钢丝绳或皮带相连接，借助汽缸或电动机驱动传动机构，从而使钢丝绳或皮带带动门翼动作。内藏门外观如图 5.3 所示。

内藏门具有如下特点：

(1)驱动机构占用车辆上的空间较小，这与内藏门的运动方式有关，内藏门只作沿车长方向的直线运动，没有曲线运动，因此驱动机构相对较为简单；

(2)质量较轻；

(3)手动开、关门所需力量较小。

2. 外挂门

外挂门有时也称为外移门，与内藏门区别在于开关车门时，门翼均处于侧墙的外侧。外挂门采用模块化设计和安装，门页、车门悬挂机构以及传动机构的部分部件安装于车体侧墙外侧，电子门控单元和驱动电机装于车体侧墙的内侧。此外，车门还装有车门关闭行程开关、锁闭行程开关、切除开关以及紧急解锁开关。外挂门由电机带动丝杆转动，丝套在丝杆上的横向移动带动门叶在导轨上滑动。外挂门外观如图 5.4 所示。

图 5.3　内藏门外观图

图 5.4　外挂门外观图

外挂门具有如下特点：

(1)与其他形式的车门相比，采用外挂门形式的列车车内空间相对较大；

(2)由于门翼始终位于车体侧墙的外侧，因此车辆运行过程中会产生一定的运行阻力。

3. 塞拉门

塞拉门主要由门叶、电机、支承杆、托架组件、车门导轨、传动组件、制动组件、紧急解锁机构、车门旁路系统以及 EDCU 等组成。车门还装有锁闭行程开关、切除开关、紧急解锁开关和 EDCU 复位开关，实现对车门的电气控制。塞拉门外观如图 5.5 所示。

塞拉门具有如下特点：

图 5.5　塞拉门外观图

(1)塞拉门在开启状态时,车门移动到侧墙的外侧;

(2)在关闭状态时车门外表面与车体外墙成一平面,这不仅使车辆外观美观,而且有利于减小列车在高速行驶时的空气阻力和降低空气涡流产生的噪声,也便于自动洗车装置对车体的清洗。

另外,在绝大多数轨道车辆驾驶室前端还设有逃生门,如图 5.6 所示。

图 5.6　逃生门

通常情况下,逃生门处于锁闭状态。因紧急疏散或按计划对门进行维护需要时才打开。该逃生门系统为手动铰链式,一般在驾驶室内开启,部分车型也可从外侧开启，其打开方式为向外下方翻转，一旦门锁开启，车门能自动倒向路基，并且有缓冲器，从而不会导致车门开启的加速度过大而致使门损坏。逃生门主要由门框、门扇、保险锁、气弹簧及铰链等零部件组成。逃生门一般为可伸缩的套节式踏级板机构，两侧设有扶手栏杆，中间铝合金踏板上涂有防滑漆，故乘客在上面行走时不会滑跌。

5.3 车门故障分析

5.3.1 车门故障因素

由于地铁列车运营线路站距短，客室车门频繁地开启和关闭，因而易导致客室车门的门控电气元件和机械零部件损坏，造成正线运营列车的客室车门故障频发。故障较轻则该车门被切除，故障较重则列车发生掉线、清客或救援。

对地铁现有车辆的三种客室车门的故障情况进行分析，可以得出以下车门故障的主要原因：

(1)从车门结构方面分析，限位开关、继电器、门槛条、护指橡胶条、开/关门按钮、橡胶止挡、驱动气缸/电机、解锁气缸、S钩门锁、钢丝绳等出现故障均会导致车门无法正常工作；

(2)EDCU 的软件和硬件系统故障，造成车门系统的通信功能和控制功能缺失；

(3)车体振动或乘客挤靠造成车门局部变形，导致车门无法正常开启和闭合；

(4)司机误操作、乘客擅自随意启用紧急设施、检修人员水平低下等人为主观因素。

5.3.2 车门整改措施

通过对车门系统的故障统计分析和可靠性研究，针对车门故障的产生原因以及车门系统本身的设计和制造缺陷系统地实施了多项整改。因篇幅所限，本章节仅选取具有代表性的上海地铁 03A01 型电客列车车门的整改措施作简要介绍。

1. 增加门控旁路开关

在 03A01 型列车的试运营过程中，曾发生无法判断车门故障的位置和原因的现象，也曾发生无法切除故障车门的情况，这些均导致了牵引系统自动封闭，使得列车无法自行退出运营，给正线的运营带来很大影响。根据现有其他列车的运营经验，司机室内设有车门门控旁路开关，可以实现对客室车门的旁路，从而解除列车牵引系统的封闭。为此，在原有设计的基础上通过改造线路增加了门控旁路开关。当此开关动作时，列车左侧车门监控继电器触点和列车右侧车门监控继电器触点被旁路，相当于列车车门系统对于牵引系统的影响被旁路。即当出现严重车门故障时，通过使用“门控旁路开关”，列车可自行牵引退出正线，避免救援，减少故障影响正常运营的时间，有效地降低了列车车门故障对正常运营带来的不良影响。

2. 更改车门障碍物探测次数

障碍物探测功能是指当列车探测到有乘客或其他物品被车门夹住时，车门夹紧力会短暂消失，给乘客一定的时间脱身，然后再继续实施关门动作。该功能的探测次数对车门的使用性能有直接影响。塞拉门初始设计的障碍物探测次数为 3 次，经常发生障碍物探测 3 次结束后车门自动完全打开的现象，此时通常会出现大量乘客继续向车厢涌入而致使更多人挤在车门之间的情况，于是车门依旧长时间无法关闭而造成列车晚点。因此，整改方法为将探测次数改为 6 次，从而延长被夹乘客用于脱身的时间，并且减小探测后车门弹开的缝隙大小，防止其他乘客伺机涌入。当被夹乘客顺利进入车厢内后，该车门会在检测车门之间无障碍物的情况下及时自动闭合，保证列车尽快启动，从而降低列车晚点率。

3. 增加车门再关门功能

再关门功能是指当车门遇到障碍物并探测设定的次数后仍无法关闭时，车门会自动完全打开，此时司机可直接按关门按钮关闭未关闭的车门。03A01 型列车车门原设计不具备再关门功能，当车门按预先设定次数进行障碍物探测后障碍物仍然存在而导致车门依旧无法关闭时，该车门会自动完全打开，此时司机只有先按开门按钮打开列车该侧所有车门，然后再按关门按钮才能将未关闭的车门关闭。由于再次打开所有车门通常会导致更多的乘客挤在车门中间，此时所有车门都将无法关闭。上述现象在客流高峰时段显得尤为突出，严重影响了地铁的正点运营。车门增设再关门功能后，取消了车门自锁信号，司机不用进行开门操作，只需要再次按下关门按钮，列车控制系统就会再次发出关门脉冲信号，并只对未关闭的个别车门进行再关门操作。

4. 关门夹紧力的调整

地铁列车客室车门关门夹紧力大小与乘客安全和车门故障密切相关。关门夹紧力值太小会由于乘客拥挤而造成车门无法正常关闭，车门也容易产生故障，对列车运营有比较大的影响；关门夹紧力值太大又会增加夹伤乘客的几率，对乘客人身安全造成较大威胁。

车门原设计的关门夹紧力均为 150～200 N，再开门功能频繁启动，车门无法正常关闭。为了降低车门对运营的影响，同时保证乘客不会被车门夹伤，进行了一系列关门夹紧力的试验。试验发现，车门夹紧力会随着障碍物探测次数的增加而在预设夹紧力值范围内由小到大逐步增加，这样就使得乘客在车门夹紧力较小的时候就能脱身,有效降低了夹伤乘客的几率。实际运营情况和试验结果表明,较为合理的设置方法是:列车车门障碍物探测次数设为 6 次,每次的探测之后关门夹紧力分别设为 150 N,200 N,260 N,260 N,260 N,260 N。该调整方案既可以保证乘客人身安全,也可以一定程度上降低列车车门故障率及故障导致的晚点率。

本章小结

城市轨道车辆的车门系统一般包括门页、上部执行器、车门控制板和车门切除系统。其中上部执行器中的电子门控单元是车门的核心控制单元,具备以下功能:驱动系统控制功能、内、外部通信功能、车门工作状态监控与诊断功能和故障显示与存储功能。

目前城市轨道车辆的车门种类较多,按其开启方式区分主要有内藏门、外挂门、塞拉门三种形式;按其驱动方式区分又有电气风动门和电控驱动门两种类型,另外在轨道车辆驾驶室前端还设有逃生门,以方便在紧急情况下的乘客疏散和维修。

车门系统可通过增加门控旁路开关、更改车门障碍物探测次数、增加车门再关门功能和关门夹紧力的调整等方式进行整改,从而既可以进一步保证乘客人身安全,也可以一定程度上降低列车车门故障率及故障导致的晚点率。

思考题

1. 简要叙述内藏门、外挂门和塞拉门的主要特征。
2. 简述 EDCU 的主要功能。
3. 导致车门常见故障的主要因素有哪些?

第6章　电力牵引系统

6.1　电力牵引系统发展概况

电力牵引是一种将电能作为动力的牵引方式。城市轨道交通车辆的电力牵引系统的基本功能是车辆经牵引供电网络吸取电能转变为驱动车辆所需的机械能；并且在必要时将车辆的机械能变成电能，对车辆实施电制动。所以在电力牵引系统中的主要组成部分即是机电能量的变换装置——电机，并且电力牵引系统以牵引电机为控制对象，通过对电机的牵引力和速度进行调节，以满足车辆牵引和制动特性的要求。

城市轨道交通车辆电力牵引系统通常根据牵引电机及其控制方式进行分类。应用于城市轨道电力牵引系统的牵引电机根据其结构特征分为旋转电机与线性（直线）电机两大类，而旋转电机又可分为直流电机与交流电机两大类，通常也可根据传动系统将其分类为直流传动系统和交流传动系统，而采用线性电机的传动系统称为线性电机传动系统。采用直流电机的传动系统的控制方式有凸轮变阻、斩波调阻及斩波调压三种方式，而交流电机及线性电机的调速通常使用变压变频的控制方式，牵引电机及其控制方式具体的分类，如图6.1所示。

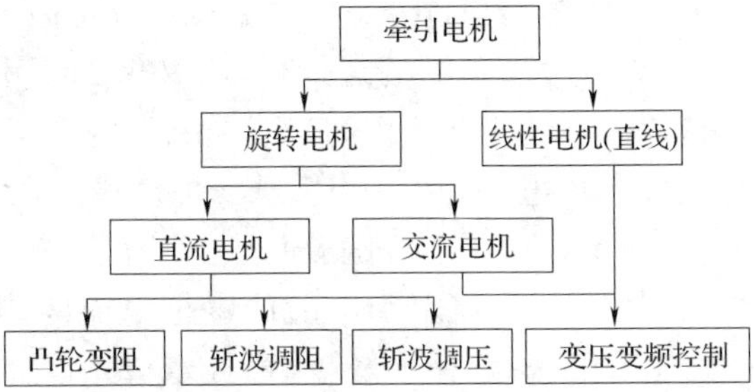

图6.1　牵引电机及控制方式分类图

无论哪种牵引电机使用哪种控制方式，最终都要靠控制电机输入电能的特性来控制牵引电机输出的牵引力和牵引速度，即需要将牵引供电网络的电能变换为牵引电机所需要的电能供给牵引电机。实现对电能进行变换和控制的技术称为电力变换技术，亦称电力电子技术，而实现电力变换功能的装置称为电力电子变流装置，其核心组成为电力电子器件。通常所用的电力有交流和直流两种，由此将电力变换分为四大类，即交流变直流（AC—DC）、直流变交流（DC—AC）、直流变直流

(DC—DC)、交流变交流(AC—AC),如表6.1所示。交流变直流称为整流,直流变交流称为逆变。直流变直流是指一种电压(或电流)的直流变成另一种电压(或电流)称为直流斩波。交流变交流可以是电压或电力的变换,称为交流电力控制,也可以是频率和相数的变换。

表6.1　电力变换的种类

输出＼输入	直流(DC)	交流(AC)
交流(AC)	逆变	交流电力控制变频、变相
直流(DC)	直流斩波	整　流

城市轨道电力牵引系统的发展主要是根据牵引电机种类、控制方式、电力电子技术的发展为主线的。

以直流电机作为牵引电机是最早应用于城市轨道车辆的传动方式,直流牵引电机主要采用串激形式,通过改变电机端电压或激磁电流调节电机转速,具有良好的牵引性能,且技术可靠,因此在电力牵引领域得到广泛的应用。直流牵引电机传统的调速方法是采用有触点电器和电阻换接相结合的方法来实现有级调速,由于串入电阻调速,使直流电机机械特性变软,并且电阻增加了损耗,效率降低。自从大功率半导体功率器件问世后,直流斩波控制取代了传统的调阻控制,牵引性能与调节效果明显改善。到了20世纪80年代,大功率自关断电力电子器件实现重大发展,特别是门极可关断晶闸管(GTO——Gate Turn-Off)的容量达到4 500 V/3 000 A的实用水平,斩波电路大大简化,工作频率也有所提高,且减少了平波电抗器和滤波电容器的体积,既改善了车辆的运行性能,又做到了小型化、轻量化。据有关资料介绍,德国的AEG-TELEFUNKEN公司于1983年研制成功180 kW GTO斩波器,已用于城市无轨电车;到20世纪80年代末期,香港地铁车辆、伦敦本部Docklands轻轨车、伦敦地铁动车、丹麦地铁动车、南非的电力机车等相继都成功地运用了GTO斩波器实现直流牵引电机的电枢电流控制或磁场控制,随着20世纪90年代新一代电力电子元件——绝缘栅极双极型晶体管(Insulated Gate Bipolar Transistor IGBT)和智能功率模块(Intelligent Power Module IPM)的问世与大容量器件的成功研制,IGBT(或IPM)斩波器迅速在地铁动车和轻轨车辆传动系统中得到应用。

直流牵引电机存在的主要缺点是有电刷和换向器,随之带来的问题是电机在高速时换向困难、结构复杂、工作可靠性差、制造成本高及维修保养困难。随着大功率电力电子器件制造技术的不断提高和交流电机控制理论的发展,可变频变压的逆变器解决了交流电机的调速控制问题。采用异步牵引电机驱动的交流传动系统迅速崛起，并使轨道车辆的电力传动技术跨越了一个很高的台阶。异步牵引电机消除了由于换向器和电刷所引起的一系列实际问题，并且有结构简单、维护方便、体积小、质量轻、转速高、功率大、能防滑、黏着利用好等一系列优点，被公认为是城市轨道车辆电力传动的一项重大革新，因而得到国内外的广泛应用。

直线电机牵引是目前最先进的牵引方式之一，技术成熟。用于地面运输车辆的直线电机，给人们印象最深的莫过于用它来驱动高速磁悬浮列车，事实上，直线电机另一个较大的应用领域是将直线感应电机用作为轨道车辆的动力。在这种驱动方式中，车辆的支撑和导向与传统的用旋转式电机驱动的铁道车辆一样是依靠车轮和轨道来完成的，而推进力则是由直线电机产生，车速在 70 km/h 左右。鉴于直线电机驱动方式的优点以及技术与经济上的现实可行性，在一些先进国家率先被成功用于车辆的动力装置，在实际运营中，直线电机车辆逐渐被人们接受。我国早在上世纪 80 年代已开始这种渠道方式的运载系统，但一直处于系统选择可行性研究，到了上世纪 90 年代，随着磁悬浮铁路系统试验线及试验车的研制，开始了直线电机及其控制系统设备研制。其中，北京轨道交通首都国际机场线和广州轨道交通 4、5、6 号线，根据沿线的环境要求，均采用低噪声的新型交通制式直线电机系统。

直线电机车辆有着断面小、爬坡能力强、转弯半径小、良好的牵引和制动性能、噪声小、寿命长等优点，直线电机驱动的小断面地铁车辆为我们提供了一种降低造价的选择。但是与普通的旋转电机相比，它的效率和功率因数较低。直线电机系统一次侧和二次侧的气隙对直线电机的性能影响较大，所以对轨道、反作用板、轨枕的尺寸精度及安装精度，直线电机的安装精度及支撑结构都相应有较高的要求。因此国内以直线电机作为电力牵引电机的轨道交通车辆应用并不广泛。

综观国外城市轨道车辆电力牵引发展情况，现代城市轨道车辆电力传动系统具有以下特点：

(1)广泛应用三相异步牵引电动机及逆变器，使用变频变压技术。

(2)牵引变流器广泛采用了 IGBT(或 IPM)模块作为主开关器件，由于该类电力电子器件具有很高的开关频率，从而使电源输出特性更高，控制能力更强。

(3)微电子技术在地铁车辆的牵引、制动、辅助控制、信息显示和储存、防滑与防空转控制及行车安全等方面得到了广泛的应用。

(4)车辆的制动，除了采用摩擦(空气)制动外，还采用了动力(电)制动技术，如电阻制动、再生制动及磁轨制动等，以提高运行中的节能效果与安全性。

(5)电力牵引系统与列车自动控制系统紧密结合。

就我国而言，城市地铁与轻轨建设起步较晚，但随着改革开放与国民经济的发展日益得到重视，特别是进入二十一世纪以来，我国的城市轨道交通得到了迅猛的发展。我国地铁车辆的发展，按其传动与控制方式可分为直流调阻车（如早期北京地铁一号线车辆）、直流斩波车（如早期上海地铁一号线车辆）和交流传动（目前大部分被城市轨道交通车辆使用），其发展趋势与世界牵引技术发展主流一致。

6.2 城市轨道交通车辆电力牵引系统特性

为了满足城市公众对大容量快速交通的需求，主要在市内和市郊运行的城市轨道交通车辆，为适应城市环境，需要在地下隧道或高架运行，城市轨道交通系统具有以下特点：

（1）站距短，线路曲线半径小，坡度大；

（2）客流量大而集中，乘客上下车频繁，高峰时可能严重超载；

（3）为了尽量缩短乘客的乘坐时间，要求有较高的旅行速度，特别是较大的起动加速度和制动减速度；传动系统应效率高、能耗少，尽量减少发热，减轻自重；

（4）控制系统更可靠、精确，并有良好的适应能力。

这些特点都对城市轨道交通电力牵引系统提出了更高的要求。而牵引电机是城市轨道交通车辆的核心，因此对牵引电机也提出了更高的要求：体积小、质量轻、输出功率大、效率高、能在列车启动时输出较大的启动转矩，并能在很宽的速度范围内平滑调速，以便实现对列车的转矩控制。

城市轨道车辆在运行中，在每个站间区内，一般有三个典型区域构成：即牵引加速区、惰行区和制动减速区，其典型的速度变化曲线如图 6.2 所示。

对于在较长的站间城市轨道交通车辆，在牵引加速区与制动减速区之间除惰行区外还可能有恒速（或限速）运行区域。

为满足车辆运行的需要，城市轨道交通车辆电力牵引必须具备三种基本的牵引特性，即恒力矩特性、恒功率特性和自然特性，牵引电机必须满足如图 6.2 中所示的车辆牵引力（或制动）——时间特性，图中制动力特性是对应于单独采用电气制动方式的情况。以上海地铁 2 号线车辆为例，列车的加速过程为：0～36 km/h 为恒力矩加速；36～50 km/h 为恒功率加速；50～80 km/h 以自然特性加速。

图 6.2 中的电机牵引特性和制动特性，表明了牵引电机和传动系统应该具有的工作能力。对于干线机车或长距离运行的电动车组的交流电动机，图中的某一段的某一点（往往在牵引曲线 A～B 区域内）对应的工作能力（转矩、转速）被定义为额定工作点。对于城市轨道电动车（组），电传动系统一直工作在瞬变过程中，负载变化强烈，电机大部分时间运行于过载状态，电机的额定工作点及其额定参数仅用于电机的考核。

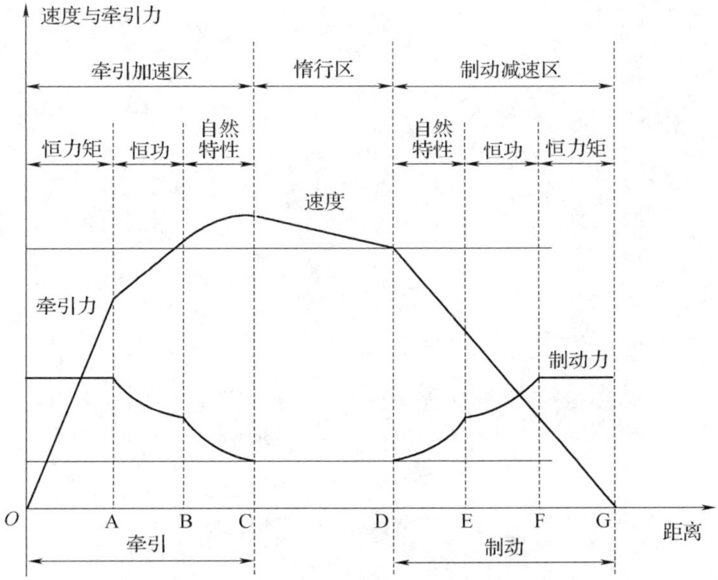

图 6.2　车辆运行曲线(运行时分图)与电机特性控制方式

6.3　牵引供电方式

轨道交通供电方式主要有接触网供电和第三轨供电两种,如图 6.3 和 6.4 所示,而从国内外铁路及城市轨道交通所采用的供电制式来看,大致有 AC 25 kV 50 Hz,AC 15 kV 16 2/3 Hz,DC 3 000 V,DC 1 500 V,DC 750 V,DC 600 V 这几种。这些供电制式的出现和延续与某一时期的经济技术发展状况以及社会背景有关,这是历史遗留下来的问题。如欧洲一些国家铁路为了满足国际联运和越区运营的需要,许多机车采用双流制或多流制供电方式,即同一机车在不同区域可分别采用不同频率和电压的交流供电和直流供电。

单相工频 25 kV 交流制一般适用于运量大、负荷重、速度高、运输距离长的干线电气化铁路,具有更高的经济效益;直流牵引供电制式适用于列车功率不大、供电半径较小、列车密度高且启动频繁的城市轨道交通。我国国家标准《地铁直流供电系统》规定为 DC 750 V 和 DC 1 500 V 两种,一般 DC 1 500 V 电压采用架空接触网馈电方式,如上海广州和深圳等城市轨道线路,DC 750 V 电压采用第三轨馈电方式,如北京天津和长春城市轨道线路。

对不同的供电制式,需要车辆具有相应的变流设备,其中使用 AC 25 kV 50 Hz受电的车辆其牵引、电气传动系统比较复杂,需要进行变压、整流、逆变三次

图 6.3 接触网供电图

图 6.4 第三轨供电图

电能变换，绝缘要求也较高，总的制造成本较高；而 DC 1 500 V 或 750 V 受电的车辆其牵引、电气传动系统简单，只需逆变一次电能变换，车辆制造成本较低，其缺点是网压较低，电流密度大，电能损耗大，线路建设成本较高，且存在“迷流”对轨道、建筑及附近设施的腐蚀等危害。随着我国城市化进程的加快，城市轨道交通逐步向市郊扩展，如果与市郊铁路、城际铁路连接，也可能出现多流制供电方案，这对车辆电气传动系统特别是车辆受电装置及变流设备提出了更高的要求。

6.4 城市轨道交通车辆电力牵引系统组成

根据电力牵引的基本功能，城市轨道交通电力牵引系统的能量传动过程一般为车辆通过受流装置从牵引网络获得电能，其中当牵引供电方式为接触网供电时，受流装置为受电弓，当牵引供电方式为第三轨供电，受流装置为受电靴。当车辆为牵引工况时，受流装置获得的电能一部分供给辅助供电，其余电能通过车载的变流装置将电能调制成所需要的电能后供给牵引电机使用，此时牵引电机将电能变成机械能，以一定的转速和转矩从电机机械端口输出；当车辆处于电制动工况时，则牵引电机将车辆的机械能变成电能，从而产生制动力。通常由电机机械端口输出的机械能需要通过齿轮传动箱减速之后驱动轮对转动，轮对通过与钢轨之间建立的黏着从而驱动车辆运行。牵引电机作为同时具有电气端口与机械端口的机电能量变换装置，将城市轨道车辆电力牵引系统分为了电气传动部分和机械传动两部分，城市轨道车辆电力牵引系统能量流图如图 6.5 所示。

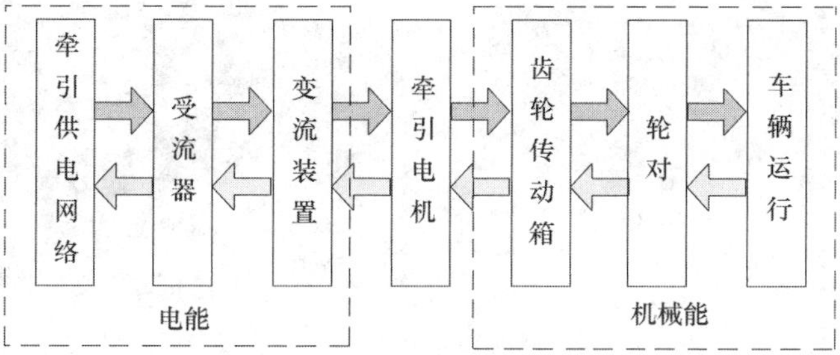

图 6.5　城市轨道车辆电力牵引系统能量流图示意图

图 6.6 即以上海轨道交通 1 号线列车为例的一个三节编组单元列车的电气传动部分示意图。其中该单元包括一节不带牵引装置的 Tc 车，一节带受电弓及牵引装置的 Mp 车和带牵引装置的 M 车，故 Tc 车称为拖车，Mp 车及 M 车为动车。Mp 车及 M 车的牵引主电路通过高速断路器进行通断，M 车牵引回路的电能通过车钩的电气接口从 Mp 车获得。

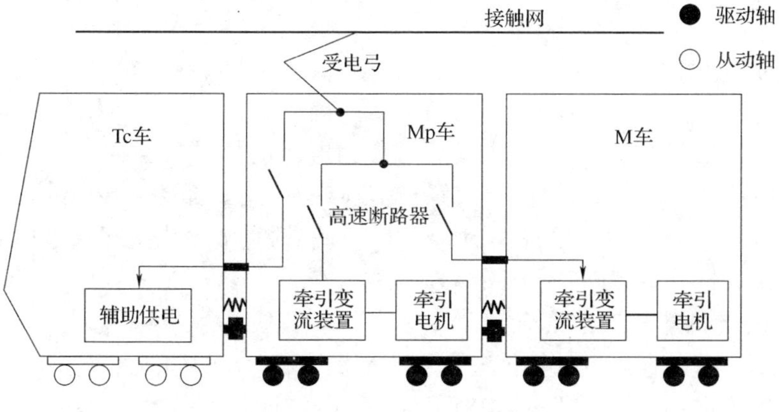

图 6.6　城市轨道车辆电气传动示意图

获得的电能通过牵引变流装置进行电力变换后供给牵引电机产生机械能，通过机械传动装置最终驱动列车运行。在动车上一个牵引电机驱动一对轮对，因此一节具有两个转向架的动车由 4 个牵引电机驱动，具有牵引电机驱动的轴被称为驱动轴，没有牵引电机驱动的轴被称为从动轴。图 6.7(a)(b)分别为上海地铁列车为例的机械传动局部图与整体示意图。

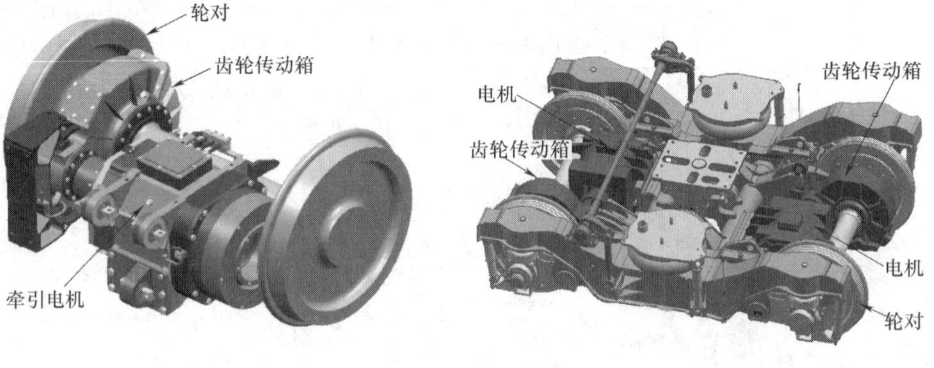

(a)机械传动局部图　　(b) 机械传动整体图

图 6.7　城市轨道车辆电力牵引机械传动示意图

一般意义上，电力牵引系统仅指电力传动部分，所以城市轨道车辆电力牵引系统通常主要由受流装置、牵引变流装置、牵引电机、制动电阻、高速断路器、电抗器、速度传感器等组成。

6.5　城市轨道交通车辆直流电力牵引系统

6.5.1　直流电机

1. 直流电机组成

直流电机主要由定子(固定部分)和转子(转动部分，亦称电枢)两大部分组成。定子的作用是用来产生磁场，提供磁路和作为电机的机械支撑。转子部分是用来产生感应电势和电磁转矩从而实现机电能量转换的主要部件。转子通过轴承与定子保持相对位置，使两者之间有一个空气隙。此外，直流牵引电机通过电刷装置中的电刷和换向器接触，使转子电路与外电路相连。

2. 直流电机基本工作原理

图 6.8 为两极直流电动机模型。在不动的磁极 N、S 中间放置电枢线圈，线圈两端分别连接在两个换向片上，换相片上压着一对固定不动电刷 A 和 B，电刷 A 加电源的正极，电刷 B 加电源的负极。将直流电源接在两电刷之间而使电流通过

电枢线圈。

由于导体 ab 中电流的实际方向是从外向里，根据左手定则，导体 ab 在 N 极下所受的力的方向是向左的；而导体 dc 中电流的实际方向是从里向外，导体 dc 在 S 极下所受的力的方向是向右的。这样作用在线圈上的电磁转矩的方向为逆时针方向，结果使电枢朝逆时针方向转动。

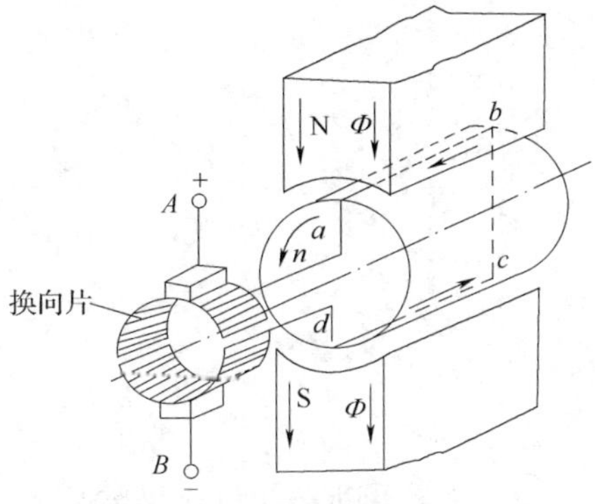

图 6.8 两极直流电动机模型

当导体 ab 转到 S 极下，而导体 dc 转到 N 极下，由于电刷 A 和 B 是静止的，电流总是从正极性电刷 A 流入，由负极性电刷 B 流出。因此，转到 N 极下的导体电流总是由外向里流，转到 S 极下的导体的电流总是由里向外流。根据左手定则判断，作用在线圈上的电磁转矩的方向始终不变，并使直流电机继续朝同一方向旋转。这就是直流电动机的工作原理。

当原动机拖动电枢以恒定速度 n 沿逆时针方向旋转时，根据电磁感应定律，就会在线圈中感应出电动势，当电机的输出端接入负载时，产生电流输出，这就是直流发电机的基本工作原理。在直流电机的两电刷端上，加上直流电压，将电能输入，电机即将电能变换成机械能而成为电动机；如用原动机或外力矩拖动直流电机的电枢转动，而电刷上不加直流电压，电枢绕组切割定子磁场产生电动势，电机将机械能变换成电能而成为发电机。在牵引系统中，利用这种可逆原理实现了电机的牵引与制动。

3. 直流电机励磁方式

在直流电机中，由磁极的励磁磁势单独建立的磁场是电机的主磁场，也称励磁磁场。励磁方式是指对主磁极励磁绕组的供电方式。直流电动机的运行性能因励磁方式的不同会有很大不同。直流电机根据励磁绕组与电枢绕组的连接方式主要分为他励、并励、串励和复励四种，如图 6.9 所示。

图 6.9 (A)为他励直流电机，励磁绕组与电枢绕组无连接关系，两部分单独供电。

图 6.9 (B)为并励直流电机，励磁绕组与电枢绕组并联。

图 6.9 (C)为串励直流电机，励磁绕组与电枢绕组串联。

图 6.9 (D)为复励直流电机，这种直流电机的主磁极上装有两个励磁绕组，一个与电枢电路并联（称为并励绕组）。另一个和电枢电路串联（称为串励绕组）。

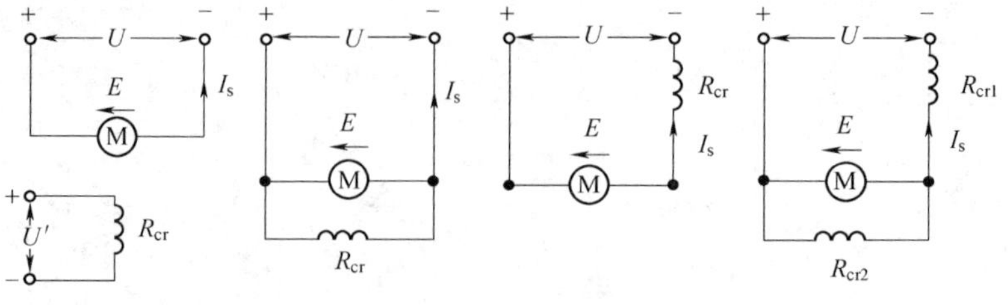

图 6.9 直流电动机的分类

4. 直流串励电动机机械特性

电动机是用来拖动车辆运行的，而车辆运行对电动机提出的主要要求是转速和转矩。电动机的转速和转矩间的关系被称为电动机的机械特性。在城市轨道车辆牵引中，主要使用的是串励直流电动机，所以这里主要介绍串励直流电动机的机械特性。图 6.10 即为串励电动机的机械特性曲线，转速 n 大体是与$\sqrt{T}$ 成反比。具有转速低的情况下，电机转矩很大，有利于重载启动；转矩小的情况下，它的速度相当高。

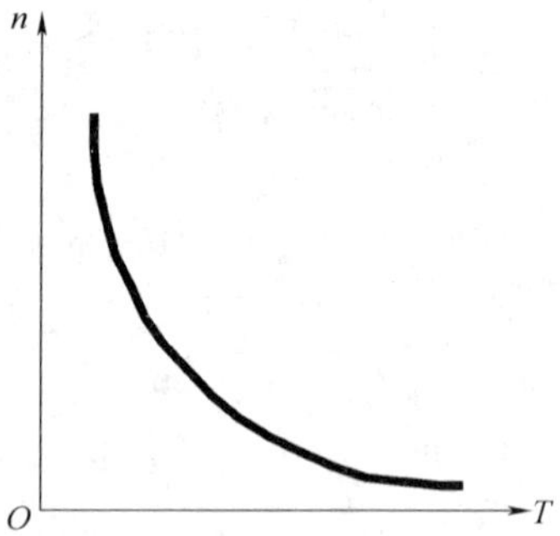

图 6.10 串励直流电动机的机械特性

6.5.2 直流牵引调速系统

1. 直流牵引电动机的基本调速方法

对于电力传动机车或地铁动车，在运行中经常需要根据线路和运行工况选择合适的运行速度，这就要求牵引电动机能在较宽的范围内均匀而经济地调速，且要求调速设备简单，操作方便。

由直流电动机的转速表达式可表示为：

$$n=\frac{U-I_d\sum R}{C_E\ \Phi} \qquad 式(6.1)$$

式中 n——转速(r/min)；

U——电枢电压(V)；

I_d——电枢电流(A)；

$\sum R$——电枢回路总电阻(Ω)；

Φ——励磁磁通(Wb)；

C_E——由电机结构决定的电动势常数。

在上式中,C_E 是常数,I_d 是由负载决定的,因此调节电动机的转速可以有三种方法:调解电枢供电电压 U、减弱励磁磁通 Φ 和改变电枢回路电阻 $\sum R$。

2. 直流牵引电动机调速的基本形式

对于要求在一定范围内无级平滑调速的系统来说,以调节电枢供电电压的方式为最好;采用弱磁调速方法可实现电机在基速以上的升速。在城市轨道车辆电力牵引中,通常是调压及弱磁两种方式的混合使用,以达到所要求的牵引特性。

(1)调节端电压

随着半导体技术的飞跃发展,直流牵引普遍采用斩波调压,能对电动机的端电压进行连续、平滑地调节,实现平稳调速。如图6.11所示,画在圆圈内的晶闸管表示一个斩波器,它代表一个理想开关,如果斩波器有规则地导通和关断,每次导通的时间为 t_{on},关断的时间为 t_{off},则 $T=t_{on}+t_{off}$,T 称为斩波周期,而 $\alpha=t_{on}/T$,其中 α 称为导通比。不难看出,负载电压的平均值为:

$$U_{RL}=U\frac{t_{on}}{T}=\alpha U \qquad \text{式(6.2)}$$

由上式可见只要调节 α,即可调节负载的平均电压,这就是直流斩波电路基本原理。

导通比的控制可以用3种不同的方式来实现,如图6.12所示:

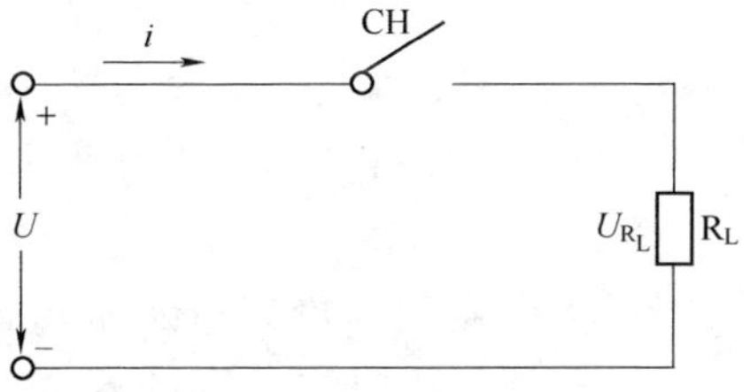

图6.11　直流斩波电路原理

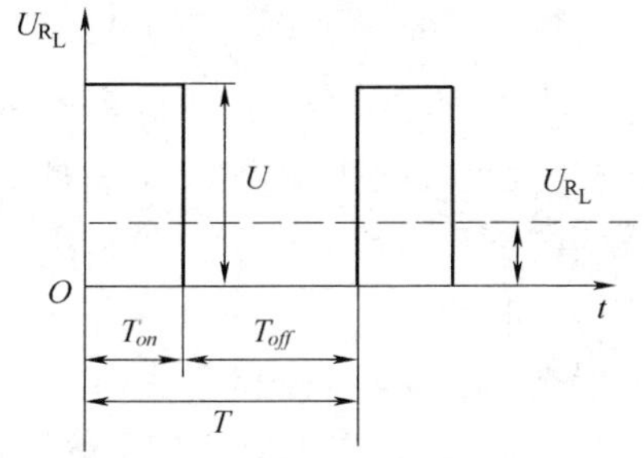

图6.12　直流斩波电压波形

① 脉冲宽度控制(定频调宽)——改变导通时间 t_{on},而斩波周期 T 不变。

② 频率控制(定宽调频)——保持 t_{on} 为常数,而改变斩波周期 T。

③ 脉宽和频率的综合控制——通常是分段地改变斩波周期 T,而连续地控制 t_{on}。

第一种方法由于斩波器的基本频率固定,通过调节导通比来调节电压,所以易于设计滤波器消除高次谐波;第二种方法控制电路比较简单,但斩波器的频率是变化的，所以滤波较难，且对通信讯号干扰可能性较大，使用较少；第三种方法通常只用于要求在很大范围内调节的负载。

(2)调节主极磁通

主极磁通的调节往往采用减小电机主磁通的办法，提高机车或电动车组的速度，因此亦称为磁场削弱。城市轨道车辆主要利用斩波调磁的方法来实现，亦如图 6.11 所示通过改变斩波器的导通比从而改变励磁电压大小。

6.5.3 牵引主回路及控制

直流传动系统主回路结构框图如图 6.13 所示。其工作原理如下：

受电弓 1 和接地开关 4 将直流电网中网侧电压(DC 1 500 V 或 DC 750 V)引入电动车组中，当电动车组出现短路、过流、接地等故障时，由主断路器 2(牵引断路器)切断直流电源，对电动车组实现故障保护；线路滤波电抗器 6 和线路滤波电容器 7 组成线路滤波器，用于对网侧电压进行平波处理；充电电阻 R_{ch} 组成线路滤波器的充电电路，实现线路滤波器的软启动；软启动结束后，由负载接触器 5 将 R_{ch} 切断；司机控制器 12 将控制指令(速度、转矩)经触发脉冲信号发生器 10 控制电子控制装置 11 输出斩波器或凸轮调速变阻器 8 的控制脉冲；滤波处理后的直流电源通过斩波器或凸轮调速变阻器 8 将直流电源变换成幅值可变的直流电源，驱动直流牵引电机 9 运行；电压检测环节 3 用作对电动车组电压进行实时检测。

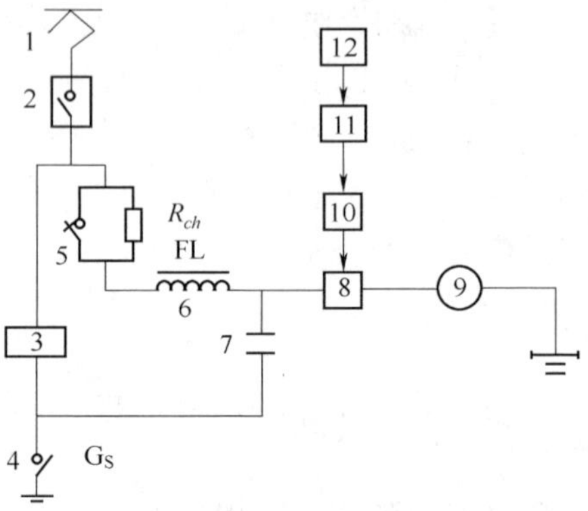

图 6.13 直流传动系统主回路结构框图

根据牵引要求，控制应使列车尽可能平稳，即尽可能实现恒加速与减速，故斩波器控制应采取恒流牵引与恒流制动方式。随着半导体微处理器技术的发展，现在微型计算机控制已广泛用于控制电路，代替了使用传统的模拟电路。

6.6 城市轨道交通车辆交流牵引系统

6.6.1 交流电机

1. 三相异步电动机基本结构

三相异步电动机主要是由定子和转子两大部分组成的，其中定子为静止不动部分，转子为旋转部分，定子和转子之间是空气隙，如图 6.14 所示。

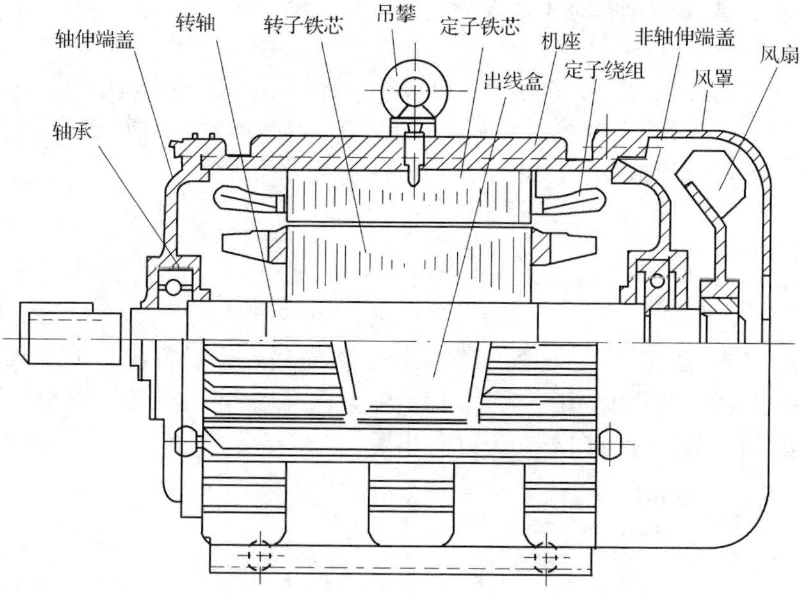

图 6.14 三相异步电动机的结构

定子是电动机磁路的一部分，它由定子铁芯、定子绕组、机座、端盖及轴承等部件组成。其中定子铁芯的内圆周表面有冲槽，用以放置对称三相绕组。转子部分是用来产生电磁转矩从而实现机电能量转换的主要部件。三相异步电动机的转子根据构造上不同分为两种型式：鼠笼式和绕线式。鼠笼式的转子绕组做成鼠笼状，就是在转子铁芯的槽中放铜条，其两端用端环联接，如图 6.15 所示。绕线式的构造如同定子绕组一样，也是三相对称绕组。

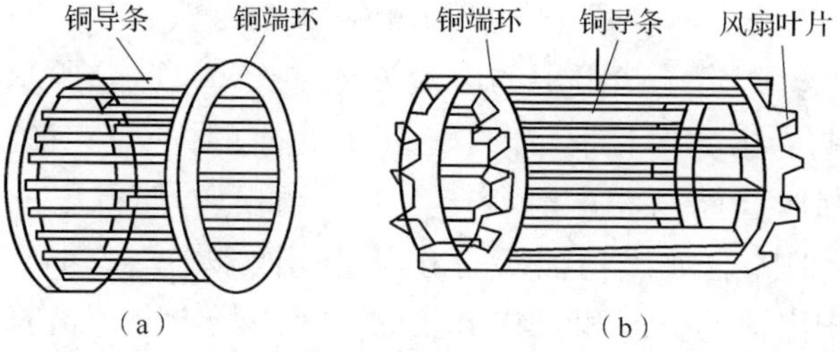

图 6.15 鼠笼式转子

鼠笼式和绕线式只是在转子的构造上不同，它们的工作原理是一样的。鼠笼式异步电动机由于构造简单、价格便宜、运行可靠、维护方便，因此成为城市轨道车辆中使用最广泛的一种电动机。

2. 三相异步电动机基本工作原理

(1)旋转磁场的产生

三相异步电动机的定子铁芯中放有三相对称绕组 AX、BY 和 CZ；三相对称绕组连接成星形，连接到三相对称电源上，如图 6.16(a)所示，这样三相绕组便流过三相对称电流，其瞬时表示式如下：

$$i_A=\sqrt{2}I\sin\omega t \quad 式(6.3)$$

$$i_B=\sqrt{2}I\sin(\omega t-120°) \quad 式(6.4)$$

$$i_C=\sqrt{2}I\sin(\omega t+120°) \quad 式(6.5)$$

电流的波形，如图 6.16(b)所示。取绕组首端到尾端的方向作为电流的参考方向。在电流的正半周时，其值为正，其实际方向与参考方向一致；在电流的负半周时，其值为负，其实际方向与参考方向相反。

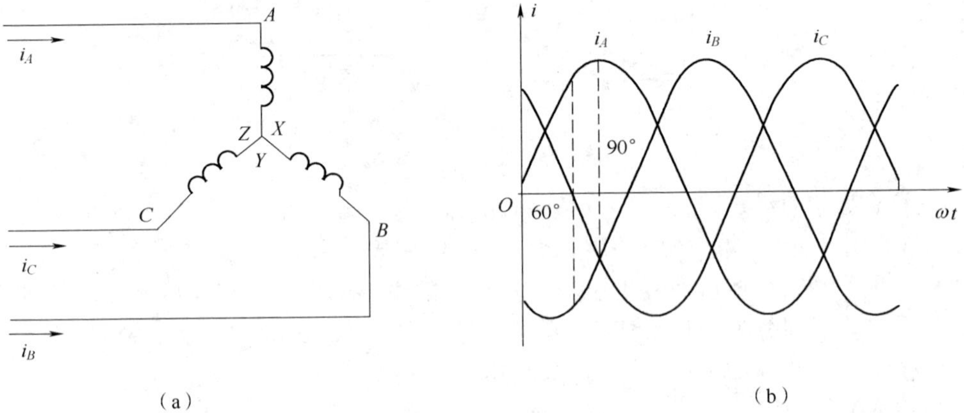

图 6.16 三相对称电流

在 $\omega t=0$ 的瞬时，定子绕组中的电流方向如图 6.17(a)所示。这时 $i_A=0$；i_B 是负的，其方向与参考方向相反，即自 Y 到 B 是正的；i_C 是正的，其方向与参考方向相同，即自 C 到 Z。将每相电流所产生的磁场相加，便得出三相电流的合成磁场。在图 6.17(a)中，合成磁场轴线的方向自上而下。图 6.17(b)所示的是 $\omega t=60°$时定子绕组中电流的方向和三相电流的合成磁场方向。这时合成磁场已在空间转过了 60°。同理可得 $\omega t=90°$时的三相电流的合成磁场，它比 $\omega t=60°$时的合成磁场在空间又转过了 30°，如图 6.17(c)所示。

由上可知，当定子绕组中通入三相电流后，它们共同产生的合成磁场是随电流的交变而在空间不断地旋转着，这就是旋转磁场。在三相电流中，电流出现正幅值

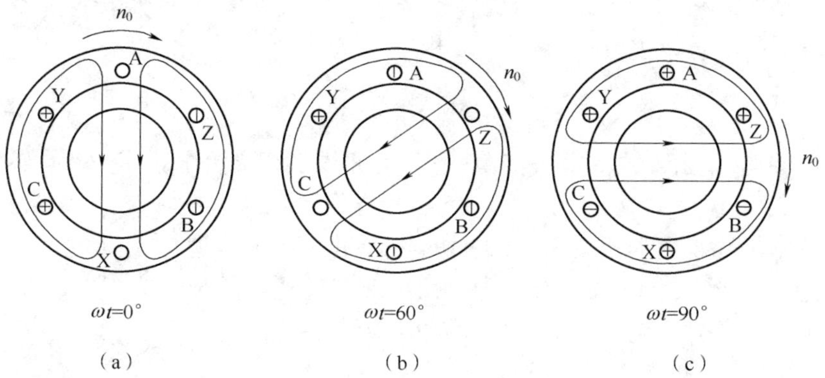

图 6.17　三相电流产生的旋转磁场($p=1$)

的顺序为 $A\rightarrow B\rightarrow C$,因此磁场的旋转方向是与这个顺序一致的,即磁场的转向与通入绕组的三相电流的相序有关。如果将三相电源连接的三根导线中的任意两根的一端对调位置(例如对调了 B 与 C 两相),则三相绕组的 B 相与 C 相对调,旋转磁场因此反转。

从图 6.17 中可以看出,上述旋转磁场是一对磁极。三相异步电动机的极对数就是旋转磁场的极对数。如果将三相定子绕组作不同的安排,也可产生两对、三对或更多磁极对数的旋转磁场。

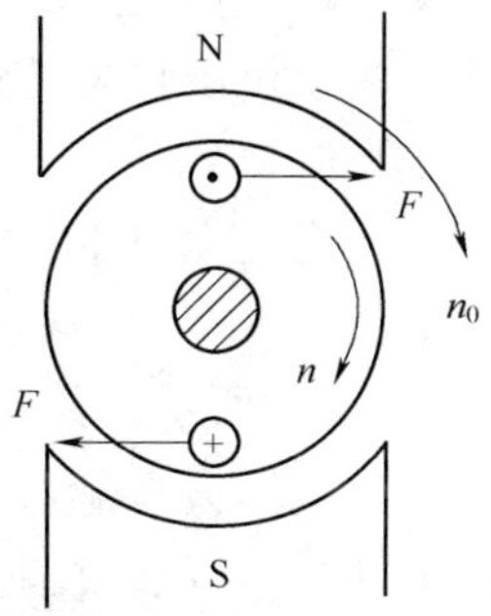

图 6.18　三相异步电动机转子转动的原理图

(2)电动机的转动原理

图 6.18 中 N,S 表示两极旋转磁场,转子中只显示出两根导条。当旋转磁场向顺时针方向旋转时,其磁通切割转子导条,导条中就感应出感应电动势。电动势的方向由右手定则确定。

在电动势的作用下,闭合的导条中就有电流。这电流与旋转磁场相互作用,使导条受到电磁力 F。电磁力的方向可以用左手定则来确定。由电磁力产生电磁转矩,转子就转动起来。由图 6.18 所示,转子转动的方向和磁极旋转的方向相同。

(3)转差率

由图 6.18 可见,电动机转子转动的方向与磁场旋转的方向相同,但转子的转速 n,即异步电动机的输出转速,不可能达到与磁场转速(亦称同步转速)n_0 相等,即 $n<n_0$。因为,如果两者相等,则转子与旋转磁场之间就没有相对运动,因而磁通就不切割转子导条,转子电动势、转子电流以及转矩也都不存在。这样,转子就不可能继续以 n 的转速转动。因此转子转速与磁场转速之间必须要有区别。这就

是异步电动机的名称的由来。而旋转磁场的转速 n_0 常称为同步转速。我们用转差率 s 来表示转子转速与磁场转速 n_0 相差的程度，即

$$s=\frac{n_0-n}{n_0} \qquad \text{式(6.6)}$$

磁场转速 n_0 由公式 6.7 决定，其中 f 为通入三相交流电频率，p 为极对数。

$$n_0=60f/p \qquad \text{式(6.7)}$$

转差率是异步电动机的一个重要的物理量。转子转速愈接近定子的磁场转速，则转差率愈小。由于三相异步电动机的额定转速与同步转速相近，所以它的转差率很小。通常异步电动机在额定负载时的转差率约为 1% ～ 9%。

3. 三相异步电动机的制动

当三相异步电动机制动时，使同步转速小于转子旋转速度，但方向相同，如图 6.18 所示，此时磁场切割转子导体的相对速度 $\Delta n=n_0-n$ 方向由电动机状态下的正变为负，则在转子上产生与电动机状态相反的转矩，即为制动转矩，此时电动机由转子传动轴输入机械功率而从定子输出电功率。

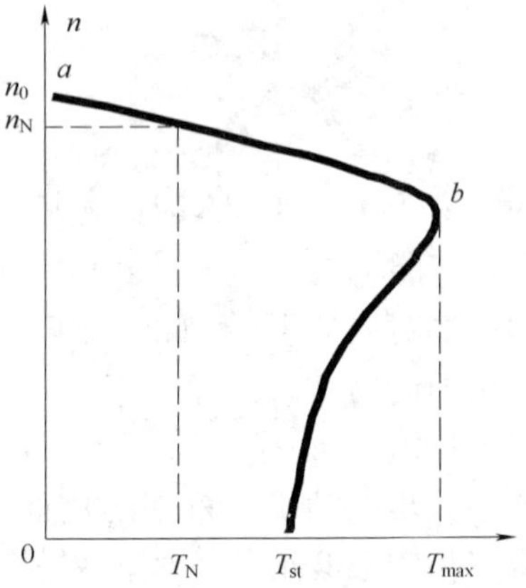

图 6.19　三相异步电动机的 $n=f(T)$ 曲线

4. 三相异步电动机的机械特性

三相异步电动机机械特性曲线 $n=f(T)$，如图 6.19 所示。其中 T_N 表示额定转矩，额定转矩是电动机在额定负载时的转矩；T_{max} 为最大转矩或临界转矩，当负载转矩超过最大转矩时，电动机将没有能力带动负载；T_{st} 为起动转矩。通常三相异步电动机都工作在图 6.19 所示特性曲线的 ab 段。

6.6.2　交流电机调速系统

由公式(6.6)和(6.7)可知，调节供电频率可以改变三相异步电机的转速，因此变频调速成为三相异步电机的主要调速方法。变频调速是把交、直流电变换为可调电压、可调频率的交流电(Variable Voltage Variable Frequency，简称 VVVF)向交流电动机供电。按供电电源不同，交流传动又可分为直交传动和交直交传动，城市轨道交通中使用的交流传动形式多为直交传动，交直交传动一般使用在干线铁路中。

一般在恒转矩启动区，为了使电动机的铁磁材料得到充分利用，电动机磁场状态维持近于饱和状态，即磁通量基本恒定。变频电源供电频率不断提高，转速不断

提高，为了保持恒定的磁通量，其端电压必须按频率的函数关系变化，其基本规律是电压与频率的比值为常数。当变频电源供电频率不断增大，转速增大到一定程度，需要进行弱磁增速，此时电压不再变化，进入恒功率调速区。

在城市轨道交通车辆中，由于交流传动的形式为直交传动，因此实现变流装置称为逆变器。以单相桥式逆变电路为例说明其最基本的工作原理。如下图 6.20(a)所示，$S_1 \sim S_4$ 为桥式电路的 4 个臂，由电力电子器件及辅助电路组成，在这里可以简化看成理想开关。当开关 S_1、S_4 闭合，S_2、S_3 断开时，负载得到的电压 u_0 为正；当开关 S_2、S_3 闭合，S_1、S_4 断开时，负载得到的电压 u_0 为负，如此周而复始，在负载上就形成了一个有着正负变化的交流电，波形如图 6.20(b)所示。

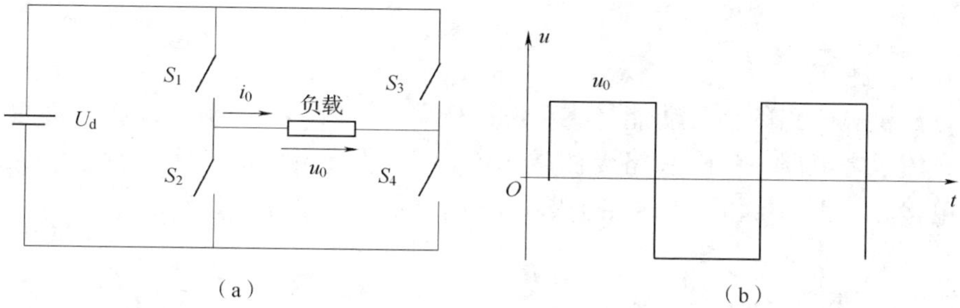

图 6.20　单相逆变电路及负载波形示意图

但由图 6.20(b)所示由上图可见输出的波形为方波，并不符合输出电压波形为近似正弦波的要求。因此在各桥臂的导通控制上引入了一种称为脉宽调制(Pulse Width Modulation，简称 PWM)的方法。即利用面积等效原理把正弦半波分为 N 等份，用一系列等幅不等宽的脉冲来代替正弦波，如图 6.21 所示。通过改变单位时间内控制脉冲组重复的次数，可以达到输出波形频率的变化控制；而通过改变单位时间内控制脉冲的数量和每个脉冲的宽度，依照面积等效原理，可以达到调节输出电压的控制要求。因此，可以用全控型电力电子器件的通断来实现调频

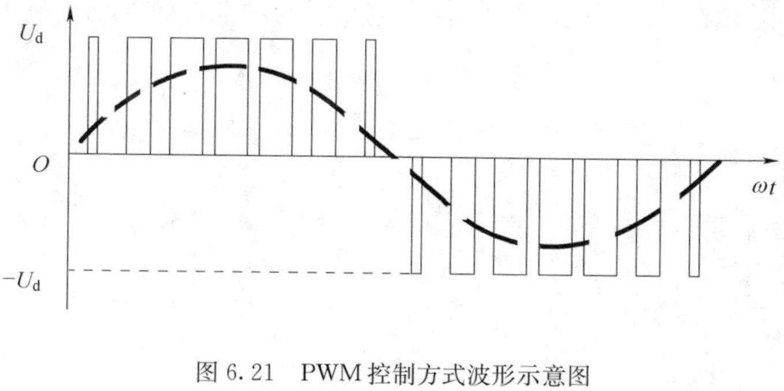

图 6.21　PWM 控制方式波形示意图

调压，最终实现调节异步电机转速和转矩的目的。

6.6.3 交流传动主回路

交流牵引系统最主要由直流供电、直流中间电路、电阻制动电路及逆变电路组成，其具体的组成见图 6.22。

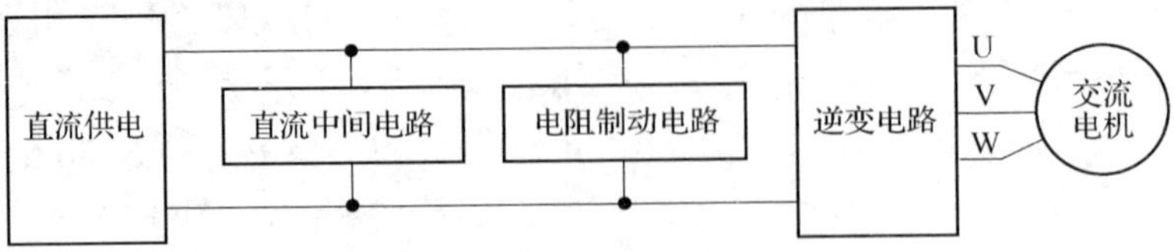

图 6.22 交流牵引系统组成示意图

1. 直流供电

直流供电电路的主要功能是将牵引逆变器与接触网的直流输入电源接通与切断。直流供电电路由一个线路接触器 K100，两个预充电电阻 R100 和 R110，一个预充电接触器 K110 和一个线路电感 L100 组成(图 6.23)。

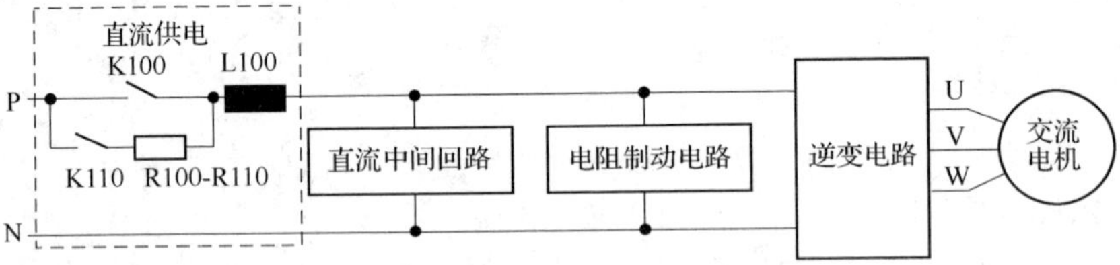

图 6.23 直流供电系统原理图

2. 直流中间电路

直流中间电路中由两个电容 C100 和 C110，一个放电电阻 BR 和短路 IGBT (V1，VD1)组成，如图 6.24 所示。当接通电源后，系统首先通过供电系统预充电接触器 K110 和预充电电阻 R100 和 R110 为直流连接电路中的线路电容 C100 和 C110 进行充电。由于预充电电阻的作用，这时充电电流非常小，电容两端的电压上升比较缓慢。

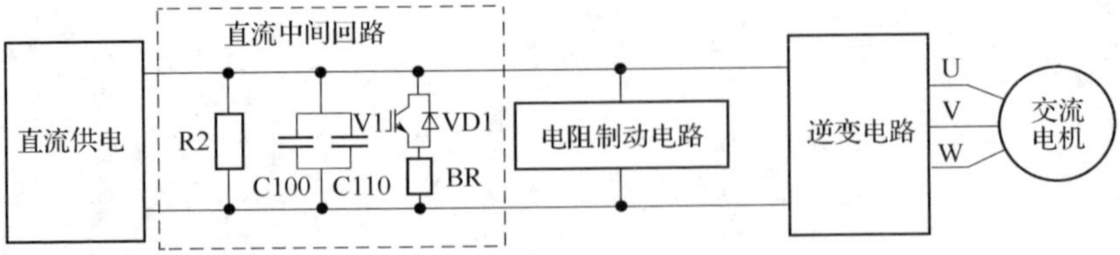

图 6.24 直流中间电路原理图

图 6.25 为在充电过程中，线路电容两端电压的变化过程。当电容两端电压达到线路电压(U_d)90%时，即 t_1 时，线路接触器 K100 吸合，预充电接触器 K110 分开，这时电源直接对电容进行充电。当电容两端电压达到线网电压时，即 t_2 时，直流连接电路的电压达到稳定状态。

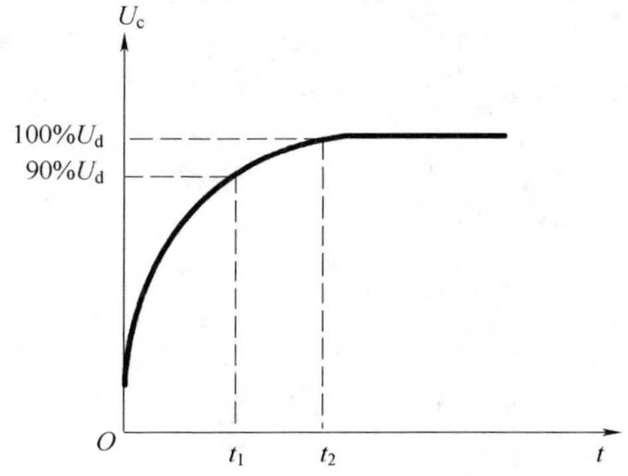

图 6.25　线路电容端电压变化过程

直流供电系统中的线路电抗器和中间直流电路中的线路电容器一起组成主逆变电路中的 LC 滤波电路，以消除电源中的谐波分量，使输入的电源比较平稳．，还可防止牵引逆变器工作在短时过压状态。如果直流连接电路及后级电路出现故障时，系统一方面通过线路电抗器抑制电流上升率，另一方面可以通过关断线路接触器和预充电接触器，使后级电路与电源分离。这样，一方面可以防止电源受到过载冲击，另一方面可以保护后级电路其他未损坏的部件，防止故障扩大。同时，根据交流电机工作的数学模型，交流电机获得视在功率 S、无功功率 Q、有功功率 P 分别为：

$$S=UI \qquad \text{式(6.8)}$$

$$Q=S\sin\varphi \qquad \text{式(6.9)}$$

$$P=S\cos\varphi \qquad \text{式(6.10)}$$

其中，U 为交流电机线电压，I 为交流电机线电流，φ 为线电压与线电流的夹角。

可以看出，交流电动机工作时的功率实际由两部分组成，有功功率和无功功率。一部分由直流电源提供，另一部分需要由电容为交流牵引电动机提供无功功率，即为整个逆变电路提供功率匹配。

当中间电路电压过高时，系统首先将直流供电系统中的接触器分断，使之与电源分离，然后，通过触发短路 IGBT，使电容对放电电阻进行放电，以降低电容两端的电压。

3. 电阻制动电路

电阻制动电路由制动 IGBT(V2、VD2)及制动电阻 BR1 组成，图 6.26 为电阻制动电路示意图。在电阻制动时，三相交流电机工作在发电状态，产生三相交流电，通过逆变电路的反过程一整流至直流电源端，产生的制动能量可通过两种途径消耗：

(1)再生制动：如果线网可以吸收能量，线网电压最高限额还没达到(如上海地铁线网电压最高额为 1 800 V),制动能量可以反馈至线网。

(2)电阻制动:如果线网不再能吸收能量(线网电压已达上限值),制动电阻电路受制动控制模块的控制,制动能量将在制动电阻上以热能的形式消耗。电阻制动可以达到机械制动的水平,但不能完全让列车停止,在一定的速度下面,牵引电机无法产生能量时,制动电阻也就失去了制动的作用,这时的列车需要机械制动来降低速度。

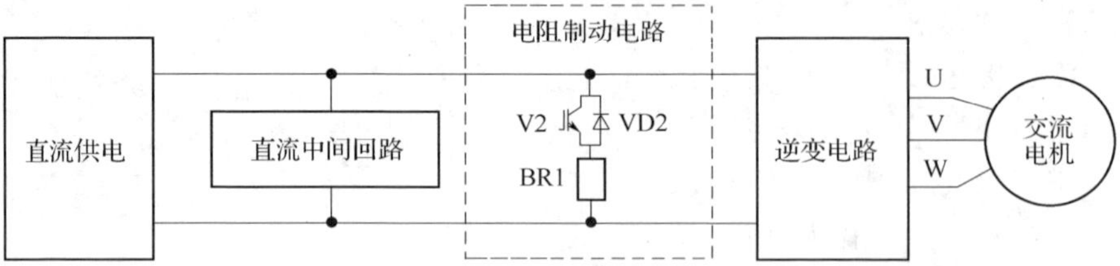

图 6.26　电阻制动电路原理图

4. 逆变电路

图 6.27 为三相桥式逆变电路示意图。

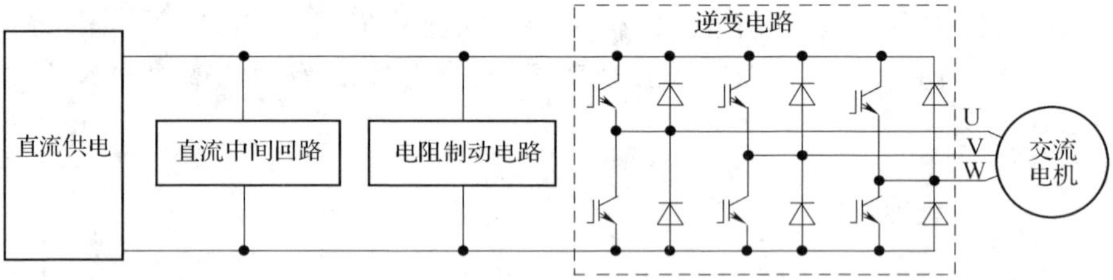

图 6.27　三相桥式逆变电路原理图

脉宽调制型逆变器由 3 个相模块组成。逆变器逐相导通,在输出端形成三相交流输出,供给牵引电机。相电压最大的幅值取决于中间电路电压,输出电压的幅值可以通过调节开关导通时间来调节。一个逆变单元由 6 个开关型半导体元件组成,目前城市轨道逆变器系统中主流采用 IGBT 管。每个 IGBT 管两端并联一个续流二极管,用来维持电机电流的连续。

6.6.4　城市轨道交通车辆电力牵引设备

以接触网供电方式的城市轨道交通车辆电力牵引的主要设备由以下部件构成:受电弓、牵引逆变箱、制动电阻箱、牵引电机部分组成。以下将介绍各部分的安装位置及简单工作原理,牵引电机不再详述。

1. 受电弓

受电弓是将电能引入车辆的重要电气设备,一般安装在 Mp 车车顶,每三节最小编组的列车配置一个受电弓。受电弓结构多样，一般根据其升降弓的动力来源分为气动式受电弓和电动式受电弓两种。受电弓一般主要由底架、升高—降低装置和接触滑板等部分组成，如图6.28为气动式受电弓结构图。通常受电弓升弓、降弓动作通过司机控制器发出命令实现，故障时也可以进行人工升降弓操作。升弓时，接触滑板与架空导线接触，将电流引入车辆内。车辆运行时，接触滑板与架空导线保持一定接触压力，使接触滑板沿架空导线滑动并保持良好接触。受电弓的受电性能在很大程度上取决于接触压力，若压力太小，则接触电阻增大且接触滑板易跳动，导致接触不良产生电弧；但压力太大，则摩擦加大，增加接触滑板与导线磨损。因此要求受电弓的机械结构能够保证接触滑板在工作高度范围内具有相同的接触压力。在“工作”位置上，受电弓在车顶的部分都处于带电状态，受电弓与车顶之间由绝缘子隔离。

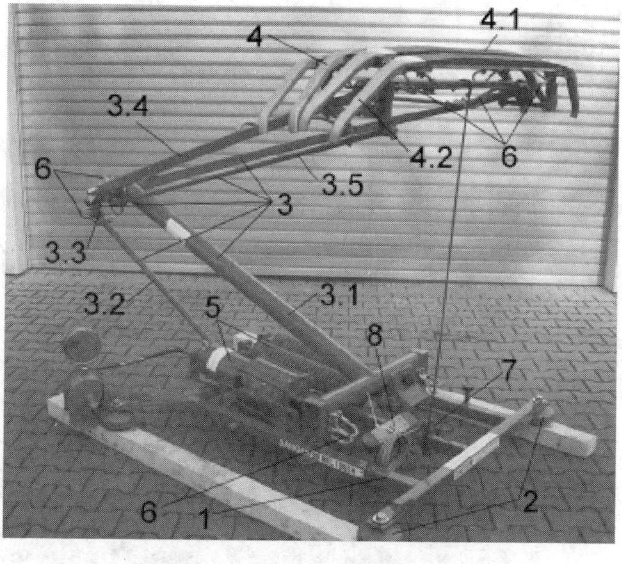

图6.28　气动式受电弓结构图

1—底架；2—绝缘子；3—构架；3.1—下臂；
3.2—下导杆；3.3—高度止挡；3.4—上臂；3.5—上导杆；
4—弓头；4.1—接触滑板；4.2—端角；5—升降装置；
6—电流传输装置；7—锁钩；8—最低位置指示器

2. 牵引逆变箱

牵引逆变装置一般悬挂于Mp车及M车车底，如图6.29所示。

牵引逆变箱中的主要的部件为牵引逆变器、绝缘接地开关、接触器、线路滤波器等，因为牵引逆变器在工作中存在损耗，会以散热的形式产生消耗，所以一般牵引逆变箱中还设有风冷或者水冷等装置。通常用来接通和断开主回路的高速断路

图 6.29　牵引逆变箱外观图

器一般也被安装于牵引逆变箱中，除此之外也有将高速断路器独立装于专用箱中。在出现严重干扰情况时，比如过流、逆变器故障或短路等，高速断路器能安全断开牵引设备与直流电网电路连接。每个牵引逆变器均通过其各自的高速断路器与直流电网电路连接，一旦有一个牵引逆变器故障，高速断路器会安全地断开。司机控制面板上也有相应的"合上"、"断开"按钮，可以控制高速断路器的接通与断开。

5. 制动电阻箱

制动电阻与牵引逆变器相连，是牵引逆变器系统的一部分，但并不安装在牵引箱内。制动电阻独立安装在动车车底部，如图 6.30 所示。每节动车装设有一台制动电阻箱，用于车辆的电阻制动。制动电阻配有冷却风扇，使制动电阻及时散热。由于在消耗电制动能量时，电阻会产生较高的温度，所以通过装在进风口的通风风扇对制动电阻进行强迫通风冷却。在通风风扇的风道中安装有压差传感器及温度传感器，通过对通风流量及温度的检测，可以监控通风风机的工作情况，以防止制动电阻因温度过高而受到损伤。

图 6.30　制动电阻安装示意图

6.7　城市轨道交通车辆用直线感应电机

6.7.1　直线感应电机的基本运行原理

1. 基本结构

绝大部分电机是利用电磁力产生旋转运动的，实际上，利用电磁力亦可以产生直线运动，直线感应电机就是典型的例子。直线电机主要由初级（相当于旋转电机的定子）和次级（相当于旋转电机的转子）两大部分构成，简单地说，直线电机的初级就好像把普通旋转电机的定子按径向剖开并将它拉直，次级也按这种方式处理，作为初级的一列线圈按一定的相序通以电流，初、次级之间就会产生电磁力。依照这一原理可以发展若干不同类型的直线电机，图 6.31 所示的是一类扁平型直线电机的结构。

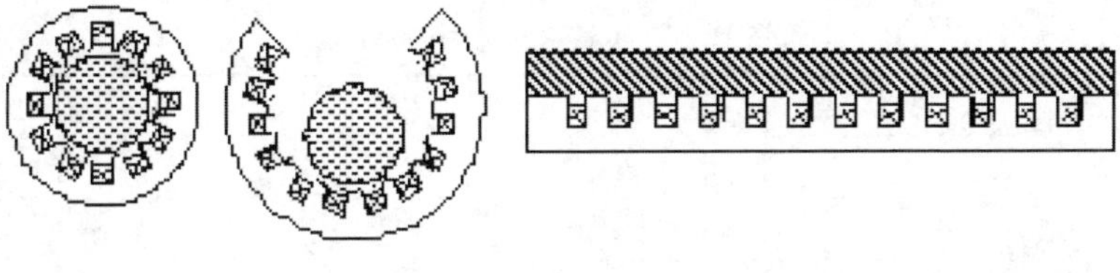

图 6.31　将旋转电机剖开拉直而得到的直感电动机

将普通鼠笼式感应电动机剖开拉直而得到的直线电机只能适用于有限的几种场合，因为允许次级（或初级）运动，就意味着“笼型”在一端出现而使初级线圈在另一端裸露时电动机失去了越来越大的部分，由此可见，如果需要以一定功率运动较长距离，初级或次级就必须延长。由此得到两类不同的直线感应电动机，即“短初级（或短定子）电机”和“短次级（或长定子）电机”，如图 6.32 所示。

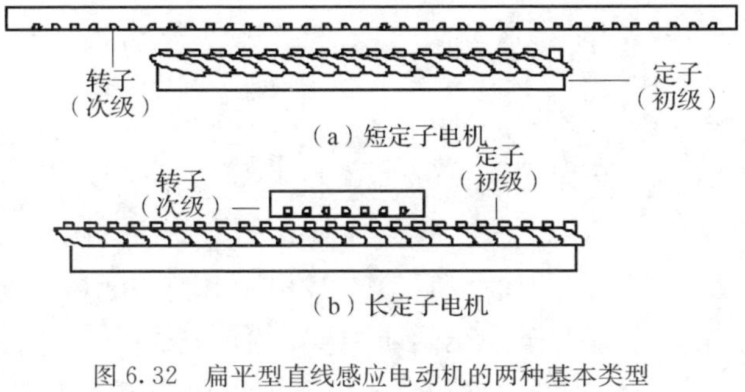

图 6.32　扁平型直线感应电动机的两种基本类型

一般，短初级电机的制造成本和运行成本要比短次级低得多。另外，次级在结构可以进一步简化，通常制成为一片导体，整个系统仅在其长度上一小部分有电流流通。图 6.32 所描述的情况是假设定子和转子均由叠片铁芯槽中的导体所组成，这是旋转感应电机的普通结构。在这种结构中，除了电机所产生的切向电磁推力外，在初、次级内表面之间还存在着一种纯磁拉力。为了消除这种因结构不对称而引起的失衡磁拉力，人们设计了一种双边型直线电机，次级导体不再嵌在槽中而是在气隙中工作。在结构上是一片结实的导体。电机的初级有两个，分别对称布置在次级两边，如图 6.33 所示，这种电机亦称为“片状转子”的直线感应电机。

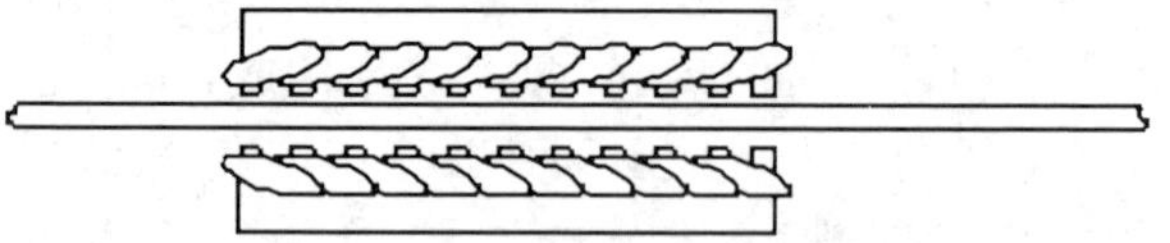

图 6.33 “片状转子”的直线感应电机

直线感应电机，按其结构、电源、定子方式进行分类，如表 6.2 所示。

表 6.2 直线感应电动机的分类

<table>
<tr><th colspan="2">按结构分类</th><th>按电源分类</th><th>按定子分类</th></tr>
<tr><td>扁平型磁单边式</td><td>电单边式</td><td>两相电源</td><td>短定子方式</td></tr>
<tr><td rowspan="2">扁平型磁双边式</td><td>电单边式</td><td rowspan="3">三相电源</td><td rowspan="3">长定子方式</td></tr>
<tr><td>电双边式</td></tr>
<tr><td colspan="2">圆筒形</td></tr>
</table>

所谓直线电机的磁单边结构，是指仅在初级一侧装有铁磁材料，次级一侧只有导电体，没有导磁材料；所谓磁双边结构，是指既在初级一侧装有铁磁材料，次级一侧除了导电体，也有导磁材料。图 6.33 所示的“片状转子”的直线感应电机属于磁双边结构。扁平型磁单边直线感应电机，也是电单边结构，而扁平型磁双边直线感应电机，则有电单边结构和电双边结构之分。一般，扁平型直线感应电机的初级由冲槽的电工钢片叠压而成，槽中嵌有绕组。

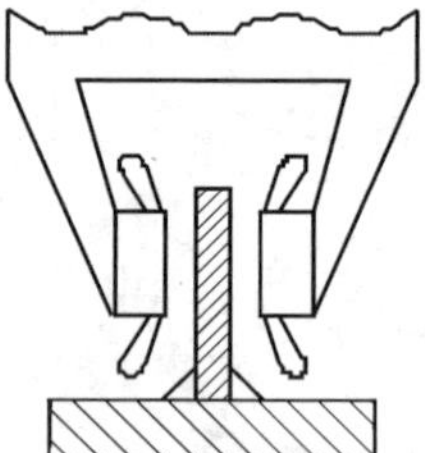

图 6.34 轨道牵引设计方案之一

在直线电机领域中，扁平型直线感应电机尤其适用于运输系统，在二十世纪五十年代以后，直线感应电动机在推进和运输方面的应用取得了很大的发展。直线电机用于牵引应用，把初级装在车上，次级作为轨道本身是最佳方案。如图 6.34 和图 6.35 是两种典型的直线感应电机轨道设计方案。还有一种结构如图 6.36 所示，将次级导体固定在地上，而将定子的初级绕组装在车上，这时次级又称为反应板或反应轨道，初级和次级之间表面之间存在的磁拉力（推力），这种磁拉力有助于减小轮轨之间的压力并减小磨损，这种结构的直线感应电机在地铁动车上应用比较广泛。

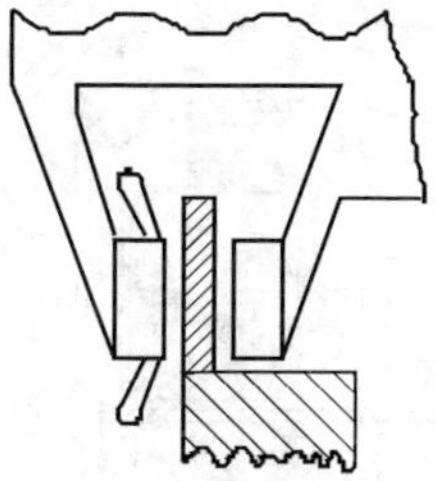

图 6.35　轨道牵引设计方案之二

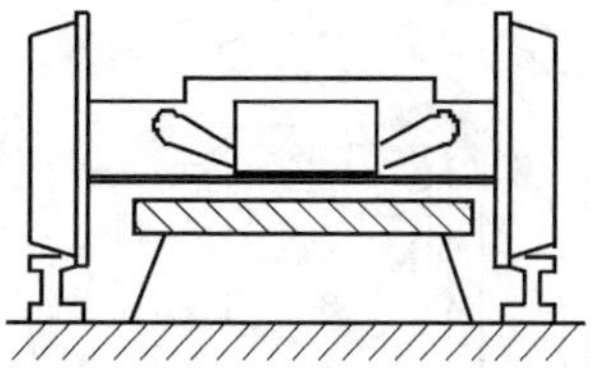

图 6.36　用于地铁动车的轨道牵引方案

考虑到经济性、实用性等问题，直线感应电机的次级多用以下型式或材料：(1)绕线式；(2)鼠笼式；(3)铁片；(4)非铁金属片；(5)铁与非铁金属片的夹层片；(6)非铁金属极中嵌进铁芯。其中用于轨道运输用的短定子电机，以(4)～(6)材料最为实用，而(6)作为鼠笼式的简化型。

2. 运行原理

直线电机与普通的旋转电机相比，有三点比较特殊：第一、直线电机有纵向边端效应(包括始端和终端效应)和横向边端效应；第二、直线电机气隙较大；第三、电机初级电流产生的磁场不对称。边端效应和大气隙通常会造成以下后果：电机工作时功率输出减小，在所有场合下效率较低和功率/重量(质量)比较小。初级电流产生的不平衡磁场，致使在次级运动方向上，不仅有磁场行波，而且还有恒值驻波，而驻波磁场将会产生制动作用。上述问题必须在设计和运行控制时引起注意。

直线感应电动机的控制方式与旋转式感应电机相比没有本质的差别。在车辆牵引中，采用变频变压控制(VVVF)，采用 VVVF 控制可以使直线电机达到高效的运行。

6.7.2　直线感应电机控制及在地铁动车上的应用

直线牵引电动机应用于城市轨道交通车辆时，初级可以设置在车上，也可以设置在地面，分别称为车载初级式和地面初级式。

用 LIM(直线感应电机)驱动的地铁车辆有其不同于传统地铁车辆的特点，归纳为以下几点：

1. LIM 的形状是扁平形，没有旋转部件，不需要齿轮、轴承等装置就可以传递动力。同时采用小直径的车轮则车厢距轨面的高度可以降低，有利于车辆的小型化，降低车辆地板面高度，这也可以使隧道的断面面积大大减小，从而使地铁的建设费用降低。图 6.37 为东京地铁的都营 12 号线与都营新宿线的隧道断面比较图，前者的隧道内断面的面积只相当于后者的48.1%。

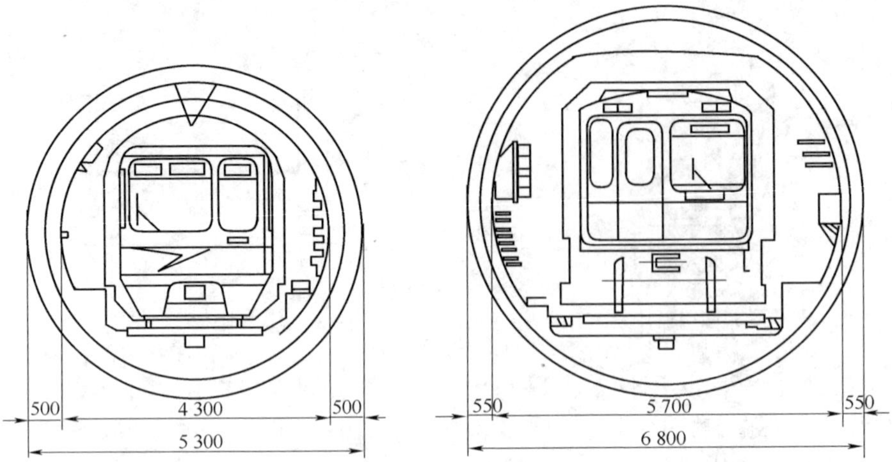

图6.37 隧道断面比较图(单位：mm)

2. LIM驱动的地铁车辆不是依赖轮轨的黏着来推动和制动的，它的爬坡能力不受黏着的限制，与传统的地铁车辆相比，它能行走在更陡的坡道上。日本的实验车辆的爬坡能力为80‰，大阪地铁鹤见绿地线的最大坡道为50‰，采用较大的坡道有利于将地铁车站设置在距地面较浅的位置，这样可以节省建设费用。

3. LIM驱动的地铁车辆的车轮只起到支撑及导向的作用，故左右车轮可以做成独立旋转的，从而克服急转弯时内轨和外轨产生路径差的问题。同时由于转向架上不用安装旋转式电机，增大了转向架设计的自由度，使LIM驱动的地铁车辆能够行走在更小的转弯半径上。日本的实验线路的最小转弯半径为50 m，大阪地铁鹤见绿地线的最小转弯半径为100 m。采用小转弯半径及大坡道使地铁选线的自由度大大提高，便于回避地下的障碍物，节省建设费用。

4. 由于LIM驱动不用减速装置，所以没有电机的旋转和齿轮发出的噪声，也使保养维修工作简化。由于上述第三点中所提到的特有转向性能，因而，通过弯道时轮轨间的摩擦碾压声也大大减少，同时减轻了轮轨的磨损。所以LIM驱动有利于实现低噪声运行、节省维护费用。

当然LIM驱动方式也有它的缺点，与普通使用旋转式电机的车辆相比，它的效率和功率因数要稍差些，装在车上的LIM初级的尺寸会受到车体与车架的限制，为此，直线电机驱动的车辆往往设计为动力车(没有拖车)。另外，LIM初级与次级间的气隙对LIM的性能影响较大，所以对轨道、反应板、轨枕的尺寸精度及安装精度、LIM安装精度及支撑结构都有相应较高的要求。

车辆用直线感应电机的牵引控制原理与旋转式异步电机的控制方法是一样

的，都采用变频变压控制，由 VVVF 逆变器完成牵引控制功能。控制方法既可采用较为简单的转差频率控制，亦可采用高级的动态控制方法，如矢量控制、直接转矩控制等。但车辆用直线电机的控制还必须考虑当电机气隙变化时的频率问题(即须实现基于效率最佳的控制)和反应板材料变化的相应控制。

本章小结

本章主要介绍了城市轨道车辆电力牵引系统的发展概况、牵引系统的牵引特性、牵引系统的分类及主要组成。直流电力牵引系统为传统的牵引系统方式，现已基本淘汰。交流电力牵引系统是目前的应用主流，直线电机牵引系统是今后城市轨道车辆电力牵引系统的主要发展趋势之一。

思考题

1. 一般城市轨道交通车辆电力牵引的传动过程是怎样的?
2. 城市轨道车辆在运行中，在每个站间区内，一般由哪三个典型区域构成?
3. 为满足车辆运行的需要，城市轨道交通车辆电力牵引必须具备哪三种基本的牵引特性?
4. 轨道交通供电方式主要有哪些?
5. 直流牵引电机的励磁方式主要有哪几类?
6. 简述直流牵引电动机调速的基本形式。
7. 交流牵引电机的主要调速方法是什么?
8. 城市轨道交通交流电力牵引设备主要有哪些?
9. 直线感应电机在城市轨道交通电力牵引中应用具有哪些优点?

第7章　制 动 系 统

7.1　制动系统概述

对于城市轨道交通车辆来说，为了使运行着的列车能迅速地减速或停车，必须对它施行制动；为了防止列车在下坡道上运行时由于列车的重力作用导致列车速度增加，也需要对它施行制动；同时为避免停放的车辆因重力作用或风力吹动而溜车，还需要对它施行制动（称停放制动）。对已经施行制动的列车，为了使其重新启动或再次加速，必须解除或减弱其制动作用，这种做法称之为列车制动缓解。

为了能施行制动或缓解制动，需要在列车上安装由一整套零部件组成的一个完整的制动装置，总称为列车制动系统。

7.1.1　制动基本概念

1. 制动力

要改变运动物体的运动状态，必须对它施加外力。由制动装置产生的，与列车运行方向相反的外力，称为制动力。制动力是人为的阻力，它比列车在运行中由于各种自然原因产生的阻力要大得多。因此，尽管在列车制动减速的过程中，列车运行阻力（自然阻力）也在起作用，但起主要作用的还是列车制动力（人为阻力）。

2. 制动距离

从列车自动控制系统自行实施制动或司机手动施行制动（将司机控制手柄拉至制动位）的瞬间起，到列车速度降为零的瞬间止，列车在这段时间内所行驶过的距离，称为列车制动距离。这是综合反映列车制动效果的主要技术指标。有的国家不用制动距离而用（平均）减速度作为其主要技术指标，其实两者的实质是一样的，只是制动距离较为具体，而减速度较为抽象而已。

3. 制动能力

列车的制动能力是指能使列车在制动系统的作用下在规定的制动距离内安全停车的能力，一般情况下用安全制动距离来表征列车的制动能力。

4. 制动功率

从能量的角度看，制动的实质就是将列车上的动能转移出去，其转移动能的能力就是制动功率。从安全的目的出发，一般列车的制动功率要比驱动功率大5～10倍。

7.1.2 制动方式

列车制动方式可按制动时动能转移方式、制动力获取方式或按制动源动力的不同进行分类，如图7.1所示。

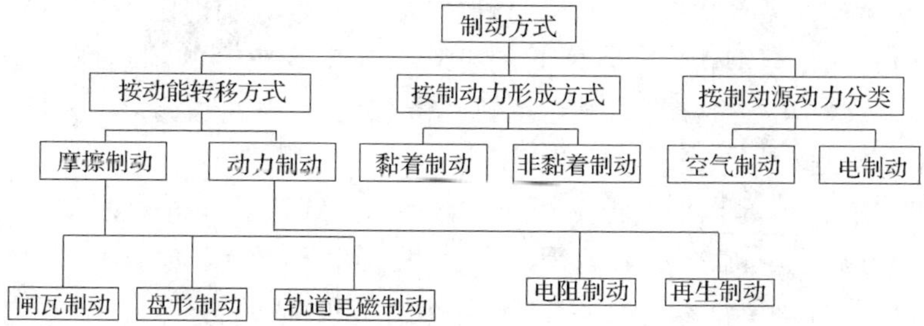

图7.1 制动方式分类图

1. 按城市轨道列车动能转移方式分类

列车动能的转移方式可以分为两类：

一是摩擦制动方式，即动能通过摩擦副的摩擦转变为热能，然后消散于大气。城市轨道交通车辆常用的摩擦制动方式有闸瓦制动、盘形制动及轨道电磁制动（一种补充制动方式）。

二是动力制动方式，即把动能通过牵引电机转化为电能，转化而来的电能处理方式有两种：反馈给供电触网或消耗在车辆底部的制动电阻上，分别称之为再生制动和电阻制动。

2. 按制动力获取方式分类

列车的制动方式按其制动力的获取方式分类，可分为黏着制动与非黏着制动。

(1)黏着制动

制动时，车轮与钢轨之间有三种可能的状态，如表7.1所示。

表7.1 车轮与钢轨间的状态

	车轮在钢轨上运动形式	车轮与钢轨之间的制动力	特　点
纯滚动状态	纯滚动，二者之间为静摩擦	二者之间的静摩擦力	是一种难以实现的理想状态
滑行状态	滑　行	二者之间的动摩擦力	是一种必须避免的事故状态
黏着状态	滚动、滑行兼有，滚动为主	黏着力	是车辆运行常见状态

纯滚动状态：车轮与钢轨的接触点无相对滑动，车轮在钢轨上作纯滚动。这时车轮与钢轨之间为静摩擦，车轮与钢轨之间可能实现的最大制动是轮轨之间的最大静摩擦力。这是一种难以实现的理想状态。

滑行状态：车轮在钢轨上滑行，这时车轮与钢轨之间的制动力为二者的动摩擦力。这是一种必须避免的状态，由于动摩擦系数远小于静摩擦系数，因此一旦发生这种工况，制动力将大大减小，制动距离延长；同时车轮在钢轨上长距离滑行，将导致车轮踏面的擦伤，危及行车安全。

黏着状态：制动时车轮在钢轨上处于连滚带滑（基本上是滚动）的状态，这种状态称为黏着状态。黏着状态下，车轮与钢轨间的最大水平作用力称为黏着力。依靠黏着滚动的车轮与钢轨黏着点之间的黏着力来实现车辆的制动称为黏着制动。黏着状态是轨道车辆运行时，车辆与钢轨间最常见的一种状态。

（2）非黏着制动

制动时，制动力大小不受黏着力限制的制动方式称为非黏着制动。即非黏着制动的制动力不从轮轨之间获取，因而它可以得到较大的制动力。

显然，在上面曾经介绍的制动方式中，闸瓦制动、踏面制动、电阻制动和再生制动均属于黏着制动；而磁轨制动则属于非黏着制动。

3. 按制动源动力分类

在目前电动车组所采用的制动方式中，制动的源动力主要有压缩空气和电。以压缩空气为源动力的制动方式称为空气制动方式。如闸瓦制动、盘形制动等都为空气制动方式，以电为源动力的制动方式称为电制动方式，如电阻制动和再生制动。

7.1.3 列车制动系统发展历程

1. 早期的制动装置

早期的有轨电车是以人工制动的。司机绞动刹车钢丝，使木制的闸瓦紧靠车轮踏面，而摩擦力使车轮或车轴的转动减慢直至停止，以达到车辆减速和停车的目的。这种原始的制动方式既费力又不安全，时常会发生钢丝断裂和车辆失控事故。人们逐渐认识到，为了能让车辆以一定速度安全运行，必需使其具有同样的减速度和停车能力，必须重视对车辆制动的改进。

20 世纪初，城市轨道车辆沿用火车上所使用的人工机械制动装置，例如杠杆拨动式闸瓦制动装置，手轮式棘盘链条制动机等。这种人工机械制动机，有的甚至现在还被铁路车辆使用，不过仅在空气制动机发生故障、调车作业或就地停放时使用。

2. 现代化制动系统

随着 20 世纪科学技术的发展，铁路车辆上开始采用空气制动机的形式实施制动。所谓空气制动机，就是用压缩空气作为制动的动力来源，并用压缩空气的压力变化来实现列车的制动和缓解作用的制动装置。这种空气制动机被广泛应用于铁路和早期的城市轨道交通车辆上。

虽然空气制动机与人工机械制动相比，安全性和和可靠性都有了很大的进步，但由于司机发出的指令是靠列车管内的压力变化来传递的，它的指令传递速度受到空气波速的限制，因此，对于一列几百米长的列车来说，仍有可能造成前后车辆制动和缓解动作在时间上的不一致。在多数情况下，由此造成的列车纵向冲动和对车钩的损伤非常严重。

20世纪30年代，在欧美地区和日本出现了采用电信号来传递制动和缓解指令的制动控制系统，称之为电气指令式制动控制系统。这是制动系统的一次革命，因为电信号的传输速度要比空气波速快得多。当时制动的动力来源仍采用压缩空气，但控制方式采用了电气指令式制动控制系统的列车制动机，称之为电磁空气制动机。通过电磁阀的励磁和消磁，从而控制列车的制动或缓解。

相对于空气制动机来说，电气指令式制动控制的主要优点是：全车制动和缓解的一致性好，因此，制动和缓解的纵向冲动小，制动距离短，车钩受力小，乘客乘坐舒适性较好。

20世纪50年代，国外城市轨道交通车辆在大规模采用电磁空气制动机的同时，又逐步开始用电气指令式制动控制系统协调电制动和空气制动，使制动控制技术达到了一个新的高度。

最近几十年来，由于电力电子变流技术和微机技术的迅速发展，使电气指令式制动控制系统不断改进和完善。大功率电力电子元件的出现使电气制动成为可能，微机技术的应用使制动防滑系统更加精确完善，城市轨道车辆制动技术正朝着安全、可靠、人性化和环保的目标不断前进。

7.1.4　现代城市轨道交通车辆制动系统主要功能

现代城市轨道交通系统的特点是站距短，行车速度快，乘客上下数量波动大，发车频率高，因此，对车辆启动、加速和制动都有很高的要求。特别是对制动，出于安全的考虑，必须做到万无一失。

为此，现代城市轨道交通车辆的制动系统应具有如下功能：

(1)操纵灵活，制动减速度大，作用灵敏可靠，列车编组前后车辆制动、缓解作用一致。

(2)具有足够的制动能力，保证列车在规定的制动距离内安全停车。

(3)制动系统应包括电制动(动力制动)和空气制动(摩擦制动)两种制动方式，需具备电制动与空气制动协调配合的制动功能。并且在正常制动过程中，应尽量充分发挥电制动能力，以减少空气制动对城市的环境污染并降低车辆维修成本。

(4)制动系统应保证列车在长大下坡道上制动时，其制动力不会衰减。

(5)电动车组各车辆的制动能力应尽可能一致，制动系统应具有载荷校正能力，根据乘客量的变化自动调节制动力，使车辆制动力保持恒定，限制列车制动时引起的冲动，从而有效保证乘客乘坐的舒适性。

(6)具有紧急制动能力。遇有紧急情况时，能在司机的操控下使城市轨道列车在规定距离内安全停车。另外紧急制动作用在必要时还可由列车上的乘客利用客室内的紧急按钮进行操纵。

(7)城市轨道列车在运行中发生诸如列车分离、制动系统故障等危及行车安全的事故时，应能自动发挥紧急制动作用。

7.1.5 现代城市轨道交通车辆制动系统的组成

根据现代城市轨道交通车辆制动系统应具备的功能要求，目前城市轨道交通车辆系统一般包括以下两个组成部分：

(1)电制动装置。它一般与牵引系统连在一起形成列车牵引系统主回路，包括再生反馈电路和制动电阻器，将动力制动产生的电能反馈给供电触网或消耗在制动电阻器上。

(2)空气制动装置。它由供气部分(又称供风系统)、制动控制部分(又称制动控制系统)和执行部分(又称基础制动装置)等组成。供风部分有空气压缩机组、空气干燥器和风缸等；制动控制部分有电子制动控制单元、空气制动控制单元和电气指令单元；执行部分包括闸瓦制动装置和盘形制动装置等。

7.2 供风系统

供风系统是向整个列车提供压缩空气的气源。它不仅针对空气制动装置，而且也为其他用风部件提供风源，例如车辆二系悬挂设备、车门控制装置、气动喇叭、刮雨器、受电弓气动控制设备和车钩操作气动控制设备等。供风系统主要由空气压缩机组，风源设备(风缸)及其他空气管路部件等组成。

7.2.1 空气压缩机组

一般城市轨道交通列车是以单元为编组的，所以供风系统一般也是以单元为单位来设置的。每一个单元设置一个空气压缩机组，安装在该单元其中 Tc 车或 M 车的底架上。

一套空气压缩机组包括电动机、空气压缩机、空气干燥器和压力控制开关等。

空气压缩机组弹性安装在底架上，这样有利于减小空压机的振动幅度，如图 7.2 和图 7.3 所示。

图7.2　空气压缩机组实物图

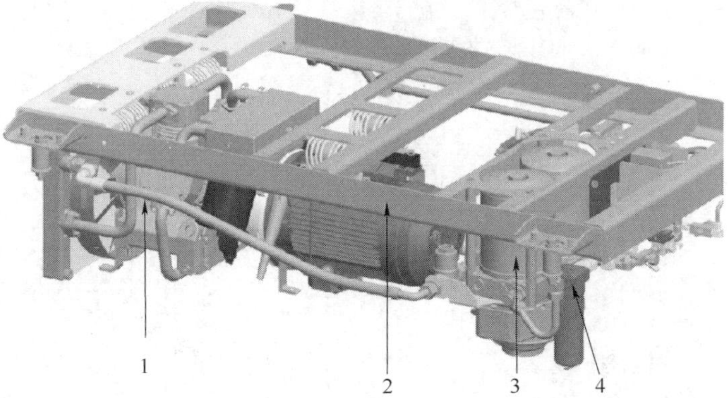

图7.3　空气压缩机组布置图

1—空气压缩机；2—框架；3—空气干燥器；4—微孔滤油器

1. 空气压缩机

空气压缩机(简称空压机)是用来产生压缩空气的装置。城轨车辆采用的空气压缩机要求具有噪声低、振动小、结构紧凑、维护方便、环境使用性强等特点，其直流驱动电机逐渐被交流电机驱动取代。目前，城轨车辆中采用的主要有活塞式空气压缩机和螺杆式空气压缩机。

电动机通过弹性联轴器直接驱动空气压缩机，空气压缩机生产的压缩空气必须经过空气干燥器后才能使其成为洁净、干燥的压缩空气供各用气设备使用。

上海城市轨道车辆的空气压缩机组有直流传动和交流传动车辆用空气压缩机两种类型，两类空气压缩机原理相似。直流传动车辆所用的空气压缩机共有四个气缸，分两段压缩，低压压缩和高压压缩，每个压缩阶段之后安装了一个安全阀，目的是避免空压机出现超压。低压段有三个气缸，高压段有一个气缸。外界大气通过设在空压机进气口处的油浴式过滤器的净化后，被吸入低压气缸进行压缩，为了提高压缩效率，将低压缸输出的压缩空气送到中间冷却器，冷却后再送入高压缸进行进一步的压缩，最后，还必须通过冷却器，冷却后进行油水分离，使其变成洁净的、干燥的压缩空气后送到总风缸进行储存。

交流传动车辆所用的空气压缩机是在直流传动车辆所用的空气压缩机的基础之上做了一些改进，其结构及原理如图 7.4 所示。交流传动车辆所用的空气压缩机一般为三缸的形式，其中两个为低压缸，一个为高压缸。其空气过滤器采用过滤纸过滤，其效果比油浴式过滤器好，但成本较高。冷却风扇的叶片不直接安装在曲轴端头，是通过温控液力联轴器连接的。联轴器在温度较低时，联轴器内的液体黏度很低，不传递转矩，只有当联轴器内的液体达到一定温度时，它的黏度随温度上升，才能传递转矩，此种联轴器可节约能源。

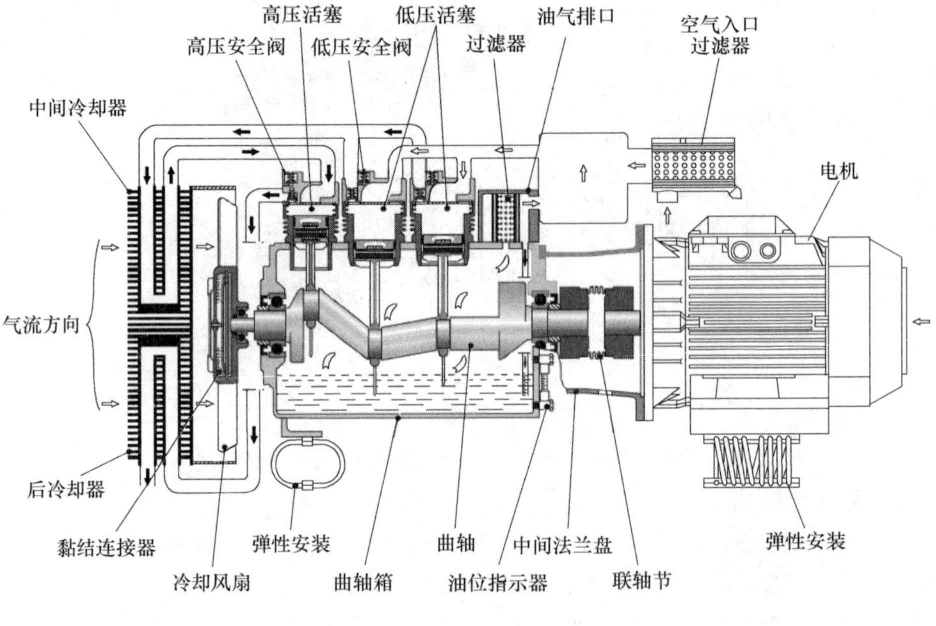

图 7.4 交流传动车辆空气压缩机空气循环系统

2. 空气干燥器

空压机输出的压缩空气中含有较高的水分和油分，空气干燥器单元使压缩空气的相对湿度降到 35% 以下，并排去油分，从而避免用气系统出现腐蚀及发生故障。

空气干燥器一般都是塔式的，有单塔式和双塔式两种。单塔式采用间隙工作方法，即一段时间去油吸水，下一段时间再生和排污。而双塔式空气干燥器的工作原理是轮换工作法，即一个塔在对进入塔内的压缩空气进行去油脱水的同时，另一个塔则进行再生和排污，过一定时间后两个塔的功能进行对换，以达到压缩机输出的压缩空气连续进行去油脱水的目的。

双塔式空气干燥器，如图 7.5 所示，安装了两个装有干燥剂的小室，并且还安装了一个电子计时器，其功能是在给定的记忆时间间隔内对两个干燥剂室进行开关转化，这样，空气干燥器就不需要停止压缩机从而再进行空气干燥剂的再生。

图 7.5　空气干燥器实物图

7.2.2　储风设备(风缸)

城市轨道车辆中，每节车辆底部一般都设有一套储风设备，储风设备是指专门给用风设备供风的设备。

储风设备的主要部件有主风缸、制动风缸和悬挂风缸。主风缸调节来自压缩机的压力空气；压力空气进入下一级用风系统前先储存于主风缸中。制动风缸直接向单元制动器提供压缩空气，避免主风管路产生抽气现象。悬挂风缸直接向二系悬挂提供所需的压缩空气。储风设备在车底的布置方式形式多样，如图 7.6 和图 7.7 所示的是一种集成化较高的车底设备布置方式。

特别地，整个供风系统在实际运行中，是受制动控制系统(电子制动控制单元和空气制动单元)控制并进行供气工作的，下一节将对制动控制系统进行深入介绍。

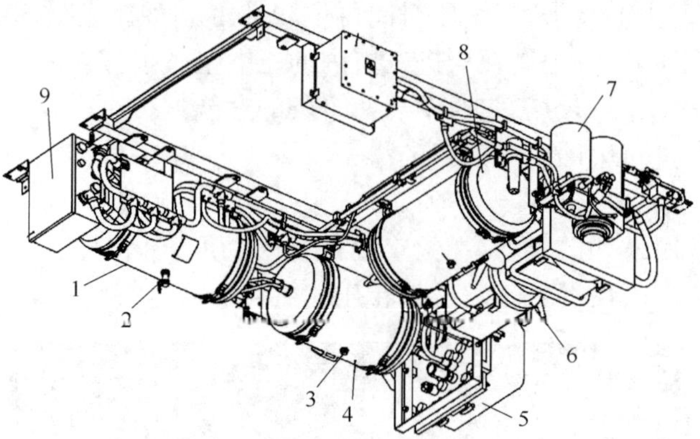

图 7.6 带空压机组的车底风缸布置

1—主风缸；2—排水塞门；3—排气堵；4—空气悬挂风缸；

5—空气制动控制单元；6—空压机；7—空气干燥器；

8—制动风缸；9—电子制动控制单元

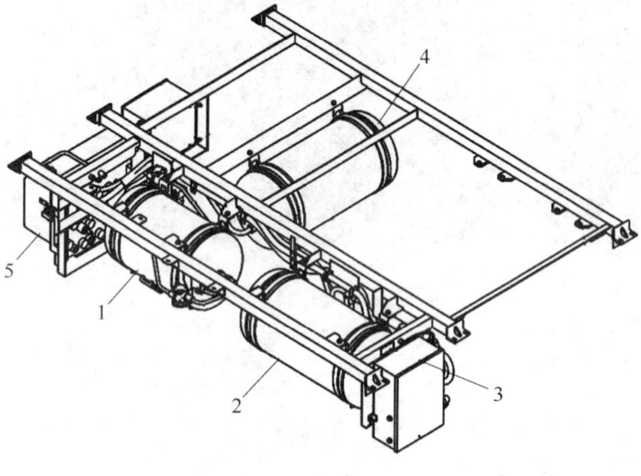

图 7.7 不带空压机组的车底风缸布置

1—空气悬挂风缸；2—主风缸；3—电子制动控制单元；

4—制动风缸；5—空气制动控制单元

7.3 制动控制系统

制动控制系统是空气制动装置的核心，接受司机或自动驾驶系统(ATO)的指令，并采集车上各种与制动有关的信号，将指令与各种信号进行处理并计算，得出列车所需的制动力，再向电制动装置和空气制动装置发出制动信号。牵引控制系统将能够产生的电制动力通过电信号的方式反馈给制动控制系统，它再通过运算得出相应的空气制动力，从而实现列车的制动减速度要求。

制动控制系统主要由电子制动控制单元 EBCU（Electrical Braking Control Unit，电子制动控制单元）、空气制动控制单元（BCU，Braking Control Unit）和电气指令单元等组成，如图 7.8 所示。

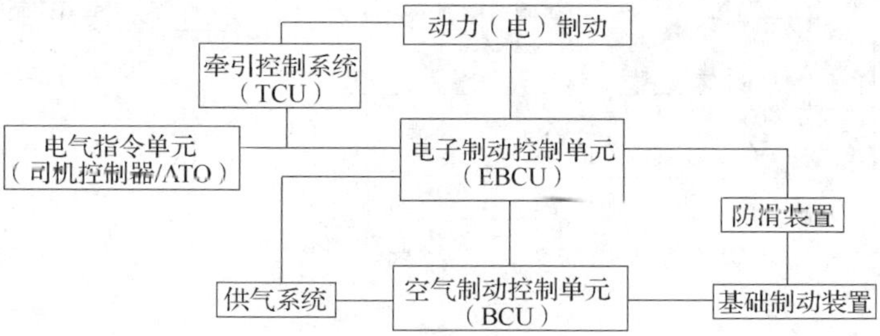

图 7.8　制动控制系统组成

7.3.1　电子制动控制单元

传统的城市轨道交通车辆不存在电子制动控制单元。因为那时的列车仅靠压缩空气作为唯一的制动源而没有动力制动；而电磁式制动机虽然采用电气指令控制，但他们只是通过司机制动控制器（电—空制动控制器）进行励磁和消磁，从而控制列车的制动或缓解，准确性不高。

随着电子技术的迅速发展，特别是微机技术的发展，列车制动控制再也不靠司机的头脑判断了，而由微机综合列车运行中的各种参数，经过运算和判断，给制动执行系统发出精确的制动指令。以微机为中心的电子控制装置被称为电子制动控制单元（EBCU）。

电子制动控制单元的基本输入与输出情况，如图 7.9 所示，电子控制单元的主要功能有以下几点：

（1）根据司机室控制指令，通过对本车载荷的计算及冲动限制要求，对牵引控制单元（TCU，Traction Control Unit）发出电制动力增减信号，通过接收本车 TCU 与邻车 EBCU 制动反馈指令调节本车空气制动力的大小，对 BCU 发出与常用制动力成比例的控制信号。

（2）在列车制动过程中始终收集列车所有轮对速度传感器发来的速度参数，对轮对在制动中出现的滑行进行监视。一旦发现滑行，立即发出防滑信号并采取防滑措施。

（3）对列车制动过程中的各种参数和故障进行监视和记录。

近年来，集成电子技术越来越多地融入制动系统，机电一体化元件的出现，使电子制动控制单元、微机制动控制单元和制动控制电子装置等已经逐渐被机电一

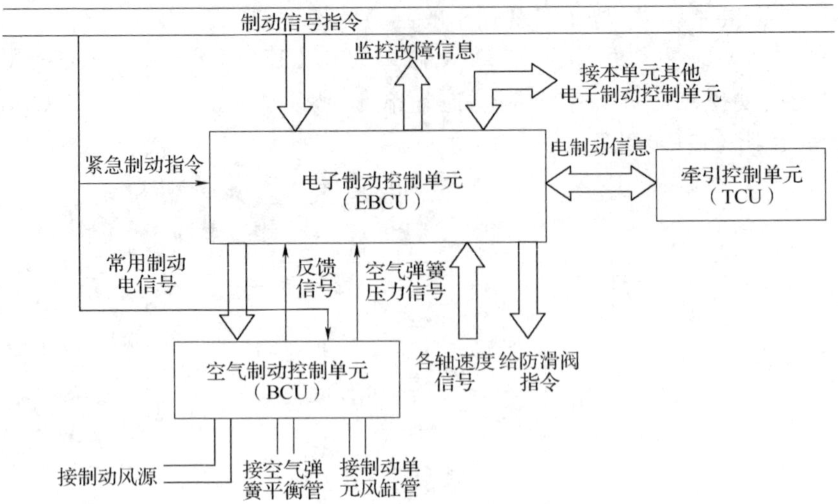

图 7.9　电子制动控制单元功能图

体化组合件(智能阀、网关阀和远程控制阀等)所替代。这些新的元件不仅保留并扩大了原先电子制动控制单元的所有功能,还承担起网络通信的职能。例如克诺尔公司提供的 EP2002 制动系统已经没有了独立的电子制动控制单元,其功能已完全融入网络控制系统的新元件中了。

7.3.2　空气制动控制单元

空气制动控制单元(BCU)是制动系统中电制动和空气制动的转换控制部件,即控制电子、电气信号与气动信号之间的转换。一般空气制动控制单元由各种不同功能的电磁阀和气动阀组成。

空气制动控制单元的组成,根据各制造厂商的产品系列和电气指令的模式不同也有很大的区别,但基本上都包含 EP 阀、中继阀和空重车调整阀等。

(1)EP 阀

EP 阀又称为控导阀,也称为模拟转换阀。一般由电磁线圈、铁芯、顶杆和活塞等组成。从功能上来看,EP 阀具有将电流信号转换成空气压力信号的功能,并且空气压力信号与励磁电流呈一定比例关系。

(2)中继阀

中继阀的结构大多是上部为给排气阀,下部为腔体。腔室中是活塞和膜板,活塞和膜板带动有空心通路的顶杆上下移动。

中继阀是一个将电信号转换成压力空气的电磁阀,只是电信号不是由励磁电流的变化产生,而是通过电磁阀励磁线圈励磁和消磁状态的不同组合,将多个电信号输入转换成对应空气压力输出。此外,中继阀还具有气流放大的作用。

(3)空重车调整阀

空重车调整阀根据输入空气弹簧的压力信号,即车辆载重的变化,输出一个空气压力信号,并通过中继阀使单元制动机风缸保持一个恒定的制动力。

由于电子技术的发展,现在许多空重车调整信号已经直接将空气弹簧压力转换成电子信号传输给 EBCU,空重车调整阀输出的空气压力信号在常用制动时几乎不起作用。但是在紧急制动时,空重车调整阀输出的空气压力信号还是可以越过中继阀,对紧急制动起到限制冲动的作用。

从以上介绍中可以看出,空气制动控制单元虽然是一个以气动元件和气路为主组成的系统,但它的控制不仅有腔室、膜板、活塞和弹簧等气动控制方式,还有电磁线、铁芯和电一气转换元件等电气控制方式。

随着集成电子技术越来越多地融入制动系统及机电一体化元件的出现,与电子制动控制单元一样,空气制动控制单元也将被机电一体化元件所替代。

7.3.3　电气指令单元

现代城市轨道交通车辆的制动系统无一例外地采用电气指令单元来快速、准确、可靠地传递司机控制器的指令。电气指令单元从根本上改变了使用压力空气作为制动信号传递和制动力控制介质的传统制动指令传递方式。随着电子技术的迅速发展,电气指令单元自身,也从早期电磁式制动机上简单的电气指令传递方式,发展为现代的电气指令控制线方式。电气指令控制线的主要特点是:使列车制动、缓解迅速,停车平稳无冲动,有效缩短制动距离。采用电信号的制动控制系统被称为电气指令式制动控制系统。按指令方式分类,电气指令制动控制系统有数字式和模拟式两种。

(1)数字式电气指令制动控制系统

数字式电气指令制动控制系统是指利用一定数量的常用制动电气指令线,通过对应的电磁阀各自得电(1)或失电(0),使相应的电气指令线传递相应的数字指令(1 或 0),从而获得不同挡位的制动指令(2^n-1 个,n 代表电气指令线的数目,全 0 的组合不作为制动控制指令)。

现有的数字式电气指令控制系统多采用三根电气指令线形式,即可得到七个挡位的制动控制指令,如早期的北京地铁车辆使用的 SD 型电气制动控制系统。

数字指令式实际上是开关指令的组合,属于分档控制,具有系统操纵灵活,可控性能好等优点。

(2)模拟式电气指令制动控制系统

模拟式指令式制动控制系统采用模拟量传输常用制动电气指令,常用的模拟电信号有电流、电压、频率和脉冲等。理论上，模拟式电气指令制动控制系统可以实现无级制动和连续操纵，因此比较适宜于 ATC 系统控制列车。

目前，上海地铁列车和广州地铁列车使用的电气指令制动控制系统即为模拟式电气指令制动控制系统，如：克诺尔公司提供的 KBGM、KBWB、EP2000 及 EP2002 模拟式电气指令制动系统。从司机控制器发出的指令经调制器转换为脉冲宽度信号，不同的脉冲宽度代表不同的制动等级(即采用脉冲宽度调制方法，简称 PWM，Pulse Width Modulation)，控制指令再传递到每节车的电子制动控制单元中进行处理。

7.3.4 制动模式

为配合满足以上列车制动系统的特点要求，在列车制动系统的操纵方式上有以下几种制动模式可供选择。

1. 常用制动

常用制动是在列车正常运行情况下调节和控制列车运行速度的主要措施，作用比较缓和，制动力可以人为调节。

在常用制动模式下，动力制动和空气制动一般都处于激活状态，以便于电制动和空气制动之间平滑转换。常用制动时，第一优先再生制动，这取决于接触网线路吸收能力，即与网压高低有关，第二优先电阻制动，承担不能再生的那部分制动电流，第三优先空气制动，在列车运行的高速及低速区段，由于牵引电机自身的特性限制，其电制动力无法满足制动减速度的要求，因此需要提供一定的空气制动力来满足制动的要求。常用制动时还须提供防滑保护和冲击限制功能。

2. 紧急制动

紧急制动是列车在出现事故等紧急情况下，仅靠空气制动来实现列车停车的一种制动方式，其目的是要求列车尽快停止运动，因此其制动作用比较猛烈，制动力为制动装置的全部制动能力。另外，紧急制动装置经常有冗余设备，其可靠性非常高，以确保在列车发生断电、车体分离等紧急情况下也能保持制动效果，这与常用制动有着一定的区别。

目前运营的地铁车辆紧急制动减速度都在 1.2 m/s 以上，全部由空气制动执行。紧急制动命令不可逆，一经施加，不能撤除，直至列车停车。

紧急制动可由以下系统触发：紧急按钮；ATP 系统(Automatic Train Protection，列车自动保护系统)；控制电源失电；司机台上紧急按钮按下；紧急制动回路失电；列车超速；车钩断钩等。

紧急制动一经触发，列车安全回路中断。触发信号同时传输给列车控制单元和牵引控制单元，牵引控制单元中断牵引系统工作。紧急制动过程中列车滑动防护和冲击保护功能失效。

3. 快速制动

快速制动是为了使列车迅速停车而实施的制动，其制动力高于常用制动，与紧急制动的制动力相当(上海、广州地铁的快速制动力高于常用制动的22%)。这种制动方式是在紧急情况下、制动系统各部分作用均正常时所采取的一种制动方式，其特点与常用制动相同，制动过程可以实行缓解。与常用制动中制动优先级的选择相类似，快速制动也应尽可能充分发挥动力制动的作用。早期的城市轨道交通车辆的快速制动大多采用纯空气制动形式，如上海轨道交通一、二号线，而目前城市轨道车辆的快速制动一般采用动力制动和空气制动联合制动形式，如上海轨道交通三号线。

4. 停放制动

停放制动是为了防止列车启动前发生溜车现象而实施的制动。列车停放制动采用弹簧力来产生制动作用，其大小不随时间变化，一般用于司机行车检查或车库停车等列车较长时间的停放。它采用"停放制动缸充风，停放制动缓解；停放制动缸排风，停放制动施加"的模式。采用每节车单独控制。另外，为了使列车在无风状态下也能缓解，停放制动还有手动缓解功能。停放制动应满足在满负载情况下车辆可以安全可靠地停放在3.8%左右的坡道上，而不发生溜车现象。

5. 保压制动

保压制动是为防止列车在停车前产生冲动，使列车平稳停车而实施的制动。保压制动是通过EBCU内部设定的程序来实现控制的。它分两个阶段实施：

第一阶段：当列车制动到速度小于某个临界值时，牵引控制单元触发保压制动信号，同时传输给EBCU，由牵引控制单元控制的电制动逐步退出，而由EBCU控制的空气制动来代替。

第二阶段：接近停车时(如：列车速度小于0.5 km/h)，一个小于制动指令的保压制动由EBCU开始自动实施，即瞬时将制动缸压力降低到一定范围，直至列车停止。

另外，保压制动与停放制动一样都具有防止列车在启动前发生溜车现象的作用，不同的是，停放制动的释放需司机手动操纵，而保压制动是运行中的列车在停车时，通过EBCU自行释放的。

7.3.5　制动控制策略

在列车制动过程中，动力制动与空气制动有效地配合关系到轨道车辆运行的安全、经济以及环境保护等问题，因此需制订较为合理的制动系统控制策略。

在常用和快速制动模式下，城市轨道车辆目前普遍采取的是电、空联合的制动控制策略，如图 7.10 所示，当车辆在制动初期（高速段）和制动末期（低速段），虽然优先采用电制动，但由于电机本身的特性决定其电制动力无法完全满足制动减速度的需求，从而需要补足一定的空气制动力来完成这两个阶段的制动要求。其中在制动末期（低速段）列车空气制动介入临界点速度的不同决定了制动能量的差异，空气制动介入临界点速度过高，导致空气制动施加在车轮上的制动能量过大，从而使车轮踏面产生异常磨耗；空气制动介入临界点速度过低，又不能实现安全、精确的停车。由此可见，空气制动介入临界点速度的合理选择是车辆制动控制策略研究中的一个重要方面。

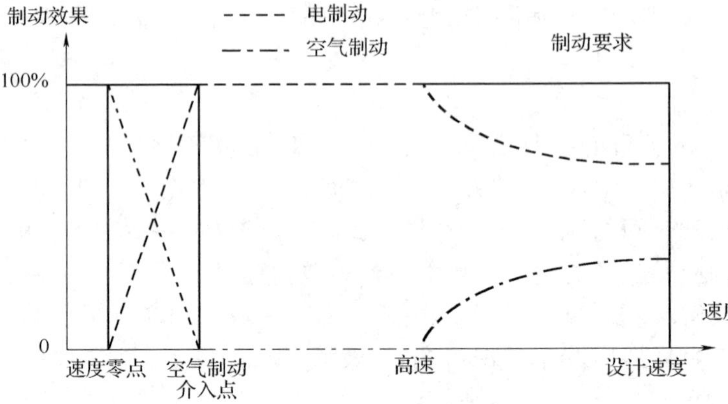

图 7.10　城市轨道列车制动策略图

列车制动控制策略中空气制动力补足的方式有多种形式，如动、拖车制动力均匀补足、拖车空气制动力优先补足以及动车空气制动力优先补足等方式。

过去一般采用动、拖车制动力均匀补足的制动控制方式。采用这种均匀制动方式的列车，拖车所需的制动力将全部由自己的空气制动系统承担，因此其拖车的车轮磨耗要比动车的磨耗大得多。

目前城市轨道交通列车的空气制动力补足方式主要为拖车空气制动力优先补足或动车空气制动力优先补足两种类型，不同制动系统供应商会根据列车整体的设计方案来对空气制动力补足方式进行选择。

动车空气制动力优先补足控制方式即拖车所需制动力先由动车的电制动力承担，然后根据电、空联合制动运算，不足部分的制动力也先由动车的空气制动力补充，当其还不足以满足制动减速度要求时，最后再由拖车的空气制动力承担。

拖车空气制动力优先补足控制方式也是拖车所需制动力首先由动车的电制动力承担，但当电制动力不足时，首先由拖车的空气制动力来补充，再不足时才由动车的空气制动力补足。

7.4　基础制动装置

基础制动装置是空气制动系统的执行部件，目前城市轨道交通车辆上的基础制动装置包括闸瓦制动装置、盘形制动装置和轨道电磁制动装置。

7.4.1　闸瓦制动装置

闸瓦制动是最常用的一种制动方式，其制动原理，如图 7.11 所示。制动时闸瓦压紧车轮，轮、瓦间发生摩擦，电动车组的动能大部分通过轮、瓦间的摩擦变成热能，经车轮与闸瓦最终逸散出去。在闸瓦与车轮这一对摩擦副中，车轮由于主要承担着车辆走行功能，因此其材料是不能随意改变的。要改善车辆的制动性能，只能通过改变闸瓦材料的方式。早期的闸瓦材料主要是铸铁。为了改善摩擦性能和增加耐磨性，目前城市轨道交通车辆中大多采用合成闸瓦。但合成闸瓦的导热性较差，因此目前也有采用导热性能较好，且具有较好的摩擦性能和耐磨性的粉末冶金闸瓦。

在闸瓦制动时，列车的动能在很短时间内均转化为热能，但这对摩擦副散热能力相对较小。当要求的制动功率较大时，有可能导致热能来不及散于大气，而在闸瓦与车轮踏面积聚，使它的温度升高，严重的甚至会导致闸瓦熔化或车轮踏面产生裂纹等。因此，在采用闸瓦制动时，制动功率不易过大。

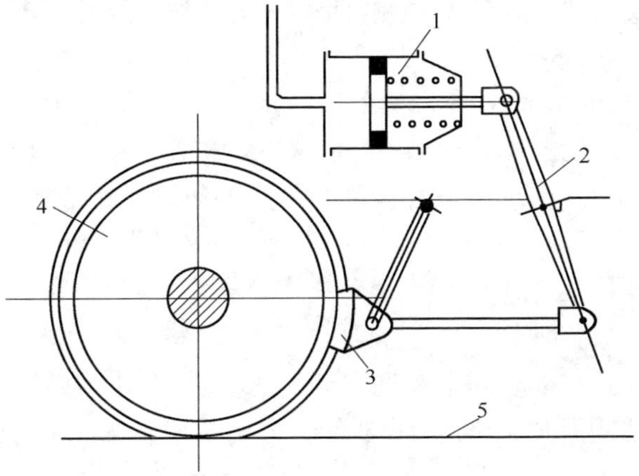

图 7.11　闸瓦制动

1—制动缸；2—基础制动装置；3—闸瓦；4—车轮；5—钢轨

城市轨道车辆上的闸瓦制动装置目前基本采用单元制动器形式，主要原因是转向架的安装空间有限，特别是动车的转向架，采用单元制动器形式可以有效解决传统基础制动装置的安装问题，并便于满足维修更换时的需要。

城轨车辆采用的单元制动器一般有两种形式：带停放的单元制动器和不带停放的单元制动器，如图 7.12 所示。

(a) 不带停放的单元制动器

(b) 带停放的单元制动器

图 7.12　单元制动器

单元制动器安装于转向架横梁组成的下方。带停放单元制动器安装在每个转向架上处于对角线的两个车轮的一侧，而另一对角线的两个车轮的一侧安装不带停放制动单元制动器。

(1)单元制动器的组成

单元制动器由制动缸体、偏心轮机构、推力杆、缓解弹簧、制动缸活塞、压簧、闸瓦、闸瓦间隙调整器等组成；带停放装置的单元制动器在此基础上还设有停放压力弹簧等。如图 7.13 所示。

(2)单元制动器的工作原理

当列车制动时，制动缸充风，在压力空气的作用下，制动缸活塞压缩缓解弹簧下移，带动偏心轮旋转，推动固定在推力杆上的滑块，在狭槽内沿轴向左移动，而推力杆的右端则带动闸瓦间隙调整器向车轮方向推动闸瓦托及闸瓦，使闸瓦紧贴车轮。

缓解时，制动缸排风，这时闸瓦及闸瓦托上所受的推力被撤除，在制动缸缓解弹簧及闸瓦托吊杆上端头压簧的反弹作用下，闸瓦及活塞等机构复位。

(3)闸瓦间隙调整器的作用

闸瓦间隙调整器设有闸瓦和车轮踏面有无磨耗的制动过程及闸瓦和车轮踏面

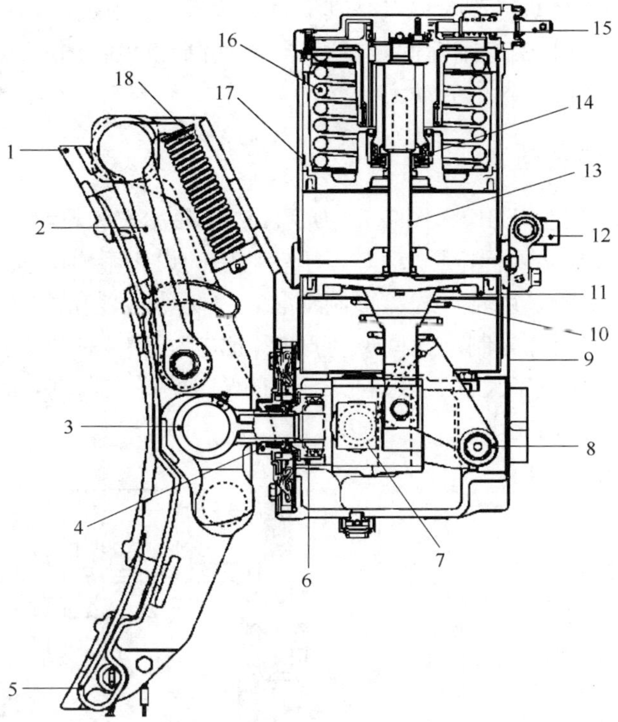

图 7.13 带停放装置的单元制动器

1—闸瓦；2—闸瓦托；3—推力杆；4—调节螺母；5—闸瓦锁定装置；
6—闸瓦间隙调整器；7—滑块；8—偏心轮机构；9—常用制动缸；
10—缓解弹簧；11—制动活塞；12—混合阀(进风口)；13—心轴；
14—锥形离合器；15—紧急缓解装置；16—停放压力弹簧；17—停放制动缸；18—压簧

有无磨耗的缓解过程4个工作状态，能在缓解时自动调整闸瓦与车轮踏面之间的间隙，使之保持在标准范围之内，不因二者制动时的磨耗而增加。它省去了传统基础制动装置中的一系列传动部件，大大提高了传动效率。

(4)停放制动器

停放制动器是一套辅助制动装置，其设置目的是在车辆停放时，防止车辆溜行。停放制动器，如图7.13所示，由停放制动缸、停放压力弹簧、停放制动心轴、锥形离合器和紧急缓解装置等组成，停放制动器的制动施放可以通过电空阀控制缓解风缸的排风来实现，由于其制动力通过弹簧力产生，也称弹簧制动器。停放制动器同时也具有低压检测功能：当列车停放时间过长，主风管和制动缸的压力慢慢泄漏时，停放制动自动取代常用制动防止列车溜车。

另外，当车辆停放制动施加后无司机操纵时，若需缓解，可通过拉动紧急缓解装置来实现。

综上所述，单元制动装置的特点是其制动效率高，作用灵敏，容易做到少维修或无维修。同时由于其带有闸瓦间隙调整器，能使闸瓦间隙保持在规定的范围内，不需要进行人工调整，节省了劳动力。

7.4.2 盘形制动装置

盘形制动装置如图 7.14 和图 7.15 所示，它有轴盘式和轮盘式之分。一般拖车采用轴盘式盘形制动装置，对于动车由于轮对中间设有牵引电机等设备，使安装制动装置较困难，一般采用轮盘式盘形制动装置。制动时，制动缸通过制动夹钳使闸片夹紧制动盘，在闸片与制动盘间产生摩擦，把电动车组的动能转变为热能，热能通过制动盘和闸片散于大气。因盘形制动能双向选择摩擦副，所以可以得到比闸瓦制动大得多的制动功率。

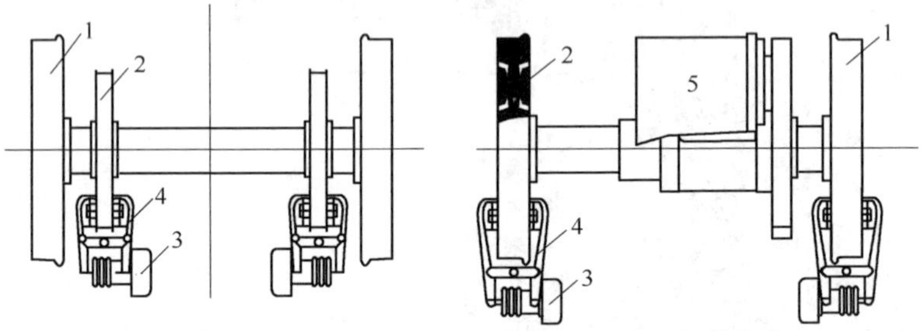

(a) 轴盘式　　(b) 轮盘式

图 7.14　盘形制动基本原理

1—轮对；2—制动盘；3—单元制动缸；4—制动夹钳；5—牵引电机

(a) 轴盘式　　(b) 轮盘式

图 7.15　盘形制动实物图

盘形制动装置的特点：

(1)盘形制动装置代替闸瓦对车轮踏面的摩擦，减少车轮磨耗，延长了车轮的使用寿命并改善了运行品质，保证了行车安全。

(2)盘形制动装置散热性能比较好,所以摩擦系数稳定,能较容易得到较为恒定的制动力。它的热容量允许它具有较高的制动功率。

(3)由于可以相对自由地选择制动盘和闸片的材料,使这一对摩擦副具有最佳的制动参数。因此可以减小闸片压力,制动缸及杠杆的尺寸都可以减小,减轻了制动装置的重量(质量)。

(4)盘形制动的闸片面积比闸瓦制动的闸瓦面积大,承受单位面积压力小,它的磨耗也相对较轻。

(5)盘形制动代替闸瓦制动后,使轮轨之间的黏着系数会有所降低。

7.4.3　轨道电磁制动装置

轨道电磁制动也叫磁轨制动,如图7.16所示。在转向构架侧梁4下通过升降风缸2安装有电磁铁1,电磁铁下设有磨耗板5,制动时将电磁铁放下,使磨耗板与钢轨吸住,电动车组的动能通过磨耗板与钢轨的摩擦转化为热能,然后经钢轨和磨耗板最终散于大气。轨道电磁制动能得到较大的制动力,因此常被城市轨道车辆和高速铁路车辆用作紧急制动的一种补充制动手段,在我国的轨道车辆上较少采用。

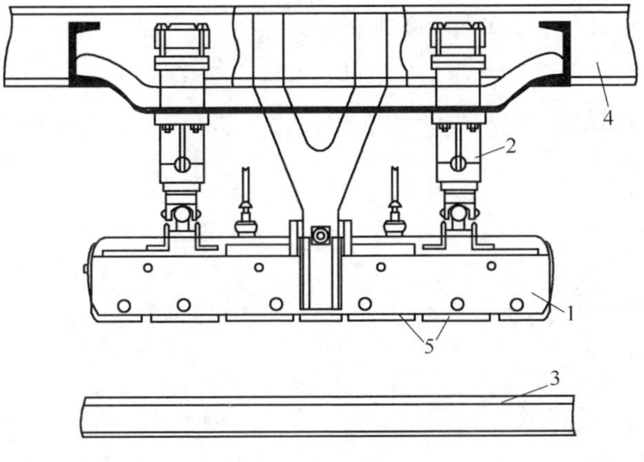

图7.16　磁轨制动
1—电磁铁;2—升降风缸;3—钢轨;
4—转向构架侧梁;5—磨耗板

7.5　防滑控制系统

当前,城市轨道交通车辆正朝着安全性、高速性和舒适性的方向发展。目前的城市轨道交通车辆普遍配备动力制动装置,在提高车辆单轴牵引功率和制动功率的同时，也带来了因制动力过大而导致列车制动滑行的安全隐患。列车制动滑行会产生轮轨发热、轮轨擦伤等现象，严重时还会使线路失稳。因此，有效地防止列车制动滑行显得极为重要。

7.5.1 防滑控制的原理分析

分析列车的防滑控制原理时，通常必须引入轨道车辆轮轨关系中两个十分重要的概念，即“黏着”和“蠕滑”。

1. 黏着机理

由于正压力而保持车轮与钢轨接触处相对静止的现象称为黏着，黏着是表示轮轨间关系的专用术语，黏着力是指轮轨接触面切线方向传递的力。轮轨之间的黏着是轨道交通车辆形成制动力和牵引力的基本依据。

轮轨间的黏着与静力学中的静摩擦的物理性质十分相似。试验证明，黏着力的最大值 f_{max} 与动轮对的正压力 P_i 成正比，其比例常数称为黏着系数，用 φ 表示，即

$$f_{max}=\varphi P_i \qquad \text{式(7.1)}$$

黏着系数表示了黏着的利用程度，它的大小与滑移率 σ 的大小直接相关，主要受电动车组运行速度、气候条件、轮轨表面状态以及是否采取增黏措施等诸多因素的影响，是一个离散性很大的参数。所以目前尚未有黏着系数的理论公式。各国都分别采用大量的试验来得到经验公式。比如日本东海道新干线的黏着系数 φ 为：

$$\varphi=0.062\,4+\frac{45.6}{v+260}\text{(干燥表面)} \qquad \text{式(7.2)}$$

$$\varphi=0.045\,4+\frac{13.55}{v+120}\text{(潮湿表面)} \qquad \text{式(7.3)}$$

式中 v——列车运行速度(km/h)。

改善黏着条件，提高黏着利用率，可以充分发挥列车的制动和牵引性能，同时还能有效地防止滑行和空转，减少列车和线路设备损伤。无论是摩擦制动还是动力制动，都是利用轮轨间黏着力的作用。摩擦制动力过大，会把车轮抱死而滑行。动力制动的制动力如果超过轮轨黏着力，此时车轮的反力矩过大，会导致车轮的逆转。

2. 蠕滑机理

传统理论认为：钢轮相对钢轨滚动时，接触面是一种干摩擦的黏着状态，除非制动力或牵引力大于黏着力时才会转入滑动摩擦状态。但是现代研究表明，由于车轮和钢轨都是弹性体，滚动时轮轨接触处会产生弹性变形，这种新的弹性变形会使接触面间发生微量滑动，称之为蠕滑。

蠕滑的产生是由于在车轮接触面的前部产生压缩，后部产生拉伸；而在钢轨接触面的前部产生拉伸，后部产生压缩。随着车轮的滚动，车轮上原来被压缩的金属陆续放松，并被拉伸；而钢轨上原来被拉伸的金属陆续被压缩，因而在接触面的后部出现滑动。

蠕滑是滚动体的正常滑动。车轮在滚动过程中必然会产生蠕滑现象。伴随着蠕滑产生静摩擦力，轮轨之间才能传递切向力。由于蠕滑的存在，牵引时车轮的滚动圆周速度将比其轮心前进速度要大；而制动时两者正好相反。这两种速度之间的差值称为蠕滑速度，蠕滑大小的程度可用滑移率 σ 表示，即

$$\sigma=\frac{v-\omega R_i}{\omega R_i} \qquad \text{式(7.4)}$$

式中 v——车轮轮心前进速度；

ω——车轮转动的角速度；

R_i——车轮滚动圆半径。

3. 防滑控制原理

研究表明轮轨间的切向力与轮轨间的滑动是同时存在的，并且两者之间有一定的变化规律。黏着控制就是要通过对微观的滑移量的检测，给控制系统以控制信号，通过控制滑移使列车处于最佳黏着条件下运行。因此，控制滑移率，也就是为了提高黏着的利用率。

7.5.2 防滑控制系统

1. 防滑控制系统的基本结构与功能

典型的防滑控制系统主要由控制单元、速度传感器与机械部件防滑阀组成。其中控制单元是防滑控制系统的核心部分，如图 7.17 所示，为电子防滑控制装置的示意图。

防滑控制系统装置的功能是：一旦检测到因外界因素或较大的制动力引起黏着系数下降时，就立即实施控制，尽快使黏着恢复。而这种恢复应尽量接近当时条件所允许的最佳程度，即再黏着恢复必须充分提高黏着利用率。

2. 防滑控制系统工作原理

防滑控制系统的形式是多种多样的，但工作原理基本相同。列车制动时，当车轮由于轨道污染、气候潮湿或者制动力过大而被“抱死”，轮轨间立即产生滑行。在这一瞬间，该车轮的减速度必然大大超过列车的减速度，而达到一个相当大的值。也就是说，被“抱死”的车轮与其他正常运行的车轮之间有一个很大的速度差。防滑控制系统可以通过速度传感器检测出列车的正常速度，以及列车与“抱死”车轮间的速度差。这两个检测信号被传送到防滑控制系统的控制单元，控制单元根据

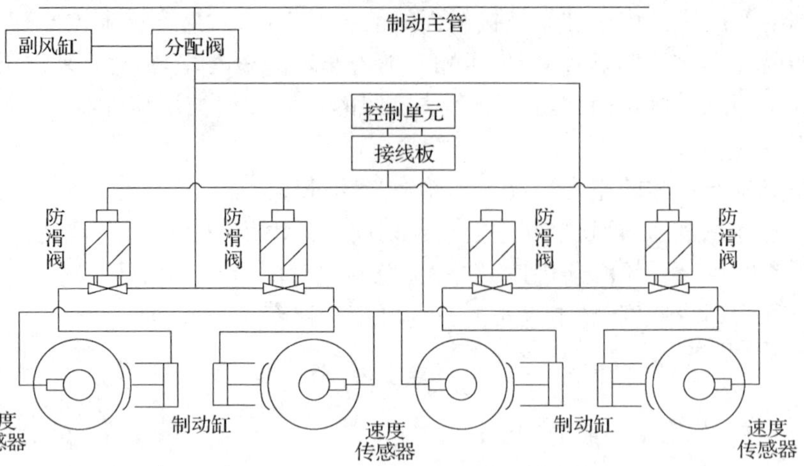

图 7.17　电子防滑控制装置

比较和判断，然后发出防滑指令，使该车轮的制动力迅速下降，快速缓解车轮的滑行。当滑行消失，控制单元得到速度信号后，重新发出指令，恢复该车轮的制动力。

目前，各种防滑控制系统在判断滑行时，使用了许多判据。这些判据主要有速度差、减速度、减速度微分和滑移率。其中速度差和减速度使用最为普遍。但无论采用哪一种判据，都把防滑和充分利用黏着作为主要目的。

本章小结

城市轨道交通车辆具备电制动和空气制动两种制动形式，相应的在城市轨道列车上安装有电制动和空气制动装置，在动车上既有电制动又有空气制动装置，而拖车上只设置有空气制动装置。

制动控制系统是列车空气制动系统的核心，目前基本上为电气指令式，电气指令式制动控制系统主要由电子制动控制单元(EBCU)、空气制动控制单元(BCU)和电气指令单元等组成。

列车制动系统为满足列车运行需要，设有常用制动、快速制动、紧急制动、停放制动和保压制动模式。其中在常用制动和快速制动模式下，列车控制系统采用电、空联合的控制策略，空气制动介入点速度的合理选择和空气制动力补足方式是电、空策略中重要的两个研究方面。紧急制动是列车在出现事故等紧急情况下，仅靠空气制动来实现列车停车的一种制动方式，其目的是要求列车尽快停止运动，因此制动作用比较猛烈，制动力为制动装置的全部制动能力，并且紧急制动作用在制动过程中不可恢复。

思　考　题

1. 城市轨道交通车辆在什么情况下应实施制动?
2. 简述摩擦制动方式的种类。
3. 简述空气制动控制单元的基本组成。
4. 简述快速制动与紧急制动的区别。
5. 简述防滑装置的作用及组成。

第8章 辅助系统

城市轨道交通车辆的辅助系统是车辆重要的组成部分，主要包括辅助供电系统、空调系统、照明系统等部分。其中，辅助供电系统是电源，空调系统、照明系统是主要负载。电源、负载及熔断器、继电器等所构成的完整回路即城市轨道交通列车辅助电路。

在辅助系统当中，辅助供电系统是车辆的辅助电源，包括辅助逆变器和蓄电池。其中辅助逆变器作为车辆的主要辅助电源，为照明、空调等负载提供正常工作电源，由于其重要作用及复杂性，所以其重要性不容忽视。蓄电池是车辆的应急电源。空调系统主要负责车辆的通风及制冷(有些车辆也有制热的功能)。照明系统主要负责车辆的客室照明、外部照明及工作照明。

8.1 城市轨道交通车辆辅助供电系统

辅助供电系统中的辅助电源及熔断器、继电器、负载等可构成完整的辅助电路回路。列车正常运行状态下使用的辅助电源由辅助逆变器提供，列车启动时或列车不能使用辅助逆变器的紧急情况下可使用列车应急电源蓄电池。

8.1.1 辅助逆变器

辅助逆变器一般安装在各节车厢底部，对于不同的车型，辅助逆变器的具体数量与单台辅助逆变器的输出功率、列车编组形式及冗余状态有关。

1. 辅助逆变器的用途

辅助逆变器是城轨车辆的辅助电源，主要为除牵引以外的所有用电器供电。在正常工作状态下，辅助逆变器由高压接触网供电，供电电压为DC 1 500 V，在检修工作中，可由车间电源供电。辅助逆变器将DC 1 500 V变为AC 380 V、AC 220 V及DC 110 V，其供电的主要负载有：列车空调、客室照明、设备通风冷却、电器电子装置、蓄电池等。它的工作状态正常与否直接影响整列车的功能。

车辆的辅助逆变器可提供3种电源：为列车上所有三相负载提供AC 380 V 50 Hz的三相交流电源，如：风机、空调、空气压缩机等。提供AC 220 V 50Hz的交流电源，如：插座、照明等。DC 110 V直流辅助电压主要给110 V的直流负载供电，并为蓄电池充电。

2. 辅助逆变器的结构

不同车型的辅助逆变器有相同的功能，但结构不尽相同，如图 8.1 和 8.2 所示，是上海地铁 11 号线辅助逆变器。其中 PWMI 模块用于电源逆变，将电源逆变为三相交流 380 V，蓄电池充电器模块用于给列车蓄电池充电，主风扇用于设备通风冷却，线路扼流圈用于滤波电路，主变压器用于改变电路电压，四块维护翻盖从车辆两侧打开，可维护辅助逆变器箱内，用于简单、快捷地维护辅助逆变器两侧组件或经底盖从下部打开，对辅助逆变器中间组件进行维修。

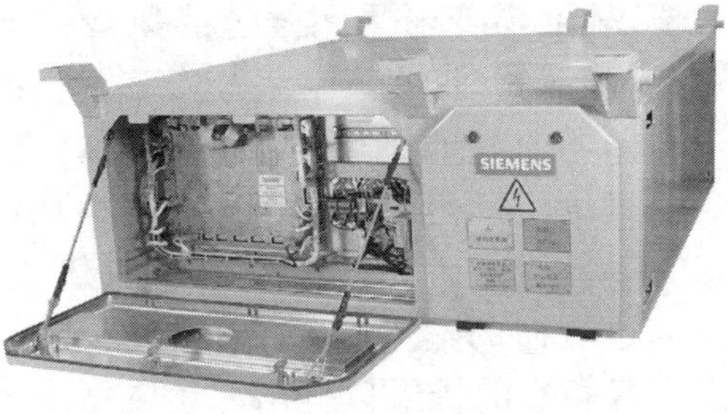

图 8.1　辅助逆变器

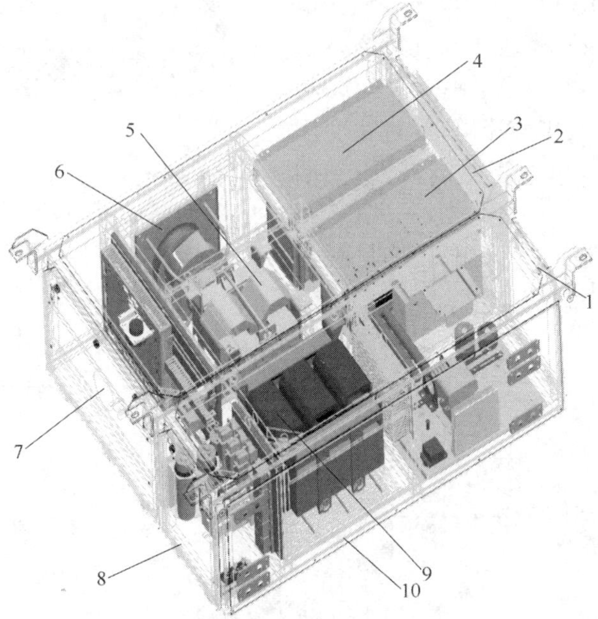

图 8.2　辅助逆变器结构

1—输入开关装置维护翻盖；2—电力模块维护翻盖；3—蓄电池充电器；
4—PWMI 模块；5—线路扼流圈；6—主风扇；7—控制开关装置维护翻盖；
8—3AC 开关装置(输出)维护翻盖；9—主变压器；10—底盖

3. 辅助逆变器的通风冷却系统

辅助逆变器工作时会产生热量，如果不能及时散热会引起辅助逆变器故障，直接影响列车正常运营。因此，冷却方式及冷却路线的设计对辅助逆变器十分重要，辅助逆变器采用强迫式风冷方式冷却，通风路线如下：空气经安装于辅助逆变器箱前端的进风格栅进入箱内，然后通过位于风道上的电源模块（即PWMI模块和蓄电池充电器模块）散热片，再通过后面的输入扼流圈和主变压器，最后经箱底的排风口排出。具体路线如图8.3所示。

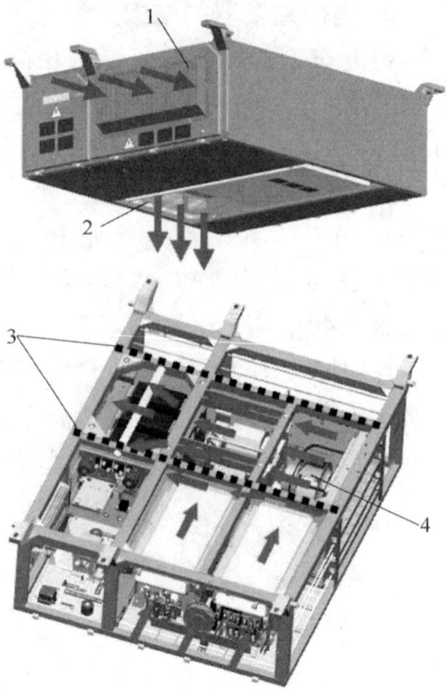

图8.3 辅助逆变器冷却通风路线

1—进风格栅；2—排风口；3—挡板；4—主风扇

4. 辅助逆变器的系统结构原理

辅助逆变器的系统结构如图8.4所示：输入电压为DC 1 500 V，经过预充电模块2之后，逆变器模块4在辅助逆变器（PWMI和蓄电池充电器）中串联工作，将直流电源逆变为三相交流电，经过主变压器的隔离变压后，再经正弦滤波器10的滤波后供给负载。

辅助逆变器的3AC输出调制到使

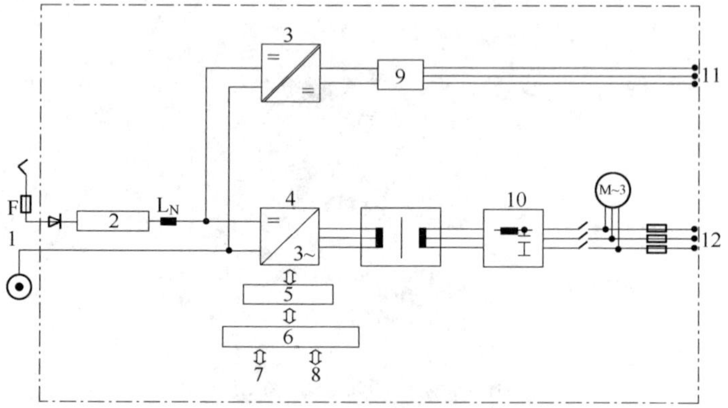

图8.4 辅助逆变器系统结构图

1—输入：DC 1 500 V；2—预充电单元；3—蓄电池充电器；4—逆变器；5—IGBT控制器；6—SIBCOS控制器；7—MVB；8—RS232（维护用）；9—EMI滤波器；10—正弦滤波器；11—输出2：DC 110 V，20 kW；12—输出1：3AC 380 V，50 Hz，73 kVA

3AC 列车母线的总功率均匀分配给所有被连接的辅助逆变器上。这种调制方式是在辅助逆变器内实施的,这样就不需要外部负载管理。VCU 的负载管理须按照馈入的脉冲控制逆变器而与列车母线的最大负载相符。

SIBCOS 控制器是主控制和模块控制的组合。用于综合系统控制,与上级控制等级的通信,控制和调节不同类型的功率逆变器(例如 PWMI)。

对于辅助逆变器系统结构图中的逆变器,其原理如图 8.5 所示,位于模块输入处的电解电容的作用是作为中间电路直流电压下的能量存储器,并对 IGBT 进行滤波。模块的电流逆变器部分包含 6 个功率管,其中每一相含有一个双 IGBT 二极管模块。电流逆变器的功能是在由直流中间回路电压形成的输出电压中产生三相电流。为此,IGBT 按照正弦估算的次谐波过程(脉宽调制过程)被触发,从而导致在采用滤波电容和滤波电感对脉冲形的脉宽调制逆变器输出电压进行外部滤波后,形成一个正弦形状的输出电压。

对于辅助逆变器系统结构图 8.4 中的蓄电池充电器,其原理如图 8.6 所示:蓄电池充电器将 DC 1 500 V 输入电压转为 DC 110 V 输出电压。蓄电池充电器向蓄电池充电,同时向连接在输出端的负载供电。DC 1 500 V 电压向位于输入侧的 IGBT 双模块供电,由两个半桥串联。逆变器在二次侧产生电气隔离的交流电压,经输出整流器整流,再经输出侧的扼流圈和电容器滤波。由集成在模块中的 SIBCOS-M2000 控制器进行充电器的控制。可通过软件设置具体的应用参数(例如:充电电压),并通过 CAN 总线接口连接到较高的控制等级。

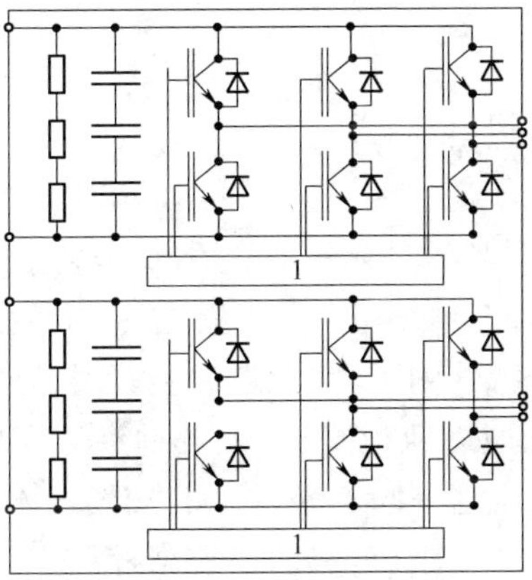

图 8.5 逆变器原理结构
1—IGBT 驱动单元

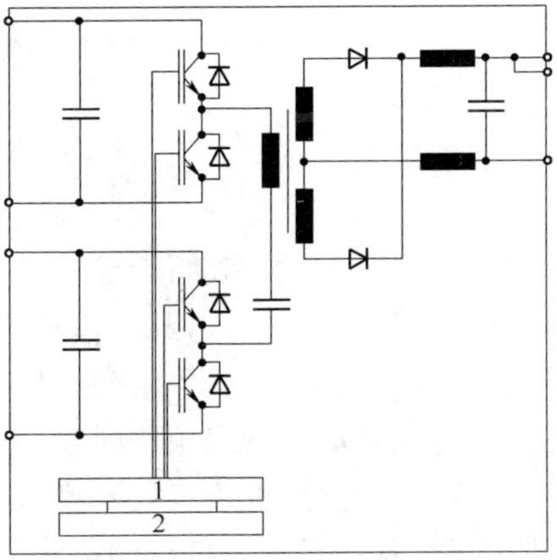

图 8.6 蓄电池充电器模块图
1—IGBT 驱动单元;2—模块控制器

8.1.2 蓄电池

车辆蓄电池主要作用是供列车启动使用,同时,如果发生辅助逆变器无法为车辆供电的紧急情况,车辆蓄电池可为列车重要负载(如:应急照明、应急通风、控制系统、通信系统等)提供应急电源。目前,城轨车辆蓄电池通常采用碱性镉镍电池,镉镍电池具有环保、寿命长,抗冲击振动性能好,自放电量小,低温性能好,耐过充能力强等优点。

车辆蓄电池通常安装在拖车车辆底部,如图 8.7 所示。

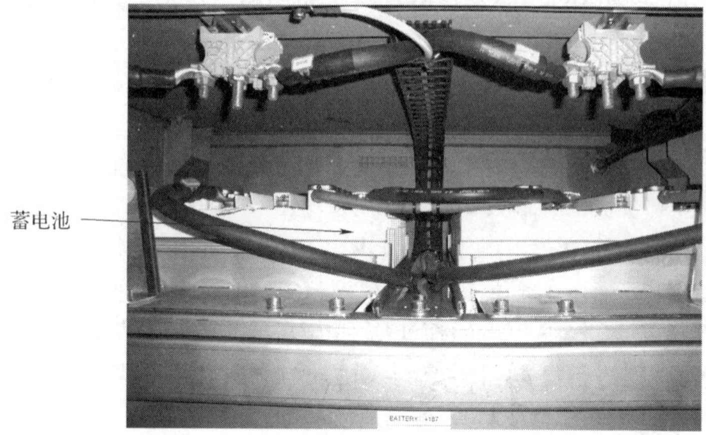

图 8.7 蓄电池

8.2 空调通风装置

空调系统用于城市轨道交通,其作用就是确保车内有一个舒适的环境温度、湿度和充足的新鲜空气。考虑车辆承载的乘客较多,乘客上、下频繁,有一定的运行时间段及所在城市运营环境(包括地下环境)等特殊因素,空调通风装置设计(如空调工况、机组性能及通风组织时)要充分考虑到城市轨道交通,尤其地铁客车的这些特殊性,应充分研究乘客在不换衣着,短时乘坐这一瞬态条件下的"舒适"体验及生理需求。这样在空调机组的选取上一方面一般要求风量大,风速高,温度接近外界,而另一方面则要求小型轻量、结构紧凑、安全可靠、免维护程度高。

城市轨道交通车辆的空调机组安装在列车车顶,空调机组安装座处设有减振橡胶衬垫,用于吸收振动,降低噪声。每个客室安装有 2 台空调机组,位于整个客室的 1/4 和 3/4 位置。如图 8.8 所示。

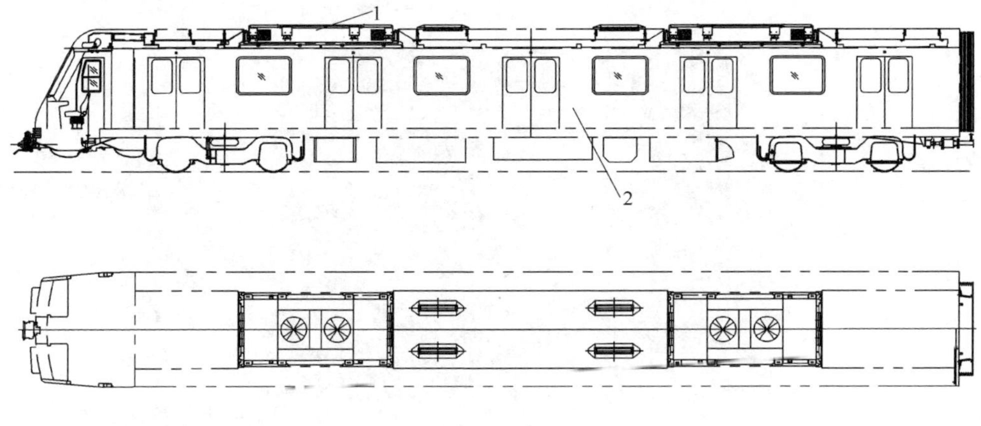

图 8.8　空调设备安装位置图

1—通风与空调设备；2—车厢主体

空调系统的电源正常情况下由辅助逆变器提供 380 V 三相交流电，在发生故障时，由列车蓄电池向空调系统的紧急逆变器提供 110 V 直流电，空调系统的紧急逆变器将 110 V 直流电逆变成三相交流电供紧急通风使用。

8.2.1　空调系统组成

空调系统由控制系统、空调机组、司机室通风单元、客室的送风道、回风道以及废排装置组成。

多数车型的空调控制系统位于每节车厢空调控制柜内，故障显示装置设有温度/模式选择和故障代码 LED 显示功能。温度/模式选择开关设有自动、试验、关断、±1、±2 等挡位。图 8.9 和 8.10 所示为典型的微处理控制器及故障显示装置：

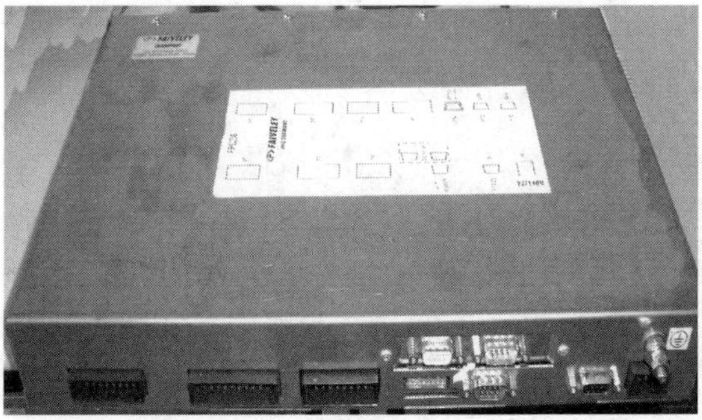

图 8.9　微处理控制器

客室风道沿列车的纵向延伸，由若干个区段连接而成，安装在天花板上方。在

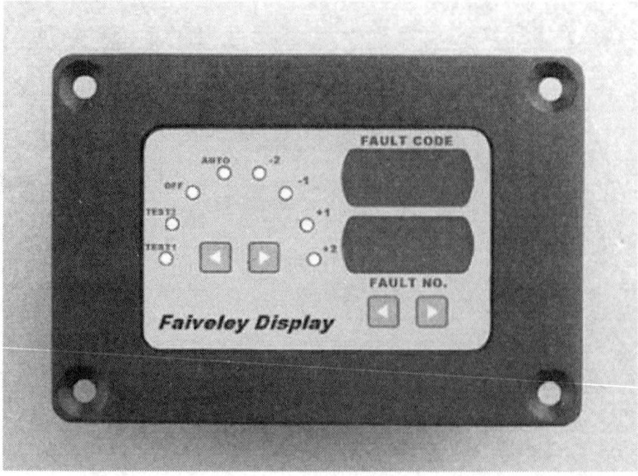

图 8.10 故障显示装置

整个风道上都装有分流空气的格栅。空调系统通过风道及格栅向客室供风。

空调机组一般由空气压缩机、冷凝器、蒸发器和送风机等部分组成，如图 8.11 所示。

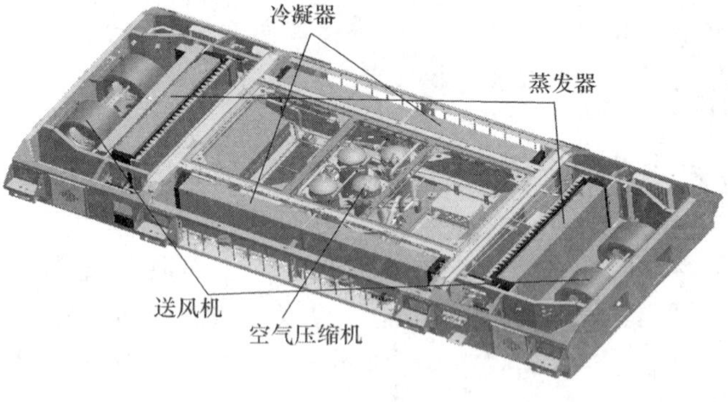

图 8.11 空调设备组成图

8.2.2 空调制冷原理

如图 8.12 所示，空调内部压缩机工作时，低压制冷剂蒸气从进气管路进入压缩机；压缩机将制冷剂蒸气进行压缩，压缩后的制冷剂成为高压蒸气；之后，高压制冷剂蒸气从出气管路流出压缩机，流入冷凝器管。冷凝器安装在压缩机/冷凝器室的两侧。主要作用是对压缩机流出的高温制冷剂蒸气降温，使制冷剂冷凝成液体，再通过膨胀阀进入蒸发器。蒸发器是空调的主要热交换设备之一，在蒸发器中，制冷剂液体在较低温度下蒸发而转变为蒸气，从而吸收被冷却物质的热量，使其温度降低。通过蒸发器的空气被低温制冷剂吸收热量，成为低温的空气。为符合车厢空气调节要求，每台空调机组中装有两台送风机，主要作用在于将冷气送到车厢中,并克服空调机组以及送风管道中的压力损失。

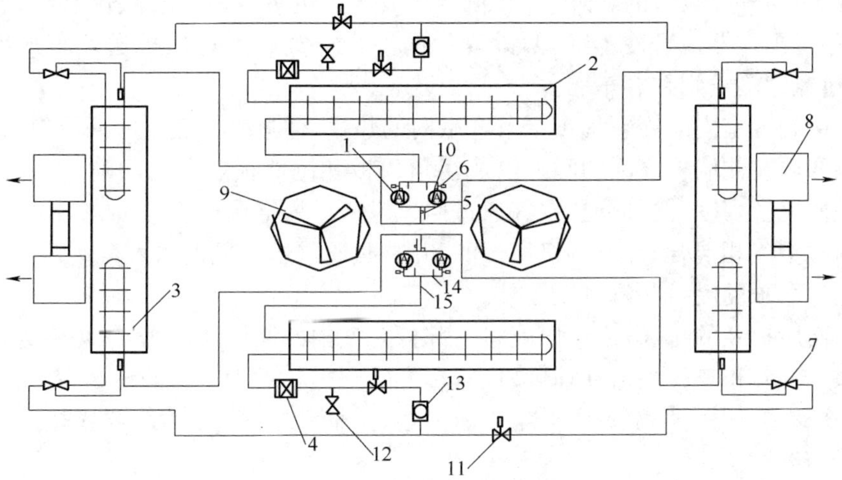

图 8.12　空调制冷循环流程图

1—压缩机;2—冷凝器;3—蒸发器;4—干燥过滤器;5—低压开关;
6—高压开关;7—膨胀阀;8—送风机;9—冷凝风机;10—针阀;11—电磁阀;
12—充注阀;13—视液镜;14—新风风门;15—新风滤网

8.2.3　空气循环

车内循环空气分为送风、回风和排风三种气流,如图 8.13 所示。

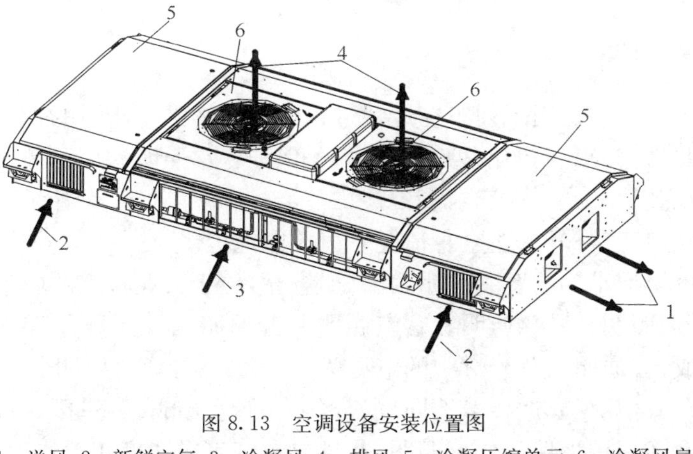

图 8.13　空调设备安装位置图

1—送风;2—新鲜空气;3—冷凝风;4—排风;5—冷凝压缩单元;6—冷凝风扇

空调机组采用双端出风、底部回风的空气循环方式。每台空调由 1 个冷凝压缩单元和 2 个空气处理单元组成。如图 8.13 所示,新鲜空气通过四个送风口进入通风和空调设备。这样新鲜空气就与客室回风相混合，在冷却模式下，混合空气（客室回风与外界吸入的新鲜空气相混合）被送风机吸入，首先经过混合风滤网除尘，再经过蒸发器盘管冷却除湿，处理后的混合空气经过送风机送入车顶风道系统，通过风道输送到乘客车厢。

扩散到客室内的冷空气带走了客室内的热量，通过坐椅底下的回风口，经过车体侧墙和内装侧墙板之间的间隙以及拐角顶板和侧墙板之间的间隙，进入天花板上方的回风道，其中一部分热空气通过回风风道进入空调机组，与从空调新风口吸入的新鲜空气相混合，经空调机组过滤和冷却，通过送风风道送入客室内。另一部分则通过车顶的废排装置排至车外。

上面所提及的排风，之所以能将一部分客室内的回风排出车外，是因为回风管内的热空气对于车体的流动速度较小，车外的空气相对于车体的流动速度较大，而流速小的空气压力大，流速大的空气压力小，从而造成了压力差，这样热空气就能从车内排到车外。

8.3 车辆照明系统

车辆照明系统包括客室照明、外部照明及工作照明三个子系统，它能够提供车辆在正常运营过程中的全部照明需求。按照城市轨道交通车辆照明功能的要求，分为正常照明及应急照明两部分。其中，正常照明是指城市轨道交通列车在外部受电正常的情况下，由辅助逆变器提供全部照明电源。应急照明是在辅助逆变器无法正常工作时，由列车蓄电池提供应急照明电源。

8.3.1 客室照明

列车的客室照明是用于列车在运营过程中为乘客提供舒适的视觉照明。客室照明有正常照明和应急照明两种功能。为了保证正常照明和应急照明两部分功能的要求，相应配以 220 V 交流电流和 110 V 直流电源。在正常情况下车辆客室照明电源由辅助逆变器提供，在紧急情况下由蓄电池提供。

目前城市轨道车辆的客室照明大部分是通过位于天花板上的两条纵向光带实现，混合有普通照明和紧急照明。客室照明由普通照明荧光灯和紧急照明荧光灯这两部分组成，普通照明荧光灯中的电源为 AC 220 V，紧急照明荧光灯中的电源为 DC 110 V。这些荧光灯型号不同，混合并均匀地分布在客室区。这种设计使得在紧急情况下客室至少保持部分照明，并且要求客室内照度相对均匀。

客室照明如图 8.14 所示，普通照明一般由 20 个灯管组成（每边 10 个）。紧急照明由 11 或 12 根灯管（每边 5 个，在过道加 1 或 2 个）。正常照明 1 来自一种电源，正常照明2来自另一种电源，这种设计使得电源发生故障时对客室照明的影响降至最低。

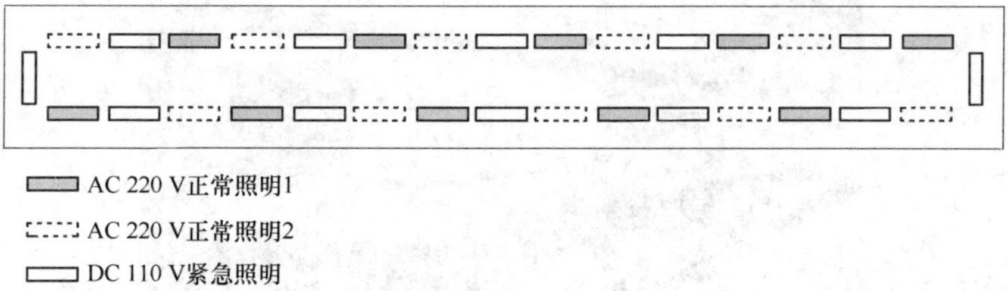

图 8.14 客室照明

8.3.2 外部照明

城轨车辆的外部照明系统由头灯、尾灯、运营灯及侧墙信息灯等构成。这些外部照明是列车正常运行中至关重要的照明或信息灯具，有些城市轨道车辆同时还可以显示列车的车次、目的地、前进、后退、停放、ATC运行方式、制动施加和缓解等信息，因此，外部照明系统是列车安全、正点运行的保证。

头灯和尾灯位于Tc车的驾驶室外。Tc车的每一端配有两盏头灯和两盏尾灯，每一边有一个头灯和一个尾灯，左右对称布置。

头灯用于照亮前方，以便驾驶员能够检查钢轨和了解列车运行方向。尾灯可确保本列车能被后续列车观察到，尾灯位于Tc车前末端的底部，如图8.15所示。

有些车型设有侧墙信息灯，其位置如图8.16所示，每组有5种色灯，自上而下颜色排列依次为橙、绿、蓝、红、白，其中橙色灯亮表示门未关好，绿色灯亮表示所有制动释放，蓝色灯亮表示停放制动施加，红色灯亮表示摩擦制动施加，白色灯亮表示ATC切除。

8.3.3 工作照明

列车配备了供司机及维修人员在作业过程中所必需的工作照明系统。包括驾驶室照明、司机阅读灯、设备柜照明及信息照明等。驾驶室照明独立于客室。照明设计避免阴影投射到控制台面上，降低操作者的能见度。在驾驶控制台上所有的设备都有可读信息(监视器，速度指示器、仪表…)信息必须被突出并清晰地被看见。

驾驶室照明位于天花板顶部，由在驾驶台上的开关控制。该照明在列车启动阶段、列车停车期间、车辆维修时使用。在列车正常运行过程中不得开启，以免影响司机正常瞭望。

图 8.15 外部照明

1—尾灯;2—头灯;3—运行灯;4—侧墙信息灯

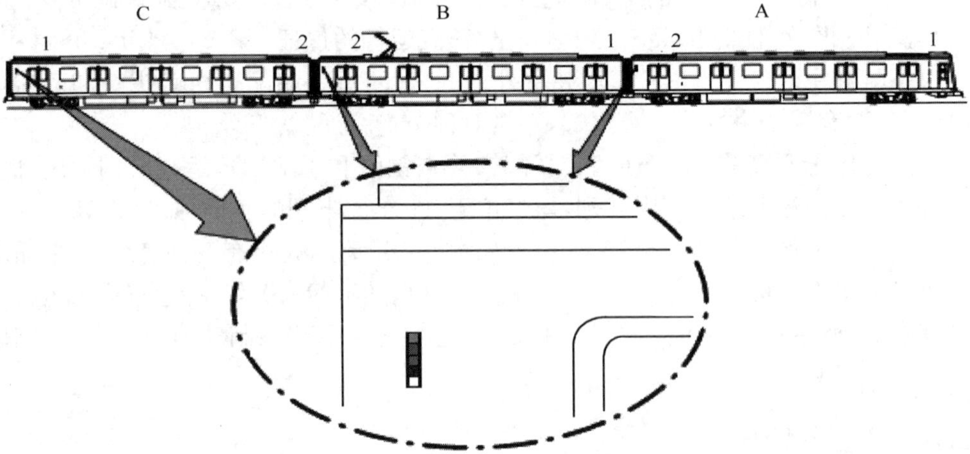

图 8.16 侧墙信息灯的位置

司机阅读灯独立于驾驶室照明。该照明位于司机驾驶台上,用于列车运行的过程中为了考虑驾驶员的特别需要(驾驶室面板的观察、报表填写、阅读等工作)而提供的。

设备柜照明位于车辆各设备柜中,主要功能是为了方便司机和维修人员的操作与作业。

信息照明位于司机室前上方两侧,主要用途是向乘客及站台工作人员提供列车的目的地及车次等信息。

本章小结

辅助系统同牵引系统、控制系统一样，对城市轨道交通车辆实现安全、准点的运营起着关键作用。

辅助逆变器是车辆的重要电器设备。它可以为除了牵引系统以外的所有用电系统供电，其供电的主要负载有：列车空调、客室照明、设备通风冷却、电器电子装置、蓄电池充电、空气压缩机等。它的工作状态正常与否直接影响整列车的功能。

列车空调通风系统由空调机组及控制系统、司机室通风单元、送风道、回风道以及废排装置组成。空调机组一般有制冷压缩机、冷凝器、膨胀阀蒸发器和送风机等部分组成。照明系统包括客室照明、外部照明及工作照明。客室照明具有正常照明和应急照明两种功能。外部照明包括头灯、尾灯、运行灯，有些车辆还装有侧墙信息灯。工作照明包括司机室照明、司机阅读灯、设备柜照明及信息照明等。

思考题

1. 辅助逆变器的输入电压是多少？输出电压是多少？
2. 辅助逆变器的负载有哪些？
3. 辅助逆变器如果突然不能工作，客室车厢内是否会立即停电？为什么？

第9章 列车控制系统

现代列车控制是由挂在列车通信网络上的多微机系统来实现的，包括司机室内的微机系统、电动车组及中间车辆上的微机系统。一般包括牵引控制单元、制动控制单元、辅助控制单元、车门控制单元、故障检测、诊断存储单元、列车运行自动控制单元等微机功能控制单元。它们各自耦合在车辆的本地网络，即所谓的总线上，并通过列车总线相互交换信息和数据。随着计算机科学和现代控制技术的发展，微机控制已成为现代城市轨道交通的最重要组成部分，也是城市轨道交通车辆的中枢神经系统。

9.1 列车控制系统发展概况

列车控制系统是基于列车控制的复杂性需求和人们对于控制的智能化要求，以及随着计算机技术和控制技术的发展所提供的可能性而逐步发展的。随着人们对列车运用要求的提高，对于列车控制系统的期望值和要求也越来越高。人们希望信息系统处理的容量更大、速度更快、应用更可靠。因此列车微机控制系统经历了一个由简单到复杂、由单片到多机、由功能控制到信息控制的发展过程，提出列车微机控制系统将随着电子器件和控制技术的发展，朝着高精度、智能化、网络化的方向发展。

在控制策略上，各种新型的控制方法和手段将被应用到列车控制中来，从而提高了列车控制系统的精度和智能化程度。此外，控制软件的硬件化则是发展的另一个方面，使控制系统具有更快的响应速度和更强的可靠性。当然，列车控制系统的这些发展必然需要建立在器件发展的基础上，这些发展需要速度快、处理能力强的处理器；需要体积小、容量大的存储器；需要更大容量的可编程器件以及各种实时多任务操作系统。

其次，列车微机控制系统将进一步朝着分布式控制系统的方向发展。列车控制系统朝着分布式方向发展是列车控制系统的一种自然趋势，也是提高列车控制系统可靠性的要求。但要成为一种真正意义上的分布式控制系统需要进一步解决控制系统的透明性，即系统的同步、通信的实时性、存储器共享等问题。人们已经在实际应用中感受到了这些问题所带来的障碍和限制，但这些问题的解决需要做大量的基础研究和实践。相信随着这些问题的深入研究和逐步解决，列车微机控制系统必将成为一个真正意义上的分布式控制系统。

列车微机控制系统发展的第三个方面将是逐步融入公共的网络平台，即联入互联网，这是运输部门实现大系统闭环控制的必然要求。这种要求在实现系统联网的技术方面比较容易实现，但在安全性方面存在较大问题。作为一个公共交通工具的控制系统，其安全性，即保证列车和旅客的安全是第一位的。因此系统必须具备很好的安全防范性能，系统在受到恶意攻击时应具有"自卫"能力和应急处理措施，从而保证列车运行的安全。

综上所述，列车微机控制系统是多种技术结合的产物，是多学科综合应用的结合体。列车微机控制系统的发展在很大程度上依赖于电子器件和计算机技术的发展。当前计算机控制已经进入嵌入式控制和网络控制的时代，相信随着电子技术、自动控制技术和计算机技术的发展，列车微机控制系统也会随之发展到一个更新更高的程度。

9.2 各类列车微机控制系统简介

国外城市轨道控制系统发展得较早，微机控制系统的理论和实践的成果也比较多，比较成熟的系统有德国的 SIBAS 系统、北美的 MITRAC 系统、法国的 AGATE 系统和日本的 TIS 系统，以下将对这些系统进行逐一介绍。

9.2.1 SIBAS 系统

SIBAS 系统是德国西门子(Siemens)公司提供的列车控制系统，能够实现列车的牵引系统控制、信息传输、运行监控和诊断等全部控制任务。SIBAS 控制系统目前有 SIBAS-16 和 SIBAS-32 两个系列。

其中 SIBAS16 含义如下：

SI	B	A	S	16
西门子	轨道交通	自动控制	系统	16 位机

SIBAS-16 是典型的第一代微机控制系统，核心部分是由 16 位的 8086 型微处理器构成的中央计算机、存储器组件以及一个或多个子控制机(8088，80C188)组成。采用集中式机箱和插件式机械结构，数据的传输采用了 16 位并行总线和 RS-485 标准物理接口及 RS-422 串行总线技术。控制系统由中央控制器集中管理，采用分层结构，即列车控制层、机车控制层和传动控制层。

20 世纪 90 年代，Siemens 公司在 SIBAS-16 的基础上进一步推出了采用 32 位芯片(Intel486)的 SIBAS-32 系统. 并保持与 SIBAS-16 系统的接口兼容。为了减少传统机车车辆布线，SIBAS-32 系统设有智能外围设备连接终端，即 SIBAS

KLIP 站。采用 SIBAS KLIP 站可以迅速综合信息和控制指令，并且通过一根串行总线传输给中央控制装置。KLIP 站可以很自由地分布在各类车辆上。

SIBAS-32 具有以下主要特点：

(1)采用高集成度的芯片，如 ASIC、LCA 等，用于控制装置。通过软件来完成硬件的功能，简化了硬件系统。存储器容量扩大，加速了存储器的存取。

(2)采用网络技术，引入了 TCN 标准的列车通信网络。大大减少了导线、管路、电缆、连接点和接头数量。

(3)提供了更加完整方便的软件开发环境，全图形设计，开发了 SIBAS G 语言作为设计工具，采用简单的工具(个人计算机)就可以有效支持整个设计过程，并支持软件的在线下载功能。

(4)提供了完善的故障诊断和显示功能。具有瞬态记录仪功能的测量组件，通过各种各样的触发方式，可以把记录限制在故障前后相当大的范围内。测量信号和测量参数与触发参数的调节，可通过个人计算机上的图形方式选择，也可以通过个人计算机进行测量显示、处理和存储归档。

9.2.2 MITRAC 系统

MITRAC 系统是庞巴迪(Bombardier)公司的系列化产品，其中包括 MITRAC TC(IGBT 牵引逆变器)、MITRAC CC(列车控制系统)、MITRAC AU(辅助逆变器)和 MITRAC DR(牵引驱动器)。MITRAC CC 系统是在 ABB 公司 MICAS-S2 系统的基础上，研制开发的新一代基于 MVB 总线的分布式，实时的列车控制与通信系统。Bombardier 公司为了适应不同用户，推出了 MITRAC 500 系，1000 系和 3000 系。500 系主要用于城际有轨列车，1000 系主要用于高速及地铁列车(它具有良好的适应恶劣环境的性能)，3000 系主要用于大功率机车。

MITRAC 列车控制通信系统的核心是 TCN 标准，允许不同用户之间的互操作。交换信息使用的传输介质为屏蔽双绞线或者光纤，列车上所有 MITRAC CC 器件都连在同一个网络上，从而可以交换程序和诊断数据，很容易增加新的设备。在 MITRAC 中没有控制柜和机箱，而是各个控制单元或 I/O 单元均自成一体封装在一个具有较好的电磁兼容性性能的机壳中。每个壳体均有自己的电源和车辆总线接口。

MITRAC CC 主要具有以下特点：

(1)符合各国际标准(EN 50155：车辆上的电子设备标准；ENV 50121-3-2：铁路应用电磁兼容性标准；ENV50204：数字无线电话电磁场辐射标准；IEC 61375-1：列车通信网络标准；IEEE 1473：1999 中关于列车通信协议标准；UIC 556/557 列车中信息传输的诊断标准)，具有开放接口。

(2)MITRAC CC器件结构紧凑.电源直接由列车蓄电池提供。可以实现分布式安装,而且不需要额外的加热和制冷,器件配线最少,重量(质量)显著降低。

(3)用线少,通过冗余增强系统可用性,传感器的短距离连接和I/O设备接口减少了冲突。可测量性和模块化使得系统配置灵活,并可兼容和连接以前不同的列车控制系统。

(4)MITRAC CC具有自诊断功能。诊断功能组合在监控系统中,通过数据可视化的远程交互式诊断、车辆跟踪详细目录、GPS系统、货物跟踪、旅客载量数据搜集等方式,进行实时监控和故障诊断,提高了应用的可靠性。

(5)支持远程无线数据恢复系统。系统可以支持轨旁无线系统通信,如GSM,GSM/R和无线局域网。因特网和企业互联网作为客户端访问介质,通过MVB或者其他通信方式连接车辆控制通信系统。通过提供连接到运输车辆上的数据来增强维护服务的质量,允许诊断和操作数据直接传递给列车的系统操作者,系统使用开放的标准,例如移动电话(GSM)、无线局域网以及因特网相关的通信协议。

(6)提供MITRAC CC远程平台。现代铁路运作要求全部车辆具有高度的实用性、低成本和良好的旅客服务体系。MITRAC CC远程平台使用互联网技术和移动通信,结合Bombardier公司的铁路专业技术,开发出新技术以降低维护成本(减少保养停工期),推进整个系统的可靠性。MITRAC CC远程平台提供多种服务,通过标准接口访问车辆。由于服务本身来源于不同的厂商,MITRAC CC远程平台保证了不接受未经授权的厂商的访问,同时保证在线的控制通信系统不冲突。

9.2.3 AGATE系统

AGATE系统是阿尔斯通(ALSTOM)公司开发的列车控制系统。AGATE系统主要由AGATE link(列车监控),AGATE Aux(辅助控制),AGATE Traction(牵引控制)和AGATE e-Media(乘客信息系统)4个部分组成。

AGATE牵引控制系统主要是实现实时的机车牵引控制和产生制动命令。其主要特点是模块化设计实现安全快速的操作;主要功能的子装配系统标准化;采用WorldFIP总线网络,实现和主要数据网络(TCN、CAN、FIP、LON)的通信网关;具有自测试功能;使用EASYPLUG技术;包含了最新技术FPGA器件和PCI总线接口。

AGATE辅助控制系统主要是实现对列车上静态逆变器和电池充电的控制,其主要特点是结构紧凑,模块化,低成本,低噪声和快速保护等。

AGATE e-Media乘客信息系统主要是在列车运行中,提供实时的多媒体信息和休闲娱乐,为乘客提供便利性和舒适性,同时还可以作为一种高效广告媒体,能带来新收益。AGATE e-Media主要功能有:系统用发音系统自动报站,并在屏幕上以有色信息显示，具有动力学线路地图，也可显示广告和新闻。当系统突然中断或者意外情况发生的时候，优先直接向乘客广播实时信息。

AGATE Link 是管理和监视在线列车上的电子模块，是整列车辆维护的有效工具。通过监视列车各子系统的运行状况来提供迅速准确的列车故障诊断，从而减少了检查时间和成本，缩短了停工维护时间。AGATE Link 的突出特点是改善了列车寿命周期成本(LCC)。AGATE Link 可根据应用需要对基本部件来进行组合，如远程输出模块、司控台、GPS 定位模块、无线电数据传输模块和在线通信网络，系统易于扩展。

9.2.4 TIS 信息系统

TIS(Train control Information management System)信息系统是日本新干线各型列车上装备的信息控制与传输系统。TIS 系统由列车通信网络、各车厢通信网和功能单元控制机组成。在各车厢内设有一终端站，它是列车通信网络上的节点，也是本车厢信息传输的主站，各车厢内功能单元的信息均通过这个终端站(节点)向列车通信网络发送或从列车通信网接收信息。新干线的列车编组是以 2～4 节车厢组成一个车组单元为基础的，在一个车组单元内，由牵引制动控制系统、辅助电源、车门与空调控制、变压器及信息子系统等相对独立的子系统构成对车组单元的完备控制。当列车根据需要由 n 个车组单元构成列车编组时，这些相对独立的子系统，通过一定的信息传输手段连成一个完整的列车控制系统。

TIS 系统具有以下功能：

(1)司机操作向导：指导列车正确、正点运行。并指示运行图。向司机指示设备的工作信息。在异常情况下，给出操作指南以及简单的检查程序，能进行出库检查。

(2)乘务员操作功能：乘务员可以通过 TIS 的终端站(车长站)设定车厢的空调温度，异常情况下能发出警报；还可以通过 TIS 系统查询客车情况，并做出处理。

(3)维修支持功能：具有自动测试各功能单元的运行情况(用于系统调试)，调阅各设备的故障记录，做出故障分析，收集、记录运行数据，为检修提供依据。

(4)旅客服务功能：向旅客提供各种信息，如到站和前方站、运行时刻表等。

(5)控制命令传送：该功能只有在最新的 700 系列车上才有完全的运用。控制命令包括牵引动力、制动、门控与空调、照明、辅助电源、受电弓、蓄电池开闭等。

随着 TIS 系统功能的增强，它在列车控制系统中的作用越来越重要，已经成为新干线列车系统中不可缺少和不可替代的一个重要组成部分。TIS 系统在列车运行、检修和故障诊断中的作用越来越大，有关人员对其的依赖性也越来越强，维修基地的工作人员基本都是按TIS系统的检查测试结果来检修控制系统及各功能单元的故障,而TIS系统本身的可靠性也很高,几乎没有听说TIS系统本身有故障发生。

除了上述国外的典型系统之外,我国也已经研发了多个列车微机控制系统,其中株洲电力机车研究所开发的DTECS微机控制系统已经运用在地铁列车上。

9.3 列车控制系统的组成及功能配置

具有司机室的拖车及中间车辆组成城市轨道列车,需要生成、处理和传递大量不同类型的信息,包括控制列车运动的过程信息和用于服务目的的信息。尽管各国开发了不同的列车控制系统,但基本上所有的列车控制系统均采用模块化的功能配置,这是因为建立具有明确接口的功能模块,有利于增强电子控制系统的适应性和灵活性,使列车控制系统能够快捷地、经济地满足客户的不同需要。并且基本都具备牵引控制、制动控制、辅助逆变控制、车门控制、故障检测、诊断存储等功能模块。

图9.1为西门子公司一个Tc、Mp、M车组成的最小控制单元下的轨道交通自动控制系统组成框图,各基本功能控制单元如车门控制单元(DCU)、通风空调控

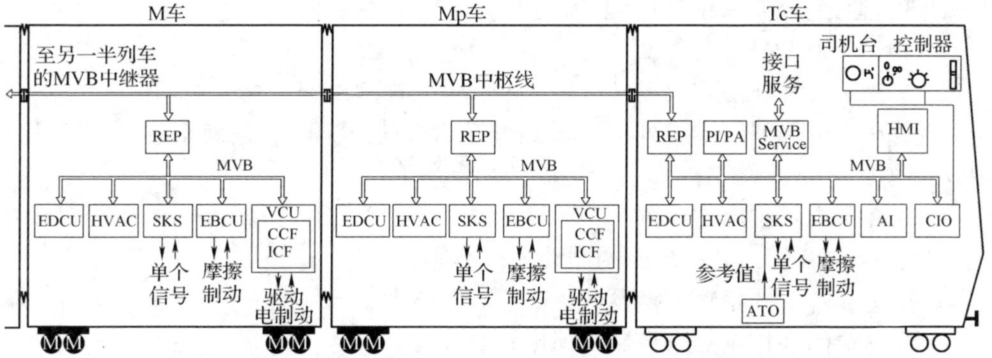

图9.1 西门子公司轨道交通自动控制系统组成框图

AI(Auxiliary Inverter)— 辅助逆变控制单元; ATO(Automatic Train Operation)— 列车自动驾驶;
EBCU(Electronics Brake Control Unit)— 电子制动控制单元;REP(Repeater)— MVB中继器;
CCF(Central Control Functions)— 中央控制功能; CIO(Compact IO)— 紧凑型输入/输出;
EDCU(Electronics Door Control Unit)— 车门控制单元;HMI(Human Machine Interface)— 人机界面;
HVAC(Heating Vent Air Conditioning)— 通风空调控制单元;SKS(SIBAS KILP Station)— SIBAS KILP站;
MVB(Multifunction Vehicle Bus)— 多功能车辆总线; M(Motor)— 电机;
PI/PA(Passenger Information/ Public Address system)— 乘客信息控制/公共报站系统单元;
TCF(Traction Control Functions)— 牵引控制功能; VCU(Vehicle Control Unit)— 车辆控制单元

制单元(HVAC)、电子制动控制单元(EBCU)等通过多功能车辆总线(MVB)相互交换信息和数据。为了解决在线路上传输的信号功率逐渐衰减造成信号失真而导致接收错误,因而在各微机功能控制单元与多功能车辆总线之间设置中继器(REP)完成信号调整和放大功能,以此来延长信号传输的长度。

其中车辆控制单元(VCU)属于 SIBAS32 设备系列,广泛应用于铁路及城市轨道车辆,该控制功能分为 2 组中央控制功能(CCF)及牵引控制功能(TCF),仅在动车中配置,如 Mp 车及 M 车,而在 Tc 车中没有配置。以下将分别介绍各控制单元的具体组成及基本功能。

9.3.1 中央控制功能(CCF)

中央控制功能(CCF)与所有连接了多功能车辆总线(MVB)的子系统进行通信,这些子系统包括:SIBAS KILP 站(SKS)、紧凑型输入/输出(CIO)、制动电子控制单元(BECU)、牵引控制功能(TCF)、通风空调控制单元(HVAC)、车门控制单元(DCU)、辅助逆变控制单元(AI)、乘客信息控制/公共报站系统单元(PI/PA)、人机界面(HMI)。中央控制功能(CCF)从这些子系统处接收及发送控制信号给这些子系统。另外,它还接收和构建诊断数据,而且对每个子系统的有效性和故障状态进行监控,其主要的功能包括:

(1)牵引制动功能

① 在司机驾驶模式下定义目标速度和最大加速度;

② 在司机驾驶模式或列车自动驾驶(ATO)模式下,为整列车的每个牵引控制功能(TCF)分配相应的牵引及电制动力参考值;

③ 在司机驾驶模式或列车自动驾驶(ATO)模式下,为整列车的每个制动电子控制单元(BECU)分配相应的制动力参考值;

④ 定义合适的轮轨摩擦系数;

⑤ 通过闭环控制器来控制加速度;

⑥ 通过速度控制器控制最大速度;

⑦ 在列车停车时,将电制动和空气制动同步;

⑧ 如有必要,监控速度,并执行紧急制动。

(2)空气制动功能

① 监控并诊断主风缸压力状态;

② 当泵压处于 7 kPa 至 9 kPa 之间时,控制两个空气压缩机,使两个空气压缩机交替运行;

③ 监控并诊断每台车上风缸压力的有效性;

④ 监控并诊断停车制动;

⑤ 监控并诊断制动风缸压力状态。

(3)总体列车功能

① 监控并诊断受电弓状态;

② 监控并诊断闸刀开关状态;

③ 监控并诊断辅助逆变器状态;

④ 控制并诊断车门系统,构建车门开关指令;

⑤ 控制并诊断通风空调控制单元(HVAC);

⑥ 控制乘客车厢照明;

⑦ 如果出现欠压,监控并诊断蓄电池;

⑧ 控制并诊断司机室/主开关状态;

⑨ 在车辆控制单元(VCU)出现故障时,控制其主要变化;

⑩ 监控司机室内的旁路开关;

⑪ 支持乘客信息控制/公共报站系统(PA/PI)子系统。

(4)控制司机室内的司机显示屏即人机界面(HMI)

① 向司机显示屏发送故障及信息;

② 在司机显示屏上控制状态和过程变量;

③ 从激活的显示器处接收按钮指令。

(5)诊断功能

① 储存从中央控制功能(CCF)传来的所有单个故障;

② 储存从所有子系统传来的评估故障状态;

③ 储存从所有子系统传来的单个故障;

④ 诊断多功能车辆总线(MVB);

⑤ 自我诊断自身车辆控制单元(VCU)硬件。

其中,在中央控制功能单元中主要由中央故障存储单元来实现对车辆各子系统的故障信息存储、诊断及评估。

9.3.2 牵引控制功能(TCF)

牵引控制功能(TCF)的功能主要包括:

(1)根据司机或者列车自动驾驶模式下,驱动相应的牵引及电制动;

(2)为获得乘车舒适性设定相应的急停限制;

(3)车轮防空转及防滑自动保护;

(4)存储与牵引控制功能(TCF)相关的诊断;

(5)高速断路器的开启和关闭;

(6)支持调试及维护功能。

9.3.3 电子门控制单元(EDCU)

电子门控制单元(EDCU)包括内部电源,微控制器和程序存储器,分为具有主卡的车门控制单元(EDCU-M)和无主卡的车门控制单元(EDCU-S)两种类型。

微控制器用来驱动车门电机,并控制电机转矩、电机电流和速度。每个车门均由单独的EDCU控制,在一节具有10个车门的车厢中的车门控制单元结构框图如图9.2所示,车端起始的头两个车门处,安装了具有主卡的车门控制单元(EDCU-M),该单元能够通过多功能车辆总线(MVB)实现与相应的微处理器和其他列车进行信息交换。通常情况下,其中一个具有主卡的车门控制单元(EDCU-M)执行与车辆控制单元(VCU)的通信任务,而另一个为具有主卡的车门冗余控制单元,在一个具有主卡的车门控制单元发生故障时承担主要功能。无主卡车门控制单元(EDCU-S)通过RS485接口与具有主卡的车门控制单元(EDCU-M)通信。

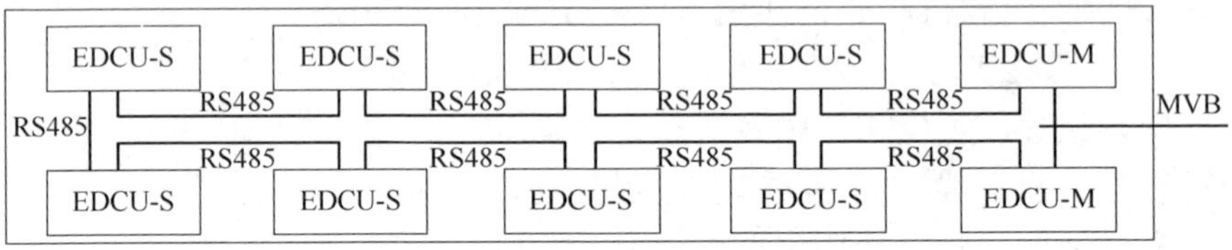

图9.2 车门控制单元结构框图

EDCU-M(Electronics Door control unit with master card)—具有主卡的车门控制单元

EDCU-S(Electronics Door control unit without master card)—无主卡的车门控制单元

在一般情况下,具有主卡的车门控制单元能够通过多功能列车总线接收车辆控制单元控制信号,而该单元将得到的信号通过RS485接口传递给本节列车的9个车门控制单元,实现本节车车门控制同步;而具有主卡的车门控制单元亦可通过RS485接口将其余9个车门控制单元及本控制单元的车门状态及故障信息汇总,通过多功能列车总线传递给相应的车辆控制单元。

9.3.4 辅助逆变控制单元(AI)

辅助逆变器由西门子车载电源紧凑型控制单元(SIBCOS)进行控制,它通过多功能车辆总线(MVB)向车辆控制单元(VCU)传递信号。辅助逆变器内部控制器之间的通信通过局部控制器区域网络(Controller Area Network,简称CAN)总线完成。辅助逆变器控制系统执行下列功能:

(1)控制辅助逆变器输入和输出变量;

(2)控制内部接触器和断路器得电、监控和联锁;

(3)所有运行状态的监控,并将它们报告给车辆中央控制功能模块;

(4)存储用于诊断目的带计时标志的故障状态;

(5)存储故障检测和清零所需的所有参数;

(6)进行自身设备所有输入和输出的超载和短路保护;

(7)监控预充电故障时,预充电过程和故障显示;

(8)使得本控制器 RS232 维护接口生效,以便用于辅助逆变器的诊断,通常该 RS232 接口与 SIBCOS 相连,并提供接口可与手提电脑相连接,从而可以完成具体的提取故障、进行故障分析、修改控制参数等功能。

9.3.5 空调控制单元(HVAC)

单节车辆空调的所有控制和调节功能均由安装在带有微电脑控制的数字控制器软件联合空调装置单元的电气部件执行。该数字控制器处理并预测所有控制和调节数据,比如开关状态、温度等,并计算考虑在安全运行条件下的电流参数。每台车上安装有两个空调数字控制器,对乘客车厢和司机室的空调通风机进行中央控制和调节,控制和调节功能通过数字控制器的输入、输出信号实现。在环温基础上,空调通风数字控制器在制冷、通风或制热操作模式下运行空调单元。

空调单元的启动顺序由该数字控制器控制,所有的空调通风数字控制器通过多功能车辆总线(MVB)相连,以便交换信息。当 MVB 信号遗失或两个空调通风数字控制器出现"空调负载启动"信号过低时,即"空调无法负载启动"信号时,空调通风数字控制器将空调通风单元切换到"紧急通风"模式。紧急通风模式下,空调单元的制冷和制热功能将关闭,仅使紧急通风模式有效启动,这种情况下,通风风扇将由 110V DC 蓄电池供电。

9.3.6 乘客信息控制/公共报站系统单元(PI/PA)

乘客信息控制/公共报站系统功能通过司机室音频通信元件(Cab Audio Communication Unit,简称 CACU)的软件实现。每辆 Tc 车的设备构架上均装配有一个司机室音频通信元件模块,模块的前面板用来提供不同线路的连接通路,并显示它们的状态信息。

司机室音频通信元件(CACU)的主要功能包括:

(1)进行司机对乘客的公众广播;

(2)进行后部司机室对乘客公众广播;

(3)数字记录的公众广播;

(4)司机对乘客的警示和通信;

(5)司机室内部通信。

9.3.7 SIBAS KLIP 站

SIBAS-KLIP 站源自于德语“智能外围接口终端”，用来建立分布式控制系统，可输入输出各种控制信号，通过接口与 MVB 总线相连。SIBAS-KLIP 站接受来自各子系统的数字或模拟信号（如状态、故障等），即每一个状态、故障信号都是先送至 SIBAS-KLIP 站，并变换成总线信号，再由 SIBAS-KLIP 站将信号送至中央控制功能（CCF）中的中央故障存储单元。这不仅减少了布线数量，也对中央故障存储单元提供了好的接口。中央故障存储单元中储存的信息，可以显示在司机显示器的屏幕上，或通过专用连接显示线以两种工作模式（面向运行的司机模式和面向检修的检查模式）显示。

电子制动控制单元（EBCU）在制动系统章节中已有详细叙述，不再介绍。

9.4 信息及诊断系统

以西门子公司列车控制系统为例，其信息及诊断系统包括以下三部分：

中央控制功能（CCF）中的中央故障存储单元、SIBAS-KLIP 站及故障显示器，共同构成了完整的信息及诊断系统。其主要的功能包括：

（1）接收来自外围设备的信号；

（2）储存故障信息和发生时间；

（3）评估和分析故障信号。

地铁列车是多学科、系统化、高集成度的工业产品。它由上百万个零部件组成，每个故障都会对整个系统造成不同程度的影响。专家们为故障评估定义了故障目录和一系列的规则。每个单独的故障和/或组合作为输入，并会触发评估系统的评估处理。司机可以从系统得到指示：运营能够继续或在下一站清客。

司机总能够从司机显示器中得到当前的列车状态信息（受电弓状态，车门状态等），也可以得到异常状态下的相关指示（当发生了严重故障的时候）故障根据其对子系统、列车的性能或安全性的影响划分为不同的等级，且所有的故障都有声光信息显示给司机。

列车诊断的故障通常分为以下三级：

（1）故障 1 级：当前故障不影响列车的正常运行，列车可在计划维修时处理该故障；

（2）故障 2 级：当前故障影响列车的正常功能，列车可在运营结束后回库维修；

（3）故障 3 级：当前故障严重影响列车的正常运营，在大多数情况下，若故障不消失，列车需要回库进行维修。

而子部件故障通常也分为三级：

(1)轻微故障：不影响部件系统功能；

(2)中等故障：限制部件系统功能；

(3)严重故障：严重影响系统的故障，系统将自动关闭。

并非所有的子部件都有三个故障等级，如列车辅助系统只有中等故障和严重故障，而没有轻微故障。

本章小结

现代列车控制是由挂在列车通信网络上的多微机系统来实现的，包括司机室内的微机系统、电动车组及中间车辆上的微机系统。各微机系统各自耦合在车辆的本地网络，即所谓的总线上，并通过列车总线相互交换信息和数据。

国外城市轨道控制系统发展得较早，微机控制系统的理论和实践的成果也比较多，比较成熟的系统有德国的 SIBAS 系统、北美的 MITRAC 系统、法国的 AGATE 系统和日本的 TIS 系统，其中西门子公司 SIBAS 控制系统主要包括有中央控制功能、牵引控制功能、车门控制单元、制动电子控制单元、辅助逆变控制单元、空调控制单元、乘客信息控制/公共报站系统单元及 SIBAS KLIP 站等基本组成和功能。

思考题

1. 现代列车控制是通过什么来实现的？
2. 现代列车控制包括哪些基本的控制单元？
3. 列车控制单元通过什么来进行信息交换？
4. 信息及诊断系统包括哪几部分？
5. 信息及诊断系统的主要功能包括哪些？
6. 简述西门子车门控制器的主要工作原理。

第 10 章　车辆振动与噪声

城市轨道交通车辆在运行时，由于线路不平顺等原因会引起车辆的振动，不可避免地要产生噪声，轮轨的振动及车辆的设备运行也都会产生噪声。振动与噪声达到一定的强度将会有不可忽视的严重危害，尤其是在轨道交通网络形成之后，会对工作人员、乘客、周边行人、居民，甚至设备造成一定的损伤，而持续不断的高噪声会给人体带来压力感、疲劳感、甚至会对神经、听力造成严重损害。因此，在本书中重点分析在城市轨道交通中与车辆直接相关的振动和噪声。

10.1　城市轨道交通车辆振动与噪声

10.1.1　城市轨道交通车辆振动与噪声的影响

近年来，我国城市轨道交通建设取得了很大的成就，不仅有效地改善了城市的交通环境，而且极大地促进了城市建设和经济的发展。但不可否认的是，城市轨道交通的发展也给城市的发展带来了很多负面的影响，诸如噪声、振动、电磁辐射和景观以及日照等方面。尤其是振动和噪声，无论是地下、地面，还是高架城市轨道交通，其负面影响越来越受到重视(见图 10.1 中①②③)。

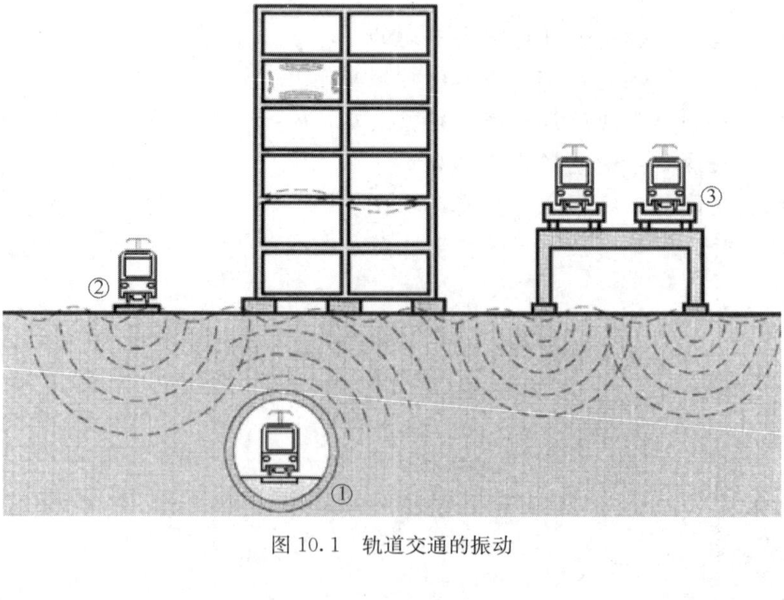

图 10.1　轨道交通的振动

一列轨道交通车辆通过时，在地面建筑物上引起振动的持续时间，大约为10 s。在一条线路上，高峰时两个方向一小时内可以通过30对列车，有时甚至会更多。因而，振动作用和持续时间，可以达到轨道交通总工作时间的15%～20%。因此，轨道交通运行中对城市产生的振动和噪声污染不能忽视。目前，国内尚未有地铁与轻轨交通振动与噪声标准，只能参考国家环保局制定的城市区域振动标准，其振动标准为："交通干线道路两侧昼间为75 dB，夜间为72 dB"(分贝dB作为统计声音响度或者声压级的衡量单位)。

我国对于减振、降噪技术的研究起步较晚，随着我国第一条城市高架轨道交通线——上海市轨道交通3号线的通车运营以及2号线东延伸段、1号线北延伸段的开通，特别是在城轨交通网络形成之后，振动和噪声问题影响面越来越大，引起了社会的广泛关注。车内的噪声影响乘客和驾驶员；车站内的噪声影响车站内候车人及车站工作人员；而路边噪声则影响着邻近线路附近区域居住或工作的人们。其噪声包括：车辆机械、空调、受电弓与接触网噪声、轮轨作用噪声、结构反射二次噪声(见图10.2)。

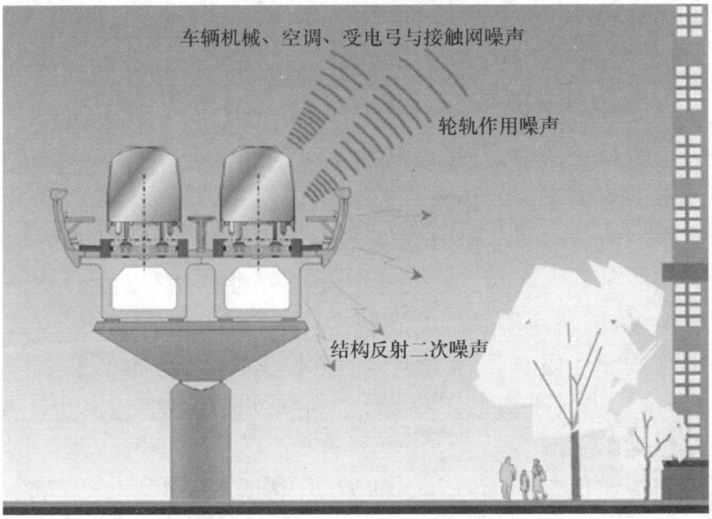

图10.2　高架线路的噪声传播

振动是噪声产生的根源，因此，解决噪声问题，研究噪声产生的原因，一定要先了解振动。

10.1.2　城市轨道交通车辆的基本振动型式

轨道车辆的基本振动型式有6种。车辆的车体、转向架及其他零部件在不考虑车体自身的弹性振动时，作为刚体在车辆弹性悬挂装置系统上的振动根据三维坐标系 x、y、z，3 个坐标轴中的 6 个自由度，可分为 6 种振动型式，包括：伸缩、横摆、浮沉、侧滚、点头和摇头。当车辆运行时，在线路不平顺的随机激励下，车体、转向架及其他零部件都会产生振动。此时，上述各种振动都会同时呈现，但是振动幅度和频率将是随机变化的。如图 10.3 所示。

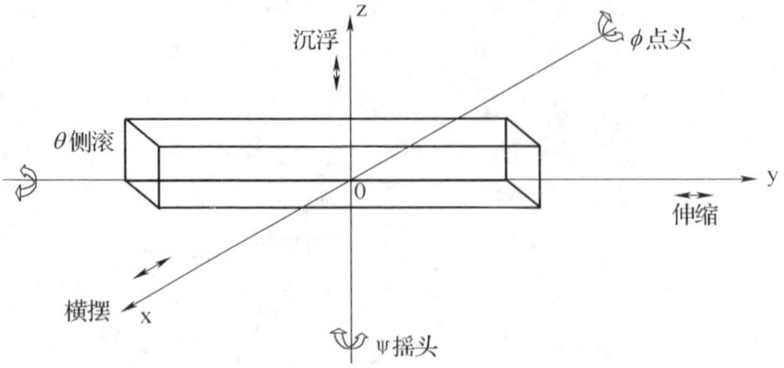

图 10.3 轨道车辆车体振动的基本振动型式

10.1.3 城市轨道交通车辆振动的原因

引起车辆振动的原因有 2 种，包括线路的原因和自激性的原因。轨道实际几何形状与名义尺寸的偏差称为轨道不平顺。轨道的不平顺会随着运用而逐渐扩大。结果扩大了轮轨打击力，反过来又加重了线路的不平顺。城轨交通中的轨道与传统铁路的轨道有所不同。传统铁路的轨道由钢轨、轨枕、道砟(道床)、路基组成。城轨交通中的轨道除了少部分线路采用石砟道床外，一般在隧道或高架线上均采用整体道床或承载台等形式。对于轨道不平顺扩大的问题，整体道床比石砟道床问题要小得多，但轨道不平顺的问题是普遍存在的。

轨道不平顺按照性质有 3 种类型：离散不平顺、周期性不平顺和随机性不平顺。如道岔、低接头等属于离散不平顺，钢轨接头、波浪磨耗属于周期性不平顺。三角坑属于随机性不平顺。

轨道不平顺按照位置的偏差有 4 种类型：高低不平顺、水平不平顺、轨距不平顺和方向不平顺。高低不平顺可以用左右轨面高度的平均值表示为：

$$Zv=\frac{Z_1+Z_2}{2} \qquad 式(10.1)$$

式中 Z_1——左轨面高度值；

Z_2——右轨面高度值。

水平不平顺可以示为：

$$Z_C=Z_1-Z_2 \qquad 式(10.2)$$

方向不平顺可以用左右轨面上纯滚动线距线路中心线偏离量的平均值表

示为：

$$Xa=\frac{X_1+X_2}{2} \qquad 式(10.3)$$

式中　X_1——左轨面上纯滚动线距线路中心线偏离量；

　　X_2——右轨面上纯滚动线距线路中心线偏离量。

各种不平顺对车辆运行的平稳性、安全性有重大影响，因而要限制不平顺的幅度。

车辆在运行过程中，在车轮与钢轨的接触面之间存在着一定的蠕滑力，它会随着车轮与轨面的相对位置或运动状态而发生变化。在一定条件下，蠕滑力会激起车轮甚至车辆发生剧烈振动，因其振动原因是自激性的，而不是因为线路不平顺所产生，故这种振动称为自激振动，这种自激振动主要是在横向平面内产生的，它会引起车辆及其部件的剧烈摇头和滚摆。

10.2　车辆噪声源分析

城市轨道交通的噪声是由车辆、线路或其他噪声源产生，各种类型的噪声可能来自一个或几个噪声源，并且由这些噪声源沿着各种各样的途径进行传播和扩散。为了研究噪声及解决噪声问题，可通过声源（即噪声的发源地，可能是机械、化学、电化以及生物等），传播途径（即噪声传送的方式）以及接受点（噪声影响范围内的位置）这 3 个方面对其进行分类和研究。了解声源、途径和接受点就可以有针对性地寻求降低、衰减噪声的措施和途径，对现存的噪声进行防护，最大限度地降低噪声对人体造成的损伤。在本书中重点介绍由城市轨道车辆自身原因引起的各类噪声。

10.2.1　轮轨噪声

钢轨与车轮之间相互作用而产生的声响，称为轮轨噪声。这种相互作用在车轮和轨道相接触处产生力的作用，造成车轮和轨道的振动而向外辐射声波。

轮轨噪声有 3 种主要类型：摩擦噪声、撞击噪声和轰鸣噪声。每一种均由相对应的机械结构所产生。

1. 摩擦噪声（或尖啸声）

一般的转向架式车辆，轮对车轴平行地配置于转向架构架中，当运行在小半径曲线线路时，车轮沿曲线钢轨并非纯滚动运行，轮对的两车轮是固定的，内、外轨的长度随曲线在变化，就必然要产生局部的滑动，即所谓“卡滞—滑动效应”。这种曲线轨道对车轮对不完善的导向造成“卡滞—滑动效应”，结合车轮和轨道的振动响应，形成一种高频的尖啸声。影响这种摩擦噪声因素最主要的是曲线半径、转向架轴距、车轮振动阻尼特性、轮轨表面之间的黏着系数和所采用的材料以及气候等，这种噪声在干燥的气候噪声强度十分可观，而在潮湿有雾气的条件下可能完全消失。

2. 撞击噪声

它是由车轮或钢轨表面的不平顺所产生。这种不平顺包括钢轨接头的缝隙，轨面擦伤和车轮踏面局部磨损、剥离、凹陷等。钢轨接头的台阶和折角使车辆行驶时发出“卡塔—卡塔”的撞击声，研究结果表明，如果两钢轨末端接头处于同等高度，那么撞击噪声是微不足道的。如果车辆正在行驶所处的第一条钢轨其末端比前面与其相接的第二条钢轨端头的位置高，即所谓处于下台阶情况，噪声就随着车速的加快而增长至某一定值，车速再增长它基本保持恒定值。当第一条钢轨末端比第二条钢轨连接端头所处的位置低时，即所谓升高台阶处，那么噪声随着车速的提高而不断增长，这样升高台阶就成为一个较严重的噪声源。由车轮踏面缺陷所引起的噪声与钢轨接头下台阶处的情况相似，车速超过了某一定值，噪声级就不再增长了。

3. 轰鸣噪声（或滚动噪声）

轰鸣噪声是由于车轮和钢轨接触表面局部小面积粗糙所造成。研究结果表明，轮轨接触区域越大，所产生的轰鸣噪声就越少，当轰鸣噪声达到顶点的频率时钢轨将成为主要噪声源。减小轮轨接触面的粗糙度是降低轰鸣噪声行之有效的途径。

10.2.2 车辆非动力噪声

车辆非动力噪声主要指制动系统在实施制动时闸瓦与车轮或闸片与制动盘之间的摩擦振动，它激发制动闸瓦、闸瓦托架、闸片以及制动盘等产生自激振动形成噪声。

车辆的非动力噪声还有制动系统中悬挂连接和支座中所使用的许多销套，由于销套与销轴之间的间隙在运行中相互撞击而产生噪声。此外还有车辆的辅助系统（空调装置、空压机等）所辐射的噪声。

10.2.3 牵引动力系统噪声

牵引系统设备运转所产生的噪声，包括牵引电机、冷却风扇以及齿轮箱的噪声，它是城市轨道交通主要的噪声。牵引系统的噪声，特别是电机冷却风扇的噪声，随列车运行速度的提高而增长，其程度往往要大于轮轨噪声。

近来，对混凝土高架铁路的研究表明，混凝土高架铁路上的牵引动力系统噪声级比地面道床轨道上的噪声级高 5 dB(A)。这主要是因为高架铁路上轨道下面缺少吸音材料，如道砟、泥土等。

在车体向下延伸部分装设车裙，可起到阻挡牵引系统噪声由底架向外辐射的作用。车裙在与车下吸声装置相结合后能使混凝土高架铁路上的牵引系统噪声降低 5 dB(A)。使用车裙和车下吸声装置可使对声屏障的需要减少到一半，故在经济上是有效益的。

10.2.4　高架轨道噪声

由高架结构的振动而辐射的振动与噪声称为高架轨道噪声。当列车行驶在高架结构上时，轮轨相互作用所产生的振动通过轨道传递给支承结构，将激发高架结构梁、柱的振动而辐射噪声，特别带有"空腔"的结构如箱形梁起到乐器"共鸣箱"的作用，二次辐射的噪声不可忽视。支承结构将噪声向周边地区进行传播，它比之列车行驶于一般的路堤带坡度道床时所产生的噪声级要高得多，一般要高20 dB(A)。

针对这 3 种高架轨道交通线路进行现场测量，结果发现，在高频状态下，钢轨为主要噪声源，而中频的主要声源是高架结构梁。所以为大幅度地降低噪声级，就必须同时降低钢轨和结构梁的噪声。

10.2.5　地下铁道的地面承载噪声

地下铁道轮轨间相互作用而产生的振动被传递给隧道结构，继而又传向周围的土壤。振动通过土壤再向邻近的建筑物传播，从而导致地下及墙壁的振动和噪声向建筑物内房间的第二次辐射，它是一种低频声响，就如同外界振动使房间中的窗户所发出的"喀喀"声响。地面承载噪声和振动是一个相当严重的干扰源，它也是公众向交通部门抱怨的一个主要对象。因此更有效地预测和抑制地面承载噪声和振动，对缓和这类社会问题具有现实意义。

此外还有空气动力噪声。随着列车速度的提高，列车车头以及在列车上各个突出和凹陷的部分，车顶的受电弓等，在空气中高速移动时，周围空气在非恒定的气流中发生变化，从而产生空气动力噪声。风洞试验表明，物体产生的空气动力噪声与空气的流速呈 6 次方关系增加。通过对车头形状的流线型处理，对于突出于车体的某些设备或装置的结构进行改进或将其移到可用隔音罩予以屏蔽的车体下部，均可抑制非恒定涡流的发生，降低空气动力噪声，从而减少噪声对沿线的影响。

10.3 城市轨道交通车辆噪声特征分析

10.3.1 线路环境噪声的组成

轨道交通沿线的环境噪声主要由列车辐射的稳态噪声与行车有关的间歇噪声两部分组成：

(1)列车辐射的稳态噪声

包括列车运行时轮轨相互作用产生的轮轨噪声、车辆动力装置和辅助系统辐射的噪声以及高速运行时的空气动力噪声等。

(2)与行车有关的间歇噪声

包括通过曲线、道岔、制动、鸣笛、交会和调车连挂所引起的噪声。

10.3.2 城市轨道交通车辆辐射噪声的特征

通过对列车运行辐射噪声的测试与分析研究，可知列车辐射噪声A声级随运行速度的提高而增加，列车种类、线路结构、轨枕、轨道等对其均有影响，其特征主要包括：

(1)列车运行辐射噪声频谱呈低、中频特性，峰值频率在63～500 Hz范围，该频谱主要是由轮轨噪声、动力装置噪声和列车声学特性所决定。

(2)线路设置的位置(如设于地下、地面或高架等)是影响噪声级的决定因素。地下线路一般比地面线路产生更大的车内噪声级，高架线路产生的路边噪声级比地面轨道的噪声级要高。

(3)运载设备的使用时间长短是噪声级的另一个决定因素。使用年久的车辆车内噪声级一般较高，新设计车辆由于采用许多声学上处理，车内和站内噪声级都会有明显降低。

(4)在相同车速条件下，车型不同A声级也不同，这主要是由于不同机车车辆声学处理不同，一般客车比货车稍低。

(5)与噪声级相关的其他条件还包括列车的运行速度、采用的钢轨(无缝长钢轨或一般有缝钢轨)、车轮踏面上的擦伤、钢轨表面局部粗糙状况以及线路小半径曲线等。

(6)列车辐射噪声的分布特征：

① 列车辐射噪声垂直于轨道方向变化的规律是测点沿垂直轨道距离，随着距离的增加而衰减。

② 列车辐射噪声沿高度方向变化的规律是A声级在高度方向上呈现逐步减

弱的趋势，该情形的出现主要由以下原因产生：低速列车以轮轨噪声为主，越接近轮轨噪声的辐射位置声功率级越大，随距离递增而衰减；轮轨噪声辐射有指向性，这也是导致声阵列中声功率级从下而上衰减的因素。

10.4 城市轨道交通噪声的评价与标准

目前国内还没有一套标准的城市轨道交通噪声的评价方法和标准。可供参考的标准有工业发达国家以及一些国际性大都市所拟订适用于本国或本市的轨道交通噪声测量以及评价标准；还有国际铁路标准化组织(ISO)的"声学—轨道车辆内部噪声测量"(ISO3381—1976(E))；我国标准"铁路机车车辆内部噪声测量"(GB/T 3449—1994)、"铁路机车司机室噪声允许值"(GB/T 3450—1994)等。我国国家标准《城市区域环境振动标准》(GB 10070—1988)、《城市区域环境噪声标准》(GB 3096—1993)和《城市区域环境噪声适用区域划分技术范围》(GB/T 15190—1994)规定，对于特殊住宅区，其室内振动标准值为68 dB(A)，噪声标准值为昼间50 dB(A)和夜间40 dB(A)；对于普通的居民区，室内振动标准值为昼间70 dB(A)和夜间67 dB(A)，噪声标准值为昼间55 dB(A)和夜间45 dB(A)。

按照城市轨道交通系统特性，噪声测量点可分为不同类型，例如车站型、车辆型、道床型以及公共场所型等，选择代表着系统特点的典型噪声测量点，可由该测量点测得的噪声级对整个系统的噪声情况进行推断和归纳。

影响城市轨道交通噪声主要有来自车辆本身、线路、车流量以及鸣笛等。车内噪声主要影响乘客和驾驶人员的舒适、健康和行车安全。车外噪声涉及站内乘客、工作人员以及沿线居民的噪声干扰。

10.4.1 评价方法

噪声对人的危害和影响包括许多方面，它与噪声源的特性(如噪声强度、频率和时间特性等)有关，也与人耳的听觉特性和人对噪声的主观心理反应有关，多年来各国学者对噪声的危害和影响程度进行了大量的研究，提出各种指标和评价方法，期待得出与主观响应相对应的评价量和计算方法，以及应该控制的数值和范围。在这方面大致可概括为：与人耳听觉特征有关的评价量，与心理情绪有关的评价量，与人们的健康有关的标准(工厂噪声)，与室内人们活动有关的评价量等等。这些不同的评价量各自适用于不同的环境、时间、噪声源特性和评价对象。

由于环境噪声的复杂性，迄今所提出的评价量达数十种之多，现仅选择几种已经被采用而且已被公认的评价量进行介绍：

(1)A计权声级

为使声音的客观量度与人耳听觉的主观感受近似取得一致，在测量声音的仪器（如声级计）上装设频率的计权网络，即加上滤波器。一般这种计权网络有A、B、C三档（分别相当于人耳对低、中、高声级的响应），分别记为dB(A)、dB(B)、dB(C)，最常用的为A计权声级。用A计权网络测得的声级与由宽频率范围噪声引起的烦恼和对听力危害程度的相关性较好。

(2)等效连续A声级

用声音能量按时间平均的方法来评价噪声对人的影响，即等能量声级，它是用一个在相同时间内声能与之相等的连续稳定的A声级来表示该时段内不稳定噪声的声级，它能反映在声级不稳定场合人们实际所接受的噪声能量的大小。

(3)响度级

这是描述人耳对不同频率（纯音）和强度的声音的一种主观评价量，用一组等响度曲线对不同的声音作出主观上的比较。它是以1 000 Hz纯音为基准，对听觉正常的人进行大量比较试听的方法来定出声音的响度级的，单位是方(phon)。

(4)语言干扰级

语言干扰级是作为一种对清晰指数的简易转换，最初主要用于飞机客舱噪声的评价，现已推广用于其他许多场合。现用的更佳语言干扰级(PSIL)是取500、1 000和2 000 Hz3个倍频带声压级的算术平均值。

除了以上简述的4种噪声评价方法之外，较有名的还有感觉噪声级、更佳噪声标准(PNC)曲线、噪声污染级、昼夜等效声级、噪声冲击指数、噪声掩蔽等等。

10.4.2 评价标准与指标

“美国公共交通协会”所制定的噪声级指标是以确保私人谈话能以正常声音进行而设计制定的。在背景噪声级为78 dB(A)时，人们在0.35 m的距离处可以用正常的声音进行谈话，但当背景噪声级达83 dB(A)时，为使对方能听见自己的声音，他们必须要提高噪音。按该指标规定，根据城市轨道交通类型的不同，可接受的最大车内噪声应在70 dB(A)～80 dB(A)，站内噪声75 dB(A)～85 dB(A)。对于地铁来说，噪声级的上限可设得高些，因为将它的噪声级降到与地面铁路相同的程度是极困难的，在经济上也是极昂贵的。路边噪声级的上限随路边地区建筑物和地面类型的不同而有所差异，其上限值在居民区为70 dB(A)，在工业区为85 dB(A)的范围内变化（距线路中心线15 m处）。有资料报导美国城市轨道交通很多没有达到“协会”所规定的指标要求。

我国“地下铁道车辆通用技术条件”(GB/T 7928—1987)规定：司机室内的噪声不超过80 dB(A)，客室内的噪声以不超过83 dB(A)为限。

10.5 车辆辐射噪声防护措施

目前,降低车辆辐射噪声的措施有多种,本节重点介绍从轨道线路、车辆结构角度及轮轨关系等角度出发,近年来被广泛使用的一些车辆辐射噪声防护措施。

10.5.1 高架线路设置高度较低的声屏障

如果在高架线路近旁设置高度较低的声屏障,能有效地降低列车辐射噪声对周围住宅的影响。各测点声级均有较大幅度的下降,下部测点比上部更为显著。平道线路旁设置声屏障也能有效地降低列车辐射噪声。

10.5.2 选择合适的钢轨降低轮轨噪声

采用长钢轨比采用短钢轨,列车噪声会降低 6 dB(A)～8 dB(A)。如果曲线区段的钢轨采用具有抑制"卡滞—滑动效应"的钢轨材料,如低合金钢 15NiCuMoNb5,50CrMoV4 和 14NiCrl4,可使曲线运行轮轨之间产生摩擦噪声的轨道与车轮运行方向之间的临界倾斜角可增大,也就是说,在不改变转向架结构前提下,通过更改钢轨用钢,可降低车辆过曲线时的噪声,增大轨道与车轮运行方向之间的临界倾斜角,使得转向架过曲线时不产生噪声的最小曲线半径减小。在同一倾角下采用上述三种低合金钢,其噪声值明显低于一般碳素钢。

10.5.3 从车辆结构角度降低轮轨噪声的系列措施

(1)在车轮上装设谐振消声器

车辆在高速运行时,车轮在钢轨上高速滚动,由于轮轨表面粗糙度以及轮轨的缺陷,造成对车轮的激扰,从而产生滚动噪声。另外,当车辆通过小半径曲线时,由于车轮支承点相对于轨面产生横向滑动,导致车轮的轮辋、辐板产生轴向弯曲振动,发出尖啸声。

如果我们在轮辋或辐板上装设一种具有减振阻尼特性的扇形盘式板或环形板,即所谓谐振消声器,使之与车轮的主频率相一致。当车轮受到激扰,发生振动而辐射噪声时,扇形板或环形板发生共振,板上的阻尼材料将振动的能量转换为热能,达到衰减车轮辐射噪声。

国外研制的车轮谐振消声器主要有两种结构型式,即扇形盘式消声器和环形叠板式消声器,在德国 ICE 高速列车上装设这种消声器已经取得明显的消声效果。

(2)橡胶弹性车轮

在车轮的轮辋与辐板之间加设橡胶件,使二者之间金属脱离直接接触,利用橡胶元件把轮辋和辐板的振动转化为热能，吸收和衰减一部分噪声。其结构型式有压缩型、剪切型和压剪型等。经测试，弹性车轮对于水平和垂直激扰的消声效果相比于全钢整体车轮，可降低噪声达 10 dB(A)～20 dB(A)。

(3)制动组件上添加减振装置

闸瓦制动会使车轮踏面周期性地变得粗糙，甚至出现局部熔结，使踏面出现所谓波浪形磨耗，由此加剧了轮轨噪声。采用盘形制动代替闸瓦制动，改善了踏面状态，消除了波浪形磨耗，可降低轮轨噪声达 8 dB(A)。采用合成闸瓦(粉末冶金烧结闸瓦)，其所产生的制动噪声将比装用铸铁闸瓦低。

在实施制动时，由于存在“卡滞—滑动效应”，激发制动闸瓦、闸瓦托架和制动盘等产生自激振动，从而形成噪声。其噪声随着速度的下降明显增大。

制动系统产生共振与下列诸因素有关：

• 制动闸瓦的品质以及闸瓦摩擦面的结构；

• 制动拉杆的刚度和悬挂连接杆的斜度；

• 制动盘摩擦环圈的强度和制动盘凸缘的厚度。

为了减少制动噪声，可在制动组件上添加减振装置，例如在闸瓦托架装设阻尼装置。另外在闸瓦和托架连接上采用预张紧装置。采用这些措施后制动噪声可降低 20 dB 左右。

(4)转向架结构元件的辅助隔音措施

在城市轨道车辆的动力转向架和非动力转向架中，在声辐射和传递特性方面，都有一共同的结构特征，不论是车体、转向架构架或摇枕，大多为空腹的承载结构，彼此之间均采用橡胶连结元件或空气弹簧悬挂。这种结构能够起着将各个声源相互隔离和衰减噪声的效果，声波的辐射仅归诸于少数几个构件，即轮对驱动装置和车轮等。车体和转向架连接的球形心盘和磁轨制动所产生的次级噪声(颤动的敲击声)，应采取措施予以降低或避免。在转向架两侧面设置隔音罩和在线路两侧设隔音墙，对于滚动和制动噪声以及次级噪声的降低与衰减均有明显的效果，可降低 1 dB～4 dB。然而采用这一类声防护方法不仅投资费用高且对车辆的维修造成妨碍和困难，仅仅在万不得已时才予以采用。

(5)提高车体和门窗的隔声性能

列车在运行时轮轨的撞击和摩擦不仅要产生轰鸣和尖啸声，而且伴随有高频振动，由此还有可能激发车体钢结构的声频振动，从而再次发出噪声。试验表明，在车体钢结构内表面涂以石棉沥青浆后，钢结构的声频振动转化为热能散逸，从而可减少噪声向车内辐射和传递。在钢结构上涂敷阻尼材料后，改变了钢板的自振频率，避免噪声主频率与钢板自振频率一致时引起共振，提高了钢板的隔声性能。在 2 mm 钢板上涂以不同厚度的阻尼材料，随着厚度增加隔声性能也随之增大，厚度增至 6 mm 后隔声性能不再上升。车体涂敷石棉沥青浆后，隔声量可达2 dB(A)～3 dB(A)。

在门、窗结构上采用双层玻璃可明显提高隔声性能。车体的隔墙采用双层墙代替单层墙，是提高隔声性能减少车内噪声的重要措施。单层墙的隔声量与材料的质量、劲度、阻尼和频率有关，而双层墙中间有一层起缓冲作用的空气层，其隔声量可增加 4 dB(A)～5 dB(A)。

10.5.4　从轮轨关系角度提出的若干降噪措施

(1)降低轮轨表面粗糙度

车轮和钢轨的机械摩擦会引起滚动噪声，其频谱具有宽带的特征，没有明显的突峰。轮轨表面的粗糙度或不平顺，会造成轮轨振动并产生滚动噪声。因此，磨削车轮踏面和钢轨轨面，降低表面粗糙度，是降低滚动噪声行之有效的措施。

(2)车轮与钢轨材料的匹配

国外研究表明，当车轮轮箍由原来的普通碳素钢改为某种成分的低合金钢时，其滚动噪声可有明显的下降。

10.6　径向转向架

为了较为圆满地解决轨道交通车辆通过曲线轨道产生的振动、噪声问题，采用径向转向架技术是一种较为理想的解决措施之一。

在一般转向架设计中，为提高转向架横向运动稳定性，保证转向架在高速运行时的蛇行运动的稳定性，要求转向架的轮对与轮对间、轮对与构架间有足够的定位刚度及较小的车轮踏面斜度。这种刚性转向架在通过曲线时，由于两轮对在构架中保持平行配置，从而造成转向架的前位轮对的大冲角，轮对在通过曲线时除纯滚动的前进速度外，还产生横向的滑动速度，轮轨的接触面上要提供足够大的横向力，即所谓蠕滑力，使转向架产生瞬时的回转。当蠕滑力不足时，势必使轮缘贴靠钢轨，产生轮缘力，加剧曲线钢轨磨耗、轮缘垂直磨耗和噪声，造成轨距挤宽等。

为了提高转向架通过曲线的能力，又要求轮对与构架的定位尽量柔软，车轮的踏面应设计有较大的斜率，以使转向架过曲线时其轮对能处于(或接近)纯滚动的径向位置，从而可最大限度地降低车辆通过曲线时钢轨和轮缘的磨耗以及噪声。解决转向架横向运动稳定性和曲线通过能力这一对矛盾的最有效措施就是采用径向转向架(Radial Truck)技术。

径向转向架是为了提高车辆的曲线通过能力而在常规转向架的基础上设计出的转向架，广泛应用于货车、准高速列车和摆式列车上。近年来出于减轻轮轨磨耗，提高运行安全性的需要，径向转向架开始应用于城市轨道交通车辆上，并在日本、加拿大等国家获得了成功。径向转向架与普通转向架的区别在于结构不同，根据通过曲线方式的不同，径向转向架可分为自导向转向架(self steering truck)和迫导向转向架(forced steering truck)。自导向转向架在降低一系纵向刚度的同时，通过机构把前后两轮对铰接起来，这样在增加横向剪切刚度的同时，减小了转向架的等效弯曲刚度，从而在能保证车辆在具有足够的直线运动稳定性的同时，又能够减少通过曲线时的轮对冲角，轮对的轴线尽量指向曲线的半径方向，使轮对在蠕滑力的作用下易于实现相对回转，顺利通过曲线。迫导向转向架则是通过连杆机构将车体与转向架轮对相连接，通过曲线时，利用车体与转向架的相对回转，使机构分别推动前后轮对使其达到径向移动。径向转向架的这种结构特点可以减少轮缘和钢轨的磨耗以及侧向力，因此可以降低动力消耗和过曲线时轮轨的摩擦噪声，特别适宜于小半径曲线上车辆运行的要求，具有较大的技术经济意义。

自导向径向转向架是依靠轮轨间的蠕滑力进行导向的，它利用进入曲线时轮对间产生的蠕滑力，通过转向架自身导向机构的作用，使轮对"自动"进入曲线的径向位置。

对于运行速度较低，横向运动稳定性要求不高的情况，最简单的自导向转向架方案为采用一系柔性悬挂，降低轮对横移及摇头刚度，由于轮对车轮踏面锥度的存在，在过曲线时轮对就能自动趋于径向位置。

自导向转向架区别于常规转向架的2个根本特点为：

(1)两轮对间可以直接传递作用力，使轮对蛇行与车体转向架蛇行解耦，有利于车体的横向稳定性，临界速度可因此提高10%～30%。

(2)可以任意加大轮对间的相对剪切刚度而不影响曲线通过性能，这可以降低冲角，减轻轮缘磨耗。

最先取得成功并已得到普遍应用的轮对自导向转向架是南非铁路的对角斜撑转向架，发明者是南非铁路工程师(Herbert Scheffel)，所以也称Scheffel转向架(图10.4和图10.5)。

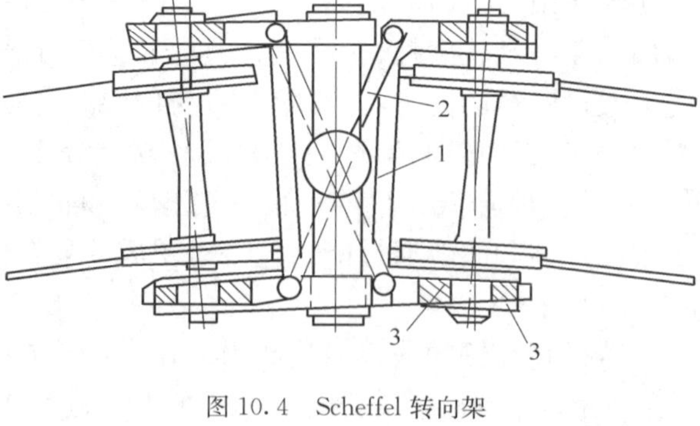

图10.4 Scheffel转向架

1—副构架；2—对角斜撑；3—承载鞍与侧架间的夹层橡胶垫

自导向转向架完全借助于蠕滑力导向，只有在曲线半径小于 1 000 m 时才能实现该功能，因此存在有一定的局限性，在半径大于 1 000 m 的情况下自导向转向架只能部分地改善曲线通过性能，并受横向稳定性的制约。

迫导向转向架的导向原理是利用车辆进入曲线时，车体与转向架之间产生相对回转运动，并通过专门的导向机构迫使轮对处于曲线时达到径向位置。

迫导向转向架特点(区别于常规转向架)是实现了由车体加于轮对的导向力或力矩的控制，尤其是对于地下铁道、城市轻轨、城郊和山区铁路等小半径曲线线路，更能发挥自导向转向架所不能起到的作用。

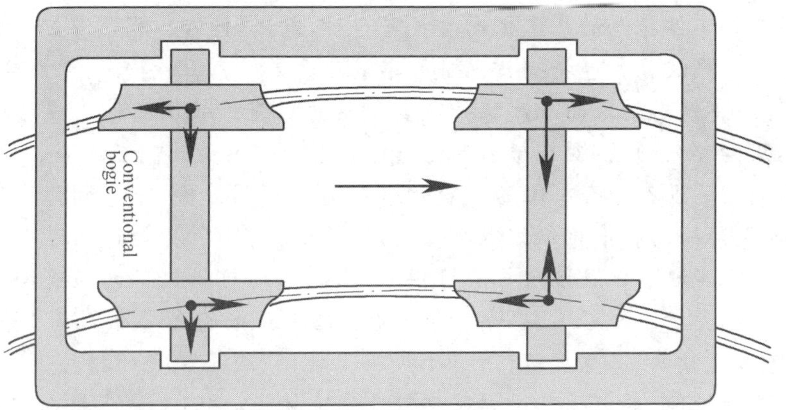

(a)传统的构架式转向架

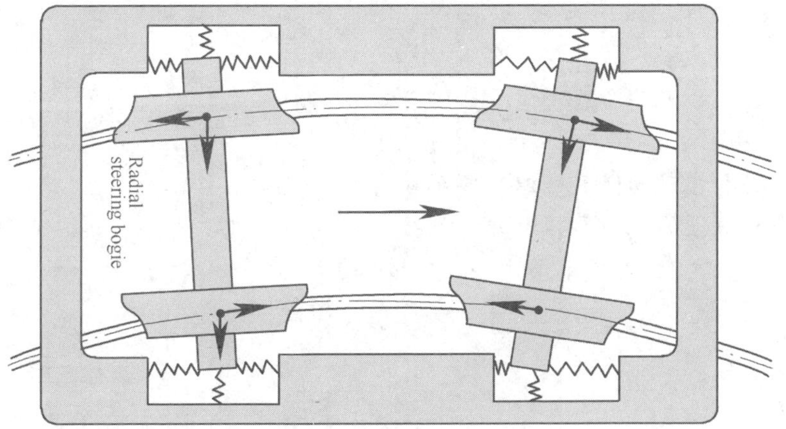

(b)径向自导向转向架

图 10.5　传统的转向架与径向自导向转向架

本章小结

城市轨道交通车辆在运行时，由于线路不平顺的原因和自激性的原因都会引起车辆的振动。轨道不平顺按照性质有3种类型：离散不平顺、周期性不平顺和随机性不平顺。轨道不平顺按照位置的偏差有4种类型：高低不平顺、水平不平顺、轨距不平顺和方向不平顺。各种不平顺对车辆运行的平稳性、安全性有重大影响，因而要限制不平顺的幅度。自激振动主要是在横向平面内产生的，它会引起车辆及其部件的剧烈摇头和滚摆。

轨道车辆车体振动的基本振动型式有6种，包括：伸缩、横摆、浮沉、侧滚、点头和摇头。城轨系统噪声包括：轮轨噪声、车辆非动力噪声、牵引动力系统噪声、高架轨道噪声、地下铁道的地面承载噪声及空气动力噪声。轨道交通沿线的环境噪声主要由以下两部分组成：列车辐射的稳态噪声与行车有关的间歇噪声。

目前国内还没有一套标准的城市轨道交通噪声的评价方法和指标，国外工业发达国家、国际铁路标准化组织以及一些国际性大都市所拟订适用于本国或本市的轨道交通噪声测量以及评价标准可供参考。另外，可供借鉴的还有国内轨道车辆相关噪声测量标准。经常被采用的而且已被公认的评价量供参考，包括：A计权声级、等效连续声级、响度级、语言干扰级。控制、减小噪声的措施有：提高车体和门窗的隔声性能，高架铁路设置高度较低的声屏障，站台对列车辐射噪声的衰减作用，在车轮上装设谐振消声器，橡胶弹性车轮，选择具有抑制“卡滞—滑动效应”的钢轨材料等。

思考题

1. 噪声和振动的研究可以从哪几方面入手？
2. 轨道交通的噪声和振动源有哪些？
3. 从车辆角度，可以采用哪些减振防噪手段？

第 11 章　新型城市轨道交通车辆

随着城市的发展，人们的生活节奏在不断的加快，同时人们对生活质量的要求也在不断提高，这意味着在人们对于出行时间、舒适度、安全性等方面的要求也越来越有个性化的趋势，这使得传统的公共电汽车越来越不能满足城市居民高频率的出行需要。

虽然传统的城巾轨道交通问世已有百余年历史，技术也比较成熟，但是由于存在建设成本高、周期长；对城市产生噪声、振动、景观等生态环境影响等问题，在某些情况下又难以得到理想的解决方法。因此世界上许多国家在地铁与轻轨的基础上进行变革与创新，又派生出多种新型城市轨道交通系统，而这些新型车辆在走行、导向、驱动甚至在研发的思维理念上与地铁和轻轨都有诸多不同，而且又具有许多独到的优点。

纵观众多新型城市轨道交通车辆，每种都有其他形式车辆难以比拟的优点，车辆技术工程师也在这些领域中不断探索，以求技术的创新。

11.1　直线电机地铁车辆

城市轨道车辆的牵引电动机长期以来都普遍采用直流旋转电动机。其传动方式有变阻控制和斩波调压控制。变阻控制在老式城市轨道交通车辆上普遍使用，结构简单，但由于车辆频繁起动和制动，使 20%左右的电能消耗在电阻上，这种方式已被绝大多数国家淘汰。斩波调压控制使用先进的门极可关断晶闸管(GTO)，取消了换流装置，体积和重量(质量)均有减少，并可实现无级调速，可使车辆平稳启动和制动，实现再生制动，节能效果显著，目前欧洲和日本均普遍采用。

近代最新发展的交流牵引旋转电机采用变频变压控制(VVVF)，它是一种变频器控制方式，使用逆变器将直流变换为交流，以电压和频率的变化控制交流电机。这种调速系统已被公认为在调速性能上和节能上都是最为优异的，它与交流电机配合，无换向部分，具有运行可靠，过载能力强，结构简单，重量(质量)轻，几乎无需维修和保养等特点。它是今后轨道交通发展的趋势，已在加拿大、美国、日本、马来西亚、中国等国家得到应用。

除了上述的直流和交流旋转式牵引电机外，近代新发展了直线电动机，它将电机旋转运动方式变成了直线运动方式，突破了轨道交通车辆长期以来依靠轮轨黏着作用传递牵引力的传统技术。

11.1.1 直线电机地铁车辆的发展

直线电机牵引应用于城市轨道交通的非黏着驱动方式的系统，是从 1975 年 4 月由加拿大安大略省通过市区运输发展公司(UTDC，Urban Transportation Development Corporation)着手一个五阶段计划开始的。最初的阶段是提出一个中等容量运输系统以满足公众的需要，1981 年设计，1982 年施工，1986 年 1 月 2 日正式运营，贯穿大温哥华、伯那比和威斯敏斯特地区的运载系统，成为第一条投入运营的城市轨道交通直线电机牵引的运载系统。

日本于 1978 年开始研究将线性感应电动机牵引技术应用于城市轨道交通，1981 年到 1984 年为基础研究阶段，1985 年到 1987 年为实用开发阶段，1990 年日本第一条直线电机牵引的地铁——大阪市营地铁 7 号线投入使用，1991 年日本东京 12 号线也开通使用。

此外，1987 年美国底特律 DPM 系统、1998 年马来西亚吉隆坡的 PUTRA 系统、2000 年日本横滨市营地铁 4 号线、2002 年日本神户市营地铁海岸线、2003 年美国纽约肯尼迪机场线以及 2006 年日本福冈市营地铁 3 号线都采用了直线电机牵引技术。

我国最早在 20 世纪 80 年代已开始研究这种驱动方式的轨道交通，1986 年至 1987 年，根据中加双方签署的技术合作协议书，曾共同研究北京西直门至颐和园、东四十条至酒仙桥的轨道交通规划，推荐在颐和园至酒仙桥 34.2 km 地段间采用直线电机牵引的轨道交通，并曾相应做了一些比较深入的研究工作。2001 年广州市轨道交通 3 号线前期研究中也曾对直线电机技术进行了研究比较，但因工期较紧，来不及应用。而现在的广州地铁 4、5、6 号线已经采用了这一技术。重庆地铁 1 号线在规划中也肯定了采用直线电机牵引的可行性。而 2009 年 9 月 7 日，首列首都机场线直线电机车辆在中国北车集团长春轨道客车股份有限公司下线。该车首次实现国内城轨车辆自动无人驾驶运营。作为奥运配套工程的北京市轨道交通首都机场线，是北京的首条直线电机地铁车辆项目，是北京城市轨道交通发展的一个重要里程碑。

11.1.2 直线电机地铁车辆特点

在城市轨道交通系统中采用直线电机地铁车辆，有着很多不可比拟的优点：

1. 技术先进

由于采用了直线感应电机牵引，列车牵引力不依靠轮轨摩擦，不受黏着条件的限制，即使转弯、陡坡也可以轻松牵引，不因雨雪影响了轮轨之间的黏着而减弱启动加速度。

由于牵引力和制动力来自磁场间的相互作用，与传统地铁相比，可产生较高的启动加速度和制动减速度。

车辆转向架上安装直线电机，省去了旋转动力源及齿轮箱等一系列传动机构，有利于采用径向转向架，而径向转向架能够很好地适应城市轨道交通小曲线半径的特点。

采用先进的列车控制系统，不受发生黏着破坏情况的影响，系统的信号使用移动闭塞技术，发车间隔可达60秒，便于实行短编组、高密度的运输组织方式。

2. 安全可靠

(1)直线电机轮轨系统车辆靠钢轨导向，系统安全性高，超载能力和荷载平衡能力较好。该系统装设了安全监测子系统，如有物体或人跌入轨道区域时，列车自动控制系统将接收到检测信息，会立即自动命令列车紧急停车；遇到断电等紧急情况时，列车仍能依靠车轮安全平稳运行，直至停车。

(2)系统装设有故障检查及状态监视系统，车内的监视系统不停地检查车内的若干个辅助系统，当发现有问题时，自动通知控制中心，指出故障的类别以便及时纠正。状态监视系统在故障未发现或变得严重之前便指出不正常状态的位置，方便保养和维修，车内主要设备、控制组件、电源组件、制动系统、车门系统、状态监视系统是按“直接替换”的方法设计的，互换方便、迅速，保证了运输的可靠性。

3. 经济合理

(1)采用直线电机牵引的车辆，没有机械传动机构，轮对直径减小，转向架结构紧凑，车厢地板高度降低，使得车体结构非常简单，车辆轮廓尺寸减小，重量(质量)减轻，同时隧道限界大大减小，工程造价大幅度降低。

(2)系统采用了高度自动化后，能减少系统的一次总投资。虽然采用自动化要求购买设备，增加专业设备的一次性投资，如车辆自动化及自动控制设备约占车辆总投资的5%～10%，电力自动化设备约占电力设备总投资的5%，但因采用自动化后，可以使基础设备方便控制并缩短列车运行间隔，从而能大大减少整个系统的一次性投资。

(3)直线电机牵引的运载系统采用高度自动化和无人驾驶技术之后，大量减少工作人员，以温哥华ALRT系统为例，平均每千米15.7人，大约为国内系统人员总数的1/5～1/8。在国外人员工资的支出约占60%的情况下，可以大幅度减少运营支出。而且在采用自动化后，大部分设备都不需要维修，基础设备不仅一次性投资少，维修费用也低，每位乘客直接运行消费，是公交运送乘客消费的1/3，车辆和人员的劳动生产率在北美城市轨道交通中是最高的。

4. 绿色环保

直线电机牵引的轨道交通车辆，轮轨接触面好，可有效减少轮轨噪声，车辆通过小曲线半径时，不像传统地铁轮轨系统在线路上运行时会产生尖锐噪声。

11.2 独轨交通车辆

独轨交通是轨道为一条带形的梁体，车辆跨坐于其上或悬挂于其下行驶的交通工具。独轨交通系统主要由车辆、轨道结构、设备系统和车站等建筑构成。独轨交通按其走行模式和构造的不同，分为跨坐式独轨（Straddle Monorail）和悬挂式独轨（Suspended Monorail）交通两种类型。本节主要论述独轨交通车辆的结构特点及发展应用情况。

11.2.1 独轨交通的发展

独轨交通（Monorail Transit）问世和起步发展于西欧，二十世纪七八十年代在日本得到阔步发展，当前在美国、中国以及东南亚等地方的一些城市，也开始采用这种交通工具作为城市骨干交通或其他短途客运交通。

据历史记载，英国人亨利·帕默尔在1821年首先创造了用马牵拉车辆骑行于木制轨道上的跨坐式独轨交通，并获英国特许发明证书，并且于1842年在英国伦敦码头建造了一条供运货的独轨交通。

1898年，比利时的布鲁塞尔博览会，首次推出了采用电力牵引的独轨车辆。随后不久，德国鲁尔地区的伍珀塔尔市，因城市客运交通的需要，法国人奥根·兰根根据当地狭长河川的地形条件，为该市设计出一种车辆悬挂于拱形钢构架的纵梁底部，采用电力牵引和钢轮钢轨走行系统的独轨交通（图11.1），线路基本沿伍珀河上空走行，全长13.3 km，共设19座车站。伍珀塔尔市独轨交通始建于1898年，1903年全线建成通车，这是独轨交通真正成为城市客运交通工具的开始。

图11.1　伍珀塔尔市悬挂式独轨交通

1952 年瑞典人格林(Axel L Wenner Gren)对跨坐式独轨进行了进一步的研究,在德国科隆近郊菲林根按 1/2.5 比例修建了一条长 1.9 km 跨坐式独轨线路,进行模拟试验,试验最高速度达到 130 km/h。在此基础上,于 1957 年又在同一地点建成一条长 1.8 km 的跨坐式独轨试验线,并取得成功,命名阿尔威格式。这也是现今跨坐式独轨交通的基本型式。

1960 年 2 月在法国巴黎南部奥尔良附近,建设了一条长 1.4 km 的悬挂式独轨交通试验线,命名萨菲基式。目前日本采用的悬挂式独轨交通,基本就是这种形式。

此后这两种型式的独轨交通在日本、美国、意大利等国家的许多城市的游乐场和博览会上,作为观光娱乐和短途交通得到了广泛应用。

1960 年以后的几年,日本在积极引进阿尔威格式、萨菲基式以及后期发展起来的美国洛克希德式等类型的独轨交通技术的基础上,结合本国具体情况进行了进一步研究和改进,曾建成如犬山市跨坐式独轨(阿尔威格式)、名古屋东山悬挂式独轨(萨菲基式)、向丘游乐园跨坐式独轨(洛克希德式)等各种类型的独轨交通,但这些都是游乐场所内的短途交通工具。

1964 年又在东京建成一条由市区连接羽田机场长度为 16.9 km 的跨坐式独轨交通线路,这是跨坐式独轨交通在日本正式成为城市客运交通的开始。1970 年在日本大阪举行万国博览会,为解决场内客运交通需要,修建了一条长 4.3 km 的环形线路的跨坐式独轨交通,在 6 个月的会期内运送乘客高达 3 350 万人次。1970 年 3 月,日本又在湘南建成大船火车站至江岛的悬挂式独轨江岛线,全长 6.6 km。而在补贴制度的支持下,北九州于 1985 年也建成一条 8.4 km 的悬挂式独轨交通。此后,千叶市在 1988 年至 1995 年分段建成总长 13.5 km 的悬挂式独轨交通。大阪至 20 世纪末,建成长 24.3 km 的跨坐式独轨交通。东京附近的多摩地区,于 2000 年前夕,建成一条长 16 km 现代化的跨坐式独轨交通。日本冲绳岛的那霸市也于 1996 年初动工建设,于 2003 年建成一条贯穿城市东西的跨坐式独轨交通,全长 12.9 km,设有 15 座车站。

我国独轨交通用作城市客运交通的首条线路,是 2000 年动工建设的重庆市轨道交通 2 号线(较新线),如图 11.2 所示,这条线路全长 18.6 km,设有 18 座车站。第一期工程为校场口至大堰村段,长 14.35 km,于 2004 年建成。由于重庆主城区是一座山城,城市道路坡陡、急弯、路窄,地势比较险峻,跨坐式独轨交通能够爬大坡、拐小弯,十分适合重庆地形特点,同时结构比较轻巧、简洁,易融于山城景色,取得较好的景观效果。

独轨交通属中运量城市轨道交通,在该序列中运能属于较高的一种,其轨道结构体型简洁,易融入城市景观环境,又具有能爬陡坡、转急弯等诸多优点,其普及采用的范围正在日益扩大。

图 11.2 重庆地铁 2 号线

11.2.2 跨坐式独轨交通车辆

跨坐式独轨交通是车辆骑行于轨道梁的上方，车辆除底部的走行轮外，在车体的两侧下垂部分尚有导向轮和稳定轮，夹行于轨道梁的两侧，保证车辆沿轨道安全平稳地行驶，如图 11.3 所示。

图 11.3 跨坐式独轨交通车辆

跨坐式独轨交通的车辆是骑行于轨道梁上行驶，车辆上部乘坐乘客的厢体与传统型城市轨道交通车辆相比，除车厢内部设置相似外，车辆的体型、走行机构都有很大的不同。此外，在供电、信号、通信等设备系统的技术措施和布设方式，土建工程构造上也都不尽相同。由于车辆采用充气橡胶车轮，承载力受到制约，车体的重量(质量)应尽量的轻，故一般采用铝合金焊接结构。

11.2.3　悬挂式独轨交通车辆

悬挂式独轨交通是车辆悬挂于轨道梁下方行驶。轨道梁为下部开口的箱型钢梁，车辆走行轮与导向轮均置于箱形梁内，沿梁内设置的轨道行驶。车辆改变行车方向时，通过箱型轨道梁内可动轨的水平移动实现，如图11.4所示。

图11.4　悬挂式独轨交通车辆

悬挂式独轨交通的车辆是悬挂在钢制的箱型轨道梁下方行驶，车辆由转向架、悬挂装置和车体三部分组成，车厢内部设置与跨坐式独轨车辆相似。车体材料通常也是采用轻质的铝合金焊接结构。悬挂式独轨车辆的走行机构设置在车体的顶部。

悬挂式独轨车辆采用双轴动力转向架，每根轴上装有两个承重的走行轮，转向架前后两侧各有一对导向轮。车轮采用充气橡胶车轮，为保障安全预防轮胎泄气或爆裂，橡胶车轮配有钢制辅助车轮。

11.3　磁悬浮车辆

磁浮列车是"用磁力悬浮的车辆"(Magnetically levitated trains)的简称。德国称为"磁力铁道"(Magnetbahn)，日本称作"直线电机车辆"(リニアモーターカ)，前苏联称作"飞行快车"，有些国家统称为新交通系统。这是一种非轮轨黏着驱动，悬浮于地面的交通运输系统，主要利用常导电磁悬浮或超导电动悬浮使车辆浮起。

11.3.1　磁浮交通概述

在高速公路和航空事业飞速发展的今天，铁路面临着严重的挑战，为使自己在竞争中立于不败之地，必须大幅度地提高列车的运行速度。传统的铁路是利用车轮与钢轨的黏着牵引力推动列车前进，利用轮缘与钢轨的相互作用进行导向。而轮轨的黏着牵引力随着速度的提高而减小，空气阻力随着速度的提高而增大。当列车速度达到一定值时，黏着牵引力和运行阻力相等，列车速度就不可能再进一步提高了。另外，传统轮轨铁路随着速度提高带来振动和噪声的加剧、轮轨磨耗的增加以及能耗的提高等颇难解决的问题。

据科学家计算，依靠动力牵引，车轮与钢轨接触的普通轮轨列车，理论最快速度可达 400 km/h 左右，如果考虑到噪声、振动、车轮和钢轨磨损等因素，实际运营速度不可能达到最快速度，所以说要进一步提高速度，必须转向磁浮技术。

目前比较成熟、具有代表性的磁浮铁路技术有三大类型：日本的超导超高速磁浮铁路技术（Magnetic Levitation，简称 ML）、德国的常导超高速磁浮铁路技术（TransRapid，简称 TR）和日本中低速磁浮系统（High Speed Surface Transport，简称 HSST）。磁悬浮铁路根据车辆悬浮原理及方式不同，可分为电磁悬浮（EMS 型）、电动悬浮（EDS 型）和永磁悬浮（PMS）三种类型。比较有代表性的国家分别为：德国、日本和中国。三种磁浮铁路的共同之处在于依靠磁浮技术将列车悬浮起来并利用直线电机驱动列车行驶，但其技术又各有特点。本节主要论述磁浮交通车辆的结构特点及发展应用情况。

11.3.2 日本超导超高速磁浮铁路（Magnetic Levitation）

日本超导超高速磁浮铁路与传统的钢轨支承车轮的轮轨系统铁路不同，主要是利用安装在列车上的超导电磁铁与安装在地面或桥梁导轨侧壁上的驱动绕组、悬浮绕组及导向绕组相互作用而产生斥力，使列车悬浮 10 mm 左右无接触运行。日本超导超高速磁悬浮列车是通过安设在导轨及车辆两侧上的长定子直线电机驱动的，称为侧壁驱动。通过控制使得前方地面磁场与车辆超导磁场的极性相反而产生吸引力，后面相邻地面磁场与车辆超导磁场产生的极性相同而产生排斥力，使得车辆向前运动。

一般轮轨接触的高速列车和中低速磁悬浮列车均由司机驾驶，列车运行工况和速度均由司机控制，称为列车驱动。超高速磁悬浮列车由于速度太快，为保证列车安全准确行驶，对车辆的加速、减速、停车等运行工况和速度不能依靠司机控制，必须依靠地面控制中心控制。地面控制中心通过调节变电站送到导轨处驱动绕组的电流的周期（相位）来控制列车运行速度，通过改变电流的大小（振幅）、改变磁场的强弱来控制驱动力的大小。从这个意义上讲，超高速磁悬浮铁路又称为导轨驱动的磁悬浮铁路。

日本 ML 超导磁悬浮系统的悬浮力来自于车辆两侧，在导轨两侧的侧壁上，排列着一组组的悬浮/导向绕组。当车辆高速通过时，车辆上的超导磁场会在导轨侧壁的悬浮绕组中产生感应电流和感应磁场。控制每组悬浮绕组上侧的磁场极性与车辆超导磁场的极性相反从而产生引力，下侧极性与超导磁场极性相同而产生斥力，使得车辆悬浮起来。

传统的轮轨接触型铁路，列车的导向是通过轮缘与钢轨的相互作用实现的。日本的超导磁悬浮铁路在导轨侧壁安装有悬浮及导向绕组。如果车辆位于轨道中心位置，导向线圈中无导向力；如果车辆在平面上远离了导轨的中心位置，则系统会自动在导轨每侧的悬浮/导向绕组中产生磁场，并且使得偏离侧的地面磁场与车体的超导磁场产生吸引力，靠近侧的地面磁场与车体磁场产生排斥力，从而保持车体不偏离导轨的中心位置。

日本超导超高速磁浮铁路采用"U"形导轨，"U"形导轨的底平面供列车行驶，列车启动加速到120～150 km/h之前利用车轮在导轨底平面凸台(称为走行路)行驶，低速行驶时超导磁浮列车需要导向车轮与侧壁梁上设置的导向面接触实现强迫导向，之后，车体悬浮高度逐渐达到10 mm进入超导悬浮行驶状态，以500 km/h的速度超高速行驶。

图11.5显示的列车为日本超导超高速磁浮列车MLX01－901试验车，该车在2003年12月最高试验速度达到581 km/h，创造了地面交通工具运行新的世界纪录。

图11.5　日本超导超高速磁浮列车

11.3.3　德国常导超高速磁浮铁路(Trans-Rapid)

德国常导超高速磁浮铁路(TR)导轨为"T"形断面，车辆采用了"车抱轨"的形式。沿列车全长分布的悬浮电磁铁与轨道下表面作用产生的吸引力使车辆浮起；导向磁铁与轨道侧面作用产生的吸引力使车辆沿着轨道中心线无接触运行；设有专门的制动电磁铁来保证列车安全制动；沿轨道全长设置的长定子直线同步电机定子铁芯与车辆上励磁磁铁作用产生的牵引力驱动列车前进。

TR 磁浮铁路悬浮系统按电磁悬浮(EMS)原理工作，即在磁浮车辆上安装的、单独控制的电磁铁与轨道下方安装的铁磁反应轨、同时也是直线电机定子铁芯之间产生的吸引力使磁浮车辆浮起。车辆与轨面之间的间隙与吸引力大小成反比。必须通过精确地控制电磁铁中的电流，使磁场保持稳定的强度和悬浮力，进而保证这种悬浮的可靠性和列车运行平稳性。一般来说，TR 磁浮铁路额定气隙为 10 mm。

上海磁浮示范线西起上海轨道交通 2 号线的龙阳路站，东至上海浦东国际机场，线路全长 29.863 km。由中德两国合作开发的世界第一条磁悬浮商业运营线于 2001 年 3 月 1 日开建，2002 年 12 月 31 日全线试运行，2003 年 1 月 4 日正式开始商业运营。而这条磁悬浮试验线，完全采用的是德国常导超高速电磁悬浮(EMS)技术。图 11.6 为上海磁悬浮列车。

图 11.6　上海磁悬浮列车

11.3.4　日本中低速磁浮铁路(High Speed Surface Transport)

日本中低速磁浮铁路 HSST 使用磁吸式电磁悬浮(EMS)工作原理。HSST 应用了磁铁吸引铁板的原理，轨道梁的两侧为悬空的倒"U"形钢质铁磁轨道，固定在磁浮列车上的悬浮兼导向电磁铁正好置于轨道下方，且铁芯呈正"U"形，与倒"U"形的轨道相对。安装在车体的电磁铁从下方产生吸引轨道的吸力，列车利用此吸力而悬浮。

在磁铁和轨道之间设置感应器实施探测电磁铁与轨道的距离，通过调节电磁铁的励磁电流，调整电磁铁与轨道之间的吸力，以保持电磁铁与轨道之间的距离(气隙)稳定在 8 mm 左右，实现列车稳定悬浮。

列车运行过程中产生左右偏离，使得正“U”形电磁铁的铁芯与倒“U”形轨道错位，两者之间的引力倾斜，产生一个与偏离方向相反的横向分量，利用该轨道(倒“U”字形)与磁铁(“U”字形)之间的吸力相互作用进行纠正，使列车返回中心线。也就是说，HSST 磁浮列车的导向力可自动产生，通常该横向恢复力(导向力)大约是悬浮力的 20%。HSST 采用列车驱动方式，电机采用短定子直线感应电机 LIM。电机的初级线圈(定子)安装在车辆上，与普通旋转电机相似的转子(次级)沿列车前进方向展开设置在轨道上。在倒“U”形轨道的上方铺设有铜制或铝制的感应板(或称反应板)，在正对其上方车体上设置直线电机的定子。当定子通入三相电流后，产生一个移动磁场，该磁场在感应板上感应出电流和磁场，由于磁场的相互作用产生推力，牵引列车前进或后退。图 11.7 为日本中低速磁浮列车。

图 11.7　日本中低速磁悬浮列车

11.4　新交通系统车辆

自上世纪 60 年代末以来，日本、美国、法国和加拿大等国开发了多种新交通系统，也称自动导轨交通系统。

11.4.1　新交通系统车辆走行原理

新交通系统自动化程度高，它是一种既节省人力也节省费用的有轨快速客运系统。车辆在专用的轨道上定时自动运行，可实现无人驾驶，完全由中央调度室的电子计算机集中调度控制。

有导向轨的新交通系统的车辆外形类似于公共汽车，采用电力驱动、橡胶轮走行，在全隔离的专用走行道上行驶，并设有专用的导向轨导向。车辆的导向有两种方式：

(1)中央导向方式，在线路的中央设导向轨条，对应的在车辆底架下部伸出导向轮，在车辆走行时紧贴着导向轨滚动，实现导向，车辆采用橡胶车轮在两根主梁上行驶。这种方式的导向轨凸出在线路的中央沿着线路向前延伸。

(2)侧面导向方式，在车辆走行装置的外侧装设水平配置的导向轮，在走行道两侧矮墙上装设导向轨轨道。当车辆走行时，车辆前后两侧的导向轮沿着线路两侧的导向轨滚动导向。

自动导轨交通车辆的主要特征是体型比一般轨道交通的车辆小，车体支承在两个单轴转向架上，由转向架上的电动机驱动走行轮，并以特设的水平导向轮导向，使车辆按确定的线路并控制在条形轨道上安全行驶。走行轮和导向轮均为橡胶车轮。车辆的运行由计算机系统安全自动控制。

新交通系统一般均采用全自动列车运行控制技术，无人驾驶，通过电子计算机运行调度控制管理。列车自动控制装置(ATC)、车地间的信号交换是通过设于轨道的环线轨道电路和设于列车前部及后部的天线之间进行的。由 ATC 系统向列车提供限制速度信息，列车上的计算机算出略低于限制速度的目标速度，使列车始终保持该速度运行。站内空位停车环线提供车站定位停车信息，由地上得到的信息和车辆自身的信息进行逻辑运算，向列车运行控制、制动装置发出相应指令。全自动列车运行控制系统还同时控制运行中车门的开、闭，报站广播，运行方向的转换等。

11.4.2 新交通系统车辆的组成

11.4.2.1 车　　体

由于不同国家的研究方法不同，现在还没有统一的车型。下面分别以美国和日本为例进行介绍。

美国 AGT(Automated Guideway Transit，简称 AGT)系统主要采用由西屋公司研发和生产的车辆，不过后来有些城市直接引进了法国 VAL(Vehicule Automatique Leger，简称 VAL)系统，同时引进了法国马特拉公司生产的 VAL 系统车辆。而在 2004 年庞巴迪公司等一些其他国家的企业也在为美国提供这种全自动无人驾驶制式车辆。西屋公司出产的车辆有 2 种，一种为标准 C—100 型，长 12 m，宽 2.8 m，高 2.4 m。每节车辆的两侧各有两个车门，门宽约 2.1 m。为开阔视野均采用大型玻璃窗，每节车辆一般载客 100 人，最高可达 155 人。另一种为小型 C—45 型，车体大小、轨距与 C—100 均不同，不能混行。而之后美国引进的法国 VAL 系统车辆，是根据美国要求在法国原 VAL 系统车辆基础上经加宽改型后的车辆，新型车以其宽度值命名为 VAL256 型车。每节车长 13.78 m(连接器中心距),宽 2.56 m,高 2.53 m。这种车车厢内部面积较大,用于机场线(置放行李方便)。每节车由 2 台 150 kW 牵引电动机驱动。

20 世纪 70 年代是日本 AGT 技术研制初期的一个快速发展阶段,很多企业和科学研究部门先后投入 AGT 系统的研发工作,在这时期推出的主要车种就有 8 种:KCV、KTR、NTS、VONA、MAT、FAST、PARATRAN 和 CVS。1983 年,日本政府为了统一全国自动导轨交通的技术标准,由运输省和建设省联合制定了《新交通系统(中运量轨道系统)基本规格》指导建设,其中有关车辆的技术要求主要为:每辆车的定员在 75 人左右;可以实现无人驾驶系统;用两侧导轨导向;供电原则上采用直流 750 V;车辆限界,高度 3.30 m,宽度 2.40 m;左右导轨面间距 2.90 m;车辆满载重量(质量)不超过 18 t,即轴重小于 9 t 等。

11.4.2.2 走行机构

自动导轨交通车辆的走行机构中的走行轮、导向轮均采用橡胶车轮。

走行轮为充气橡胶车轮,内侧装置有铝合金制造的辅助轮,可防备当充气轮胎万一漏气和爆裂时,车体不会发生危及安全的异常倾斜。走行轮轮胎内部所充的气体通常为氮气。导向轮一般采用内部充填聚氨脂的实心胶轮。

11.4.2.3 供电系统

AGT 系统的牵引供电,通常由城市电网将高压交流电输入 AGT 系统的各变电所。再由变电所变成 600 V 三相交流电或 750 V 直流电,通过导电轨输送给车辆上的驱动电动机,牵引车辆行驶。

两侧导向的 AGT 系统利用两侧导轨兼作正负极导电轨,即一侧馈电、一侧回流。在中央导向的 AGT 系统中,则采用侧面送电,用中央导轨回流。供电系统以控制中心集中监视控制方式进行监控管理。其他动力及照明用电,由变电所提供的 380 V、220 V 交流电及 48 V 等低压直流电供电。另外,有些 AGT 系统尚备有燃气轮发电机,为各种紧急状态下提供应急电源。

11.4.3 新交通系统车辆特点

新交通系统车辆具有许多一般中运量轨道交通难以相比的优点。

计算机控制的自动导轨交通,可以使行车间隔缩小到 1 min,实现高密度、短编组、安全快速运行,克服了常规地面交通运行密度高但速度不快,速度快而难以达到高密度的运行缺点。

从功能角度分析,其自动化驾驶可以准确的按运行指令运作,反应快速。

由于车辆体型小,又采用轻质金属车体,因此重量(质量)也很轻,可采用较小的隧道断面,较窄的高架桥体,因此可以大幅度降低土建工程造价。

车辆采用橡胶车轮,车轮与轨面的黏着性能好,与钢轮钢轨相比能产生较大的摩擦力,可缩短加减速度时间,增大爬坡能力,使车辆最大爬坡能力高达 70‰,无乘客的情况下可达到 100‰。

本章小结

伴随着科技的进步,近年来在世界上出现了大量的新型城市轨道交通车辆,它们对传统的城市轨道交通车辆在不同的领域做了进一步的优化。本章重点讲述了四种形式的新型城市轨道交通车辆的原理、走行方式、特点以及发展情况。

我国近年对于新型城市轨道交通的建设力度也在不断加大,从上海龙阳路到浦东机场的磁悬浮列车,到重庆的独轨交通,以及已经投入运营的上海地铁 10 号线 ATC 无人驾驶列车。相信在不久的将来,新型城市轨道交通的技术将日益完善,更舒适、方便、快捷、安全的新型车辆将不断的投入使用。

思考题

1. 新型城市轨道交通车辆有哪几类?
2. 简述直线电机车辆走行原理。
3. 独轨交通车辆分为哪两种?
4. 磁悬浮列车大体分为哪三类?

参考文献

[1] 张振淼主编. 城市轨道交通车辆. 北京:中国铁道出版社,1998.
[2] 中国北方机车车辆工业集团公司科学技术协会,长春客车厂老年科技工作者协会编. 城轨车辆技术与应用. 北京:中国铁道出版社,2005.
[3] 曾青中,韩增盛主编. 城市轨道交通车辆. 成都:西南交通大学出版社,2006.
[4] 邓之明主编. 轨道车辆制动工程. 北京:中国铁道出版社,2006.
[5] 杨志强主编. 城市轨道交通车辆总体. 北京:中国铁道出版社,2007.
[6] 谭复兴,高伟君主编. 城市轨道交通系统概论. 北京:中国水利水电出版社,2007.
[7] 亚牛,廉洁编著. 漫画车辆. 北京:中国铁道出版社,2009.
[8] 卜继玲,黄友剑编著. 轨道车辆橡胶弹性元件设计计算方法. 北京:中国铁道出版社,2010.
[9] 周庆瑞,金峰主编. 新型城市轨道交通. 北京:中国铁道出版社,2005.
[10] 王伯铭编著. 城市轨道交通车辆工程. 成都:西南交通大学出版社,2007.
[11] 殳启平. 城市轨道交通车辆制动技术. 北京:中国水利水电出版社,2009.